本书系2019年度国家社科基金重大项目"中国特色社会主义对外关系法律体系构建研究"（19ZDA167）阶段性成果

New Development of International Investment Law
from the Perspective of Sustainable Development

可持续发展视角下国际投资法的新发展

朱玥◎著

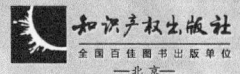

图书在版编目（CIP）数据

可持续发展视角下国际投资法的新发展 / 朱玥著 . —北京：知识产权出版社，2022.1
ISBN 978 - 7 - 5130 - 7967 - 9

Ⅰ. ①可… Ⅱ. ①朱… Ⅲ. ①国际投资法学—研究 Ⅳ. ①D996.4

中国版本图书馆 CIP 数据核字（2021）第 258981 号

责任编辑：彭小华　　　　　　　　　责任校对：谷　洋
封面设计：刘　伟　　　　　　　　　责任印制：孙婷婷

可持续发展视角下国际投资法的新发展

朱　玥　著

出版发行： 知识产权出版社 有限责任公司		网　　址：http://www.ipph.cn	
社　　址：北京市海淀区气象路 50 号院		邮　　编：100081	
责编电话：010 - 82000860 转 8115		责编邮箱：huapxh@ sina. com	
发行电话：010 - 82000860 转 8101/8102		发行传真：010 - 82000893/82005070/82000270	
印　　刷：北京九州迅驰传媒文化有限公司		经　　销：各大网上书店、新华书店及相关专业书店	
开　　本：720mm×1000mm　1/16		印　　张：12	
版　　次：2022 年 1 月第 1 版		印　　次：2022 年 1 月第 1 次印刷	
字　　数：225 千字		定　　价：68.00 元	
ISBN 978 - 7 - 5130 - 7967 - 9			

出版权专有　侵权必究
如有印装质量问题，本社负责调换。

《可持续发展视角下国际投资法的新发展》术语索引

英文全（简）称	中文全称
Agenda 21	《二十一世纪议程》
Agreement on Technical Barriers to Trade（TBT）	《技术性贸易壁垒协议》
Agreement on Trade-related Aspects of Intellectual Property Right（TRIPS）	《与贸易有关的知识产权协定》
All is Permissible Unless Prohibited	法无禁止即自由
Asia-Pacific Economic Cooperation（APEC）	亚太经合组织
Balance of Payments and International Investment Manual	《国际收支和国际投资头寸手册》
Benchmark Definition of Foreign Direct Investment	《外国直接投资的标准定义》
Bilateral Investment Treaty（BIT）	双边投资协定
China-EU Comprehensive Agreement on Investment（China-EU CAI）	《中欧全面投资协定》
Comprehensive and Progressive Agreement for Trans-Pacific Partnership（CPTPP）	《全面与进步跨太平洋伙伴关系协定》
Comprehensive Economic and Trade Agreement between Canada, of the one part, and the European Union and its Member States, of the Other Part（CETA）	《欧盟与加拿大全面经济贸易协定》
Convention Establishing the Multilateral Investment Guarantee Agency	《多边投资担保机构公约》
Convention on Biological Diversity	《生物多样性公约》
Convention on the Settlement of Investment Disputes between States and Nationals of Other States	《解决国家和他国国民之间投资争端公约》

续表

英文全（简）称	中文全称
Convention to Combat Desertification	《防治荒漠化公约》
Core Principles for Investment Policymaking for Sustainable Development	可持续发展投资决策的核心原则
Cotonou Agreement	《科托努协定》
Decision on Trade and Environment	《关于贸易环境的决定》
Declaration on the Right to Development	《发展权利宣言》
Draft Code of Conduct for Adjudicators In Investor-State Dispute Settlement	《ISDS审裁员行为守则（草案）》
Ejusdem Generis	同类原则
Elements of International Investment Agreements: Policy Options	国际投资条约要素：政策选项
Ensure	确保
Food and Agriculture Organization of the United Nations（FAO）	联合国粮食及农业组织
Foreign Direct Investment	外国直接投资
Foreign Investment	外国投资
Forum	场所
Framework Convention on Tobacco Control（FCTC）	《烟草控制框架公约》
Free Trade Agreement（FTA）	自由贸易协定
General Agreement on Tariffs and Trade（GATT）	《关税与贸易总协定》
Global Compat	全球契约
Greenfield Investment	绿地投资
Gross Domestic Product（GDP）	国内生产总值
Group of Twenty（G20）	二十国集团
Guarantee	担保
Guiding Principles for Business and Human Rights: Implementing the United Nations "Protect, Respect and Remedy" Framework	《工商企业与人权：实施联合国"保护、尊重和补救"框架的指导原则》

续表

英文全（简）称	中文全称
Harmonized System（HS）	协调制度
IBA Guidelines on Conflicts of Interest in International Arbitration	《国际律师协会关于国际仲裁中利益冲突问题指南》
Insurance	保险
International Convention for the Regulation of Whaling	《国际捕鲸公约》
International Covenant on Economic, Social and Cultural Rights	《经济、社会和文化权利国际公约》
International Mergers and Acquisitions	外国投资并购
International Monetary Fund（IMF）	国际货币基金组织
International Union for Conservation of Nature（IUCN）	国际自然保护联盟
Investment Court System（ICS）	投资法院制度
Investment Policy Framework for Sustainable Development（IPFSD）	《可持续发展的投资政策框架》
Investor-State Dispute Settlement（ISDS）	投资者与国家间争端解决机制
IUCN World Declaration on the Environmental Rule of Law	《国际自然联盟关于环境法治的世界宣言》
Kyoto Protocol to the United Nations Framework Convention on Climate Change	《京都议定书》
MERCOSUR Protocol	《南方共同体市场协定》
Montreal Protocol on Substances that Deplete the Ozone Layer	《蒙特利尔议定书》
Multilateral Agreement on Investment（MAI）	《多边投资协定》
Multilateral Investment Guarantee Agency（MIGA）	多边投资担保机构
National Investment Policy Guidelines	各国投资政策指南

续表

英文全(简)称	中文全称
New Delhi Declaration of Principles of International Law Relating to Sustainable Development	《与可持续发展有关的国际法原则的新德里宣言》
Non-legally Binding Authoritative Statement of Principles for a Global Consensus on the Management, Conservation and Sustainable Development of All Types of Forests	《森林原则声明》
North American Agreement on Labor Cooperation (NAALC)	《北美劳工合作协定》
North American Free Trade Agreement (NAFTA)	《北美自由贸易协定》
OECD Guidelines for Recipient Country Investment Policies Relating to National Security	《OECD有关国家安全的接受国投资政策指南》
Optimum Sustainable Yield	最高持续产量
Organisation for Economic Co-operation and Development (OECD)	经济合作与发展组织
Our Common Future	《我们共同的未来》
Paris Agreement	《巴黎协定》
Paris Convention for The Protection of Industrial Property (PC)	《保护工业产权的巴黎公约》
Police Power	警察权
Portfolio Investment	证券投资
Proposed Legal Principles for Environmental Protection and Sustainable Development	《环境保护和可持续发展的法律原则建议》
Regional Comprehensive Economic Partnership Agreement (RCEP)	《区域全面经济伙伴关系协定》
Rio Declaration on Environment and Development	《关于环境与发展的里约宣言》
Social Responsibilities of Business Corporations	《商事企业应承担的企业社会责任》
Stockholm Convention on Persistent Organic Pollutants	《关于持久性有机污染物的斯德哥尔摩公约》

续表

英文全（简）称	中文全称
Strive to Ensure	尽力确保
Sustainability	可持续性
Sustainable Development	可持续发展
Sustainable Development Goals（SDGs）	可持续发展目标
Sustained	持续的
The Atlantic Charter	《大西洋宪章》
The Convention for the Establishment of an Inter-American Tropical Tuna Commission	《建立全美热带金枪鱼委员会公约》
The Convention on Fishing and Conservation of the Living Resources of the High Seas	《捕鱼及养护公海生物资源公约》
The Convention Relating to the Establishment of an International Commission for the Scientific Investigation of Tuna	《有关建立金枪鱼科学调查国际委员会公约》
The Declaration of the United Nations Conference on the Human Environment	《联合国人类环境会议宣言》
The Future We Want	《我们憧憬的未来》
The International Center for Settlement of Investment Disputes（ICSID）	国际投资争端解决中心
The International Convention for the Northwest Atlantic Fisheries	《西北大西洋渔业国际公约》
Transforming our World: The 2030 Agenda for Sustainable Development	《改变我们的世界——2030年可持续发展议程》
Treaty of Friendship, Commerce and Navigation（FCN）	《友好通商航海条约》
Ultimate Fiasco in Investment Arbitration	投资仲裁的终极惨败
UNCTAD's Road Map for IIA Reform	可持续发展导向的国际投资条约改革路线图

续表

英文全（简）称	中文全称
United Nations Commission on International Trade Law（UNCITRAL）	联合国国际贸易法委员会
United Nations Conference on Trade and Development（UNCTAD）	联合国贸易和发展会议
United Nations Economic and Social Council（ECOSOC）	联合国经济和社会理事会
United Nations Educational Scientific and Cultural Organization（UNESCO）	联合国教科文组织
United Nations Environment Programme（UNEP）	联合国环境规划署
United Nations Framework Convention on Climate Change	《联合国气候变化框架公约》
United Nations Millennium Declaration	《联合国千年宣言》
United States Convention on the Law of the Sea	《联合国海洋法公约》
United States-Mexico-Canada Agreement（USMCA）	《美墨加协定》
Universal Declaration of Human Rights	《世界人权宣言》
Vienna Convention for the Protection of the Ozone Layer	《保护臭氧层维也纳公约》
Vienna Declaration and Programme of Action	《维也纳人权宣言和行动纲领》
World Commission on Environment and Development（WCED）	世界环境与发展委员会
World Conservation Strategy: Living Resource Conservation for Sustainable Development	《世界保护战略：为可持续发展保护生物资源》
World Health Organization（WHO）	世界卫生组织
World Intellectual Property Organization（WIPO）	世界知识产权组织
World Investment Report	《世界投资报告》
World Trade Organization（WTO）	世界贸易组织

前言 Preface

国际投资法正在经历一场新时代的变革。进入21世纪以来,"新自由主义"的固有缺陷日渐凸显,开始受到质疑和批判。以欧美国家为主导的国际投资缔约实践,引领着国际投资法范式向"嵌入式自由主义"发生转变。这种转变为可持续发展理念融入国际投资法提供了契机。[1] 2012 年,联合国贸易和发展会议(以下简称联合国贸发会)制定了《可持续发展的投资政策框架》(Investment Policy Framework for Sustainable Development,简称 IPFSD),呼吁各国秉持可持续发展原则制定和实施国内、国际投资政策。自此,如何实现可持续发展理念与国际投资法的良性互动愈加受到学界重视。

有学者细致分析了可持续发展在国际法中的起源、含义及地位,[2] 指出可持续发展是内涵于经济全球化又超越经济全球化的一种关乎人类存在和发展的崭新理念。[3] 其外延不断扩大,已经从最初的可持续使用自然资源逐渐向经贸法、投资法、人权法等领域延伸,正在成为一项具有实质指导意义的国际法原则。[4] 有学者认为,在全球经济不确定性增加、危机持续不断、社会和环境面临挑战的情势下,国际投资法治作为国际法治的主要内容,也应通过构建稳定、透明和可预

---

[1] Steffen Hindelang and Markus Krajewski ed., *Shifting Paradigms in International Investment Law: More Balanced, Less Isolated, Increasing Diversified*, Oxford University Press, 2016.

[2] [荷]尼科·斯赫雷弗:《可持续发展在国际法中的演进:起源、涵义及地位》,汪习根、黄海滨译,社会科学文献出版社 2010 年版。

[3] 王彦志:"经济全球化、可持续发展与国际投资法的第三波",载《国际经济法学刊》2006 年第 3 期。

[4] 蒋小红:"试论国际投资法的新发展——以国际投资条约如何促进可持续发展为视角",载《河北法学》2019 年第 3 期。柯静嘉:《可持续发展环境下国际经济法趋势研究》,吉林人民出版社 2017 年版。Duncan French, *International Law and Policy of Sustainable Development*, Manchester University Press, 2005. Nico Schrijver, *The Evolution of Sustainable Development in International Law: Inception, Meaning and Status*, Martinus Nijhoff Publishers, 2008.

期的国际投资法治营商环境,促进投资自由化、便利化,形成更加公正合理的国际投资秩序,推动全人类共同繁荣与可持续发展。①

由此,如何将可持续发展的理念、原则细化到各个具体领域是国际投资法面临的迫切任务。有学者提出,确保东道国对外资的监管权,不仅是国家经济主权的应有之义,② 更是为东道国实现可持续发展目标提供了政策空间。③ 可持续发展改革的核心要素是东道国与外国投资者的利益平衡,在强调保护和鼓励投资的同时,不应影响东道国的公益监管权。④ 也有学者认为,在可持续发展理念的指导下,各国有必要建立健全海外投资法律制度,促进"负责任的投资",为东道国的"可持续发展"作出积极贡献。⑤

此外,更多的学者从国际投资条约的可持续发展型改革角度出发,研究如何通过合理设计国际投资条约的序言、投资待遇条款、投资者责任条款以及投资者与国家间争端解决机制,实现可持续发展目标,或者至少不让国际投资条约成为实现可持续发展的障碍。⑥ 学者们指出,审慎选择外资准入国民待遇条款,⑦ 澄清公平公正待遇的含义,⑧ 明确间接征收的认定标准,⑨ 加入有关保护环境、保护劳工与人权、抵制腐败等可持续发展义务的投资者社会责任条款,⑩ 改革投资

---

① 张晓君、李文婧:"全球治理视野下国际投资法治的困境与变革",载《法学杂志》2020年第1期。

② Aikaterini Titi, *The Right to Regulate in International Investment Law*, Nomos and Hart Publishing, 2014.

③ 田晓萍:"投资条约对国家公共政策空间的侵蚀及其变革——兼论我国缔约时的相关考量",载《暨南学报》(哲学社会科学版)2015年第11期。

④ 钱嘉宁、黄世席:"国际投资法下东道国监管权的改革——基于可持续发展原则的分析",载《北京理工大学学报》(社会科学版)2018年第4期。

⑤ 曾华群:"'可持续发展的投资政策框架'与我国的对策",载《厦门大学学报》(哲学社会科学版)2013年第6期。曾华群、余劲松:《促进与保护我国海外投资的法制》,北京大学出版社2017年版。

⑥ Andrew Newcombe, *Sustainable Development and Investment Treaty Law*, 8 The Journal of World Investment & Trade 357 (2007).

⑦ 张光:"论国际投资协定的可持续发展型改革",载《法商研究》2017年第5期。

⑧ 石静霞、孙英哲:"国际投资协定的新发展及中国借鉴——基于CETA投资章节的分析",载《国际法研究》2018年第2期。

⑨ 王小林:"可持续发展投资政策框架下间接征收的'治安权例外'",载《学术论坛》2018年第6期。

⑩ 何力:"'一带一路'背景下对外投资与可持续发展的法律问题",载《海关与经贸研究》2018年第4期。孙玉凤:"双边投资条约下的人权保护与革新",载《武大国际法评论》2014年第1期。张庆麟:《公共利益视野下的国际投资协定新发展》,中国社会科学出版社2014年版。刘笋:"国际法的人本化趋势与国际投资法的革新",载《法学研究》2011年第4期。Arnaud de Nanteuil, *International Investment Law*, Edward Elgar Publishing, 2020.

者与国家间争端解决机制,① 是国际投资条约需要回应新时代迫切需求的主要方面。

可以说,可持续发展理念已经由抽象原则向具体规则转化,新自由主义国际投资法制已经进入了"反思潮",两者同步交织,我国需要予以高度重视。但是目前国内学界少有立足于我国国际投资法律实践针对这一发展趋势的系统性研究。本书以问题导向出发,重点分析我国"引进来""走出去"面临的国际投资领域的法律问题。

作为兼具"资本输入国"和"资本输出国"双重身份的大国,我国不仅应当更加务实地关注自身可持续发展的能力,也应加强政府对海外投资企业的指导。为顺应可持续发展理念的勃兴,我国宜尽早完善现有中外双边投资协定(BITs),合理设计"可持续发展导向"的BITs谈判范本,积极缔结有利于可持续发展的双边、区域、多边投资条约,并且制定相配套的国内投资政策,把"可持续发展"和"人类命运共同体"理念贯穿我国国际投资法律框架的各个方面。

---

① 黄世席:"可持续发展视角下国际投资争端解决机制的革新",载《当代法学》2016年第2期。Federico Ortino, Investment Treaties, Sustainable Development and Reasonableness Review: A Case Against Strict Proportionality Balancing, 30 Leiden Journal of International Law 71 (2017). Simon Lester, Rethinking the International Investment Law System, 49 Journal of World Trade 211 (2015).

目录 Contents

第一章 可持续发展理念与国际投资法的融合 (001)

第一节 可持续发展理念的概述 (001)
一、可持续发展理念的提出 (001)
二、可持续发展理念的内涵 (004)
三、可持续发展理念的外延 (008)

第二节 可持续发展理念与国际法的发展 (013)
一、可持续发展与国际环境法 (013)
二、可持续发展与国际人权法 (017)
三、可持续发展与国际贸易法 (020)

第三节 可持续发展理念向国际投资领域的延伸 (024)
一、可持续发展理念融入国际投资法的时代背景 (024)
二、国际投资法如何促进可持续发展 (027)
三、国际投资法的"可持续发展危机" (032)

第二章 可持续发展的国内投资政策 (035)

第一节 可持续发展与外资安全审查制度 (035)
一、外资安全审查制度的内涵 (035)
二、可持续发展目标和外资安全审查制度的联系 (038)
三、一些国家的外资安全审查制度改革动向 (040)
四、国外外资安全审查制度改革对我国的启示 (049)

第二节 可持续发展与外资准入"负面清单" (051)
一、负面清单的内涵 (051)

二、可持续发展目标和负面清单的互动关系…………………………（053）
　　三、负面清单的典型国际实践……………………………………（055）
　　四、负面清单国际实践对我国的启示……………………………（060）
 第三节　可持续发展与海外投资保险制度……………………………（062）
　　一、海外投资保险制度的内涵……………………………………（062）
　　二、可持续发展目标下海外投资保险制度的定位………………（065）
　　三、海外投资保险制度的典型立法模式…………………………（068）
　　四、国外海外投资保险制度的实践对我国的启示………………（070）

第三章　可持续发展的国际投资条约……………………………………（073）
 第一节　国际投资条约可持续发展型改革的四个面向………………（073）
　　一、兼顾发达国家和发展中国家利益……………………………（073）
　　二、平衡投资者保护和东道国监管权……………………………（075）
　　三、改革投资者与国家间争端解决机制…………………………（077）
　　四、重视双边投资条约的主导和引领……………………………（079）
 第二节　可持续发展理念与投资待遇条款的结合……………………（081）
　　一、国民待遇条款…………………………………………………（081）
　　二、最惠国待遇条款………………………………………………（083）
　　三、公平公正待遇条款……………………………………………（086）
　　四、间接征收条款…………………………………………………（094）
 第三节　可持续发展理念在投资者责任条款中的直接体现…………（100）
　　一、环境保护条款…………………………………………………（100）
　　二、劳工及人权保护条款…………………………………………（104）
　　三、企业社会责任条款……………………………………………（107）
 第四节　实现可持续发展目标的程序性保障…………………………（110）
　　一、投资者与国家间争端解决机制的正当性危机………………（110）
　　二、投资者与国家间争端解决机制的改革方案…………………（115）

第四章　可持续发展理念指导下的典型国际投资缔约实践……………（122）
 第一节　《欧盟与加拿大全面经济贸易协定》（CETA）达成………（122）
　　一、CETA投资章节的基本内容…………………………………（123）

二、CETA 包含的可持续发展规则 …………………………………（124）
　　三、CETA 对促进可持续发展的示范作用 …………………………（125）
第二节　《中欧全面投资协定》（中欧 CAI）谈判完成 ………………（129）
　　一、中欧 CAI 的谈判历程 …………………………………………（129）
　　二、中欧 CAI 涉及的可持续发展标准 ……………………………（132）
　　三、中欧 CAI 对促进可持续发展愿景 ……………………………（135）
第三节　《区域全面经济伙伴关系协定》（RCEP）签署 ………………（136）
　　一、RCEP 投资章节的基本内容 …………………………………（137）
　　二、RCEP 包含的可持续发展规则 ………………………………（139）
　　三、RCEP 对促进可持续发展的积极影响 ………………………（140）

第五章　国际投资法可持续发展型变革中的中国立场 …………（143）
第一节　可持续发展与中国《外商投资法》……………………………（144）
　　一、《外商投资法》的立法背景及定位 ……………………………（144）
　　二、我国外资准入负面清单制度 …………………………………（147）
　　三、我国外商投资安全审查制度 …………………………………（154）
　　四、《外商投资法》对促进可持续发展的典型意义 ………………（158）
第二节　可持续发展与中外双边投资协定 ……………………………（158）
　　一、中外 BITs 中可持续发展理念的普遍欠缺 …………………（158）
　　二、中外 BITs 融合可持续发展理念的初步尝试 ………………（162）
　　三、中外 BITs 投资待遇条款的完善建议 ………………………（164）
　　四、中外 BITs 投资者责任条款的完善建议 ……………………（167）
　　五、中外 BITs 争端解决机制的完善建议 ………………………（167）
第三节　落实联合国《2030 年可持续发展议程》的中国方案 ………（169）
　　一、中国方案的指导思想及总体原则 ……………………………（169）
　　二、中国实现可持续发展目标的总体路径 ………………………（170）
　　三、与国际投资相关的重要举措 …………………………………（174）

第一章

可持续发展理念与国际投资法的融合

良好的生态环境是人和社会持续发展的根本基础,所以每当我们提及"可持续发展",人们都会自然地将其与"绿色""低碳""环保""再循环"等词语联系起来。这也是可持续发展理念最初的、最显著的含义,强调发展应当遵循自然规律,促进人与自然和谐共生。但是,可持续发展理念的内涵远不止于此。这一理念已经经历了长期的发展历程,其内涵不断丰富、外延不断拓展,已经与人类社会、经济、文化生活的各个方面息息相关。因此,我们有必要以发展的眼光看待和理解可持续发展理念,准确把握其在国际法语境下的含义、地位和主要表现,尤其是可持续发展理念与国际投资法的融合,进而思考国际投资法如何助力实现可持续发展,可持续发展理念的革新如何与国际投资法的新发展同步交织,相互激荡。

第一节 可持续发展理念的概述

一、可持续发展理念的提出

可持续发展理念最早被纳入国际视野是为了解决第二次世界大战后自然资源的获取与利用问题。第二次世界大战期间,同盟国意识到保持原料的稳定供应、便捷地开发利用海外自然资源是极其困难的,[1] 于是1941年英美两国率先在《大西洋宪章》(The Atlantic Charter)中提出,"同盟国同意努力促使所有国家,不分大小,战胜者或战败者,都有机会在同等条件下,为了实现其经济繁荣而参

---

[1] See Nico J. Schrijver, The Evolution of Sustainable Development in International Law: Inception, Meaning and Status, Martinus Nijhoff Publishers, 2008, p. 35.

加世界贸易和获得世界的原料。"① 虽然这只是当时英美两国领袖（丘吉尔首相和罗斯福总统）发表的一项《联合宣言》，但是这一宣言具有重要的历史意义，它为处于战争阵痛中的国际社会带来"希望"的讯号，也为战后一系列旨在提高自然资源可用性的倡议的出现埋下伏笔。

例如，1945年杜鲁门在《美国关于大陆架底土和海床自然资源政策宣言》中称，"鉴于养护和慎重利用自然资源具有紧迫性，美国认为处在公海之下但毗连美国海岸的大陆架底土和海床的自然资源归属于美国，受其管辖和控制。美国将建立保护区，以改变渔业资源管理不力的现状。"② 1947年，联合国粮食及农业组织（Food and Agriculture Organization of the United Nations，以下简称FAO）在捷克斯洛伐克召开国际木材会议，③ 审议如何解决战后重建工作中遇到的木材紧缺问题。会议指出，木材紧缺导致战后重建工作受阻，建议欧洲各国在短期内增加木材产量。但从长远角度看，欧洲各国宜采取措施控制木材砍伐，以获得持续的（sustained）木材产量，甚至可能实现木材增产。④ 1949年，联合国经济和社会理事会（United Nations Economic and Social Council，简称ECOSOC）决定在美国纽约州召开联合国保护和利用资源科学大会。⑤ 参会的科学家们围绕"资源紧缺""资源保护与利用""资源技术"等主题展开讨论，⑥ 提倡各国不断开发、推广和应用与保护利用资源有关的技术。⑦ 这是关注世界自然资源地位的第一个国际意义上的倡议。⑧

此后，国际社会愈加关注自然资源养护和合理利用的重要性，重视环境与发展的关系。在利用和保护渔业资源方面，一些渔业公约最早将"可持续性"（sustainability）的观念融入条约文本。1949年《西北大西洋渔业国际公约》(The International Convention for the Northwest Atlantic Fisheries)⑨、《有关建立金

---

① The Atlantic Charter of 1941, clause 4. See Great Britain-United States, Joint declaration of the President and the Prime Minister, 35 (S4) America Journal of International Law 191 (1941).

② See Harry S. Truman, Proclamation by the President with Respect to the Natural Resources of the Subsoil and Sea Bed of the Continental Shelf, 40 (S1) American Journal of International Law 45 (1946).

③ The International Timber Conference, Marianske Lazne, Czechoslovakia, 28 April – 10 May 1947.

④ Recommendation Adopted, para. 6. See 1 (2) Unasylva 17 (1947).

⑤ United Nations Scientific Conference on the Conservation and Utilization of Resources, Lake Success, New York, 17 August – 6 September 1949.

⑥ Proceedings of the United Nations Scientific Conference on the Conservation and Utilization of Resources, Plenary Meetings, U. N. Doc. E/CONF. 7/7 (1950).

⑦ United Nations Economic and Social Council Resolution 32 (IV), Preamble, U. N. Doc. E/RES. 32 (IV) (1947).

⑧ 参见 [荷] 尼科·斯赫雷弗：《可持续发展在国际法中的演进：起源、涵义及地位》，汪习根、黄海滨译，社会科学文献出版社2010年版，第15页。

⑨ The International Convention for the Northwest Atlantic Fisheries, 1949, 157 U. N. T. S. 158.

枪鱼科学调查国际委员会公约》（The Convention Relating to the Establishment of an International Commission for the Scientific Investigation of Tuna）①、《建立全美热带金枪鱼委员会公约》（The Convention for the Establishment of an Inter-American Tropical Tuna Commission）② 均指出，渔业养护的主要目标是实现"最高持续产量"（optimum sustainable yield）。随着此类缔约实践逐渐增多，1958年在日内瓦举行的第一次联合国海洋法会议也重点关注了鱼类资源保护问题，大会通过的《捕鱼及养护公海生物资源公约》（The Convention on Fishing and Conservation of the Living Resources of the High Seas）③ 呼吁警惕过度开发海洋生物资源，各国应当采取养护措施使此项资源保持最高持续产量。这一公约具有示范意义，国际上出现了越来越多的关于环境与发展的声明、宣言和条约。

可惜的是，这一时期虽然国际社会日益关注污染与环境恶化问题，但是世界人口的急速膨胀仍然导致了过度捕捞、大气污染严重、生物多样性被破坏等环境问题。20世纪60年代的众多报告显示，人类的经济活动不可超越环境的承受能力，资源枯竭和环境污染是阻碍社会文明进步的突出矛盾，将导致人类社会发展面临严重危机。

有鉴于此，1972年联合国在瑞典斯德哥尔摩召开了联合国人类环境会议。④ 会议通过了《联合国人类环境会议宣言》（The Declaration of the United Nations Conference on the Human Environment，又称《斯德哥尔摩宣言》），⑤ 该文件包含26项原则，其中第21项原则最为著名："根据《联合国宪章》及国际法原则，各国享有利用其自然资源实施环境政策的主权，但有责任保证在其管辖或控制范围内的活动不会损害其他国家或国家管辖范围以外地区的环境。"这表明各国对其自然资源享有主权，并且要求开发、利用自然资源活动不得造成跨界损害。此外，第3项原则和第5项原则分别指出，必须保持地球生产重要再生资源的能力，必须防范不可再生资源的耗尽。《斯德哥尔摩宣言》全面论述了环境与发展的关系，明确了良好环境是经济、社会发展的必要条件，其涵括的许多精神、要点与20年之后联合国环境与发展会议、30年之后可持续发展世界首脑会议所采

---

① The Convention Relating to the Establishment of an International Commission for the Scientific Investigation of Tuna, 1949, 99 U. N. T. S. 4.

② The Convention for the Establishment of an Inter-American Tropical Tuna Commission, 1949, 80 U. N. T. S. 4.

③ The Convention on Fishing and Conservation of the Living Resources of the High Seas, 1958, 559 U. N. T. S. 285.

④ United Nations Conference on the Human Environment, Stockholm, Sweden, 5 – 16 June, 1972.

⑤ The Declaration of the United Nations Conference on the Human Environment, U. N. Doc. A/CONF. 48/14/Rev. 1 (1972).

纳的可持续发展概念非常相似。会议另一重要成果是建立了联合国环境规划署（United Nations Environment Programme，简称UNEP），总部位于肯尼亚内罗毕，职责是协调和分析联合国框架下的环境政策，进而为各国实践提供有益指导。1975年，UNEP理事会在第20（Ⅲ）号决议中写道，"为在满足人类基本需求的同时又不超越生物圈对人类活动设置的极限，环境管理需要各国的可持续发展（sustainable development）。"① 有学者认为这是第一份使用"可持续发展"一词的国际组织文件。②

这些早期文件表明了第二次世界大战后各主权国家、政府间国际组织对环境与发展之间关系的重视，而可持续发展理念也开始萌芽。在这一时期，虽然可持续发展的概念、内涵尚未得到界定，但是我们可以知道，可持续发展理念最初受到关注、被提出和初步形成，是基于解决人类共同面临的环境问题的迫切需要。

二、可持续发展理念的内涵

学术界普遍认为，第一个明确阐释可持续发展概念的国际政治文件是1980年《世界保护战略：为可持续发展保护生物资源》（World Conservation Strategy： Living Resource Conservation for Sustainable Development，以下简称《世界保护战略》）。③ 该文件由"国际自然及自然资源保护联盟"起草，并且得到了UNEP、FAO和联合国教科文组织（United Nations Educational Scientific and Cultural Organization，简称UNESCO）的支持。《世界保护战略》提出了三大基本保护目标：第一，保持基本的生态过程和生命保障系统；第二，保存遗传的多样性；第三，保证生物物种和生态系统的可持续利用。这些目标不仅呼吁全世界研究自然的、社会的、生态的、经济的及利用自然资源过程中的基本关系，以确保全球的可持续发展，也切实地反映了可持续发展的基本原理，催生了众多国家环境保护战略。

1983年，联合国第三十八届大会通过了第38/161号决议，④ 决定建立世界环境与发展委员会（World Commission on Environment and Development，以下简称WCED），旨在为2000年及其后实现可持续发展提出长期战略，并且为发展中

---

① United Nations Environment Programme Governing Council Decision, No. 20 (Ⅲ), 2 May 1975, Section Ⅱ, art. 9 (b).

② M. Pallemaerts, De opkomst van het begrip "duurzame ontwikkeling" in het internationaal juridisch en politiek discours: een conceptuele revolutie?', 21 Recht en Kritiek 380 (1995).

③ International Union for Conservation of Nature and Natural Resources ed., World Conservation Strategy: Living Resource Conservation for Sustainable Development, IUCN-UNEP-WWF, 1980.

④ Process of preparation of the Environmental Perspective to the Year 2000 and Beyond, U. N. Doc. A/RES/38/161 (1983).

国家与发达国家之间、发展中国家相互之间的合作方式提出建议。1987年，WCED发布名为《我们共同的未来》（Our Common Future，又称《布伦特兰报告》）的报告，① 该报告对可持续发展的概念作了系统性阐述，指出可持续发展是"既满足当代人的需要，又不对后代人满足其需要的能力构成危害的发展。它包括两个重要概念：其一，'需要'的概念，尤其是世界上贫困人民的需要，应将此放在特别优先的地位来考虑；其二，'限制'的概念，技术水平和社会组织形式对环境满足当代和后代需要的能力施加的限制。"② 此外，《我们共同的未来》报告还列举了可持续发展的要素，如"代际公平""环境能力的界限""生活水平的提高""经济发展带来的南北平衡"等，③ 强调了可持续发展的持续性、公平性和共同性原则。这一定义虽然引发国际社会的激烈讨论，但是为可持续发展理念的进一步发展、深化作出了重要贡献。

1992年，在巴西里约热内卢召开的联合国环境与发展会议④（以下简称"里约会议"）就可持续发展的概念达成了全球性的共识，通过了贯穿着可持续发展理念的三份重要文件，即《关于环境与发展的里约宣言》（Rio Declaration on Environment and Development）、《二十一世纪议程》（Agenda 21）和《森林原则声明》（Non-legally Binding Authoritative Statement of Principles for a Global Consensus on the Management, Conservation and Sustainable Development of All Types of Forests），两份新的多边条约《联合国气候变化框架公约》（United Nations Framework Convention on Climate Change）和《生物多样性公约》（Convention on Biological Diversity）也自此开放签署。⑤

可见，里约会议取得了举世瞩目的成果，标志着可持续发展战略的诞生。具言之，首先，《关于环境与发展的里约宣言》宣称，"为了公平地满足当代、后代在发展与环境方面的需要，必须实现求取发展的权利；各国和各国人民应当在消除贫困这个基本任务上开展合作，这是可持续发展的必要条件，目的是缩小生活水平差距和更好地满足世界上绝大多数人的需要；各国应当秉持全球伙伴关系的精神，为保存、保护和恢复地球生态系统的健康和完整进行合作"；其次，

---

① Report of the World Commission on Environment and Development: Our Common Future, U.N. Doc. A/42/427 (1987).
② 参见王彦志："经济全球化、可持续发展与国际投资法的第三波"，载《国际经济法学刊》2006年第3期，第182页。
③ [日] 交告尚史等：《日本环境法概论》，田林，等译，中国法制出版社2014年版，第133页。
④ United Nations Conference on Environment and Development, Rio de Janeiro, Brazil, 3-14 June 1992.
⑤ Report of the United Nations Conference on Environment and Development, U.N. Doc. A/CONF.151/26/Rev.1 (Vol. I) (1992).

《二十一世纪议程》为实施可持续发展战略、推动可持续发展制订了一份全球行动计划。相应地,中国于1994年国务院第十六次常务会议上通过了《中国二十一世纪议程》,提出了促进经济、资源、社会、环境以及教育相互协调、可持续发展的总体战略,我国成为世界上第一个制定实施本国可持续发展战略的国家;① 最后,全球环境治理进入新的历史时期,国际环境问题比以往任何时候都更加受到国际社会的关注,许多环境条约被制定和通过,在一定程度上缓解了国际环境法领域"软法"占据主导地位的困境。如1994年《核安全公约》、1994年《防治荒漠化公约》、1997年《乏燃料管理安全和放射性废物管理安全联合公约》、1998年《关于在国际贸易中对某些危险化学品和农药采用事先知情同意程序的鹿特丹公约》、2001年《关于持久性有机污染物的斯德哥尔摩公约》和2001年《保护水下文化遗产公约》等。②

2002年,为全面审查和评价里约会议10年来全球可持续发展的现状,并且勾画未来全球可持续发展的蓝图,104个国家元首、政府首脑,以及国家代表、非政府组织领导人、企业和其他团体参与了在南非约翰内斯堡举办的可持续发展世界首脑会议。③ 会议指出,第一,消除贫困、改变消费和生产格局、保护和管理自然资源基础以促进经济和社会发展,是压倒一切的可持续发展目标和根本要求;④ 第二,在各国国内,健全的环境、社会和经济政策,听取人民需要的民主体制、法治、反腐败措施、性别平等和有利的投资环境,均是可持续发展的基础;第三,和平、安全、稳定和尊重人权与包括发展权在内的基本自由,以及尊重文化多样性,是实现可持续发展和确保可持续发展使人人获益的必要条件。⑤

2012年,在里约会议召开20周年之际,联合国可持续发展会议⑥(又称"里约+20"峰会)再次回到巴西里约热内卢,提出了有关可持续发展的新概念:绿色经济。会议报告《我们憧憬的未来》(The Future We Want)⑦ 专设"可持续发展和根除贫困语境下的绿色经济"一章,强调绿色经济对传统以效率

---

① 中华人民共和国国务院新闻办公室:"改革开放40年中国人权事业的发展进步",载新华网:http://www.xinhuanet.com/politics/2018-12/12/c_1123841017.htm,2020年9月17日访问。

② 中国环境保护部宣传教育中心:《环境保护基础教程》,中国环境出版社2014年版,第225页。

③ The World Summit on Sustainable Development, Johannesburg, South Africa, August 26 – 4 September 2002.

④ Report of the World Summit on Sustainable Development, U. N. Doc. A/CONF. 199/20 (2002), Chapter I, Resolution 1, Political Declaration.

⑤ Report of the World Summit on Sustainable Development, U. N. Doc. A/CONF. 199/20 (2002), Chapter I, Resolution 2, Plan of Implementation of the World Summit on Sustainable Development. .

⑥ United Nations Conference on Sustainable Development, Rio de Janeiro, Brazil, 20 – 22 June 2012.

⑦ Report of the United Nations Conference on Sustainable Development, U. N. Doc. A/CONF. 216/16, Chapter I, Resolution 1, Outcome document: "The future we want".

为导向的经济模式增加了两个重要维度：一方面，绿色经济试图将空气、水、土壤、矿产和其他自然资源的利用计入国家财富预算，强调经济增长要控制在关键自然资本的边界之内；另一方面，绿色经济试图将"公平"或包容性变成与传统经济学中的"效率"同等重要的基本理念。① 这为各国实施可持续发展，协调社会、经济发展和环境保护提供指导和建议。

2015年9月，联合国可持续发展峰会在纽约联合国总部正式拉开帷幕。会议通过了一份由193个会员国共同达成的成果文件，即《改变我们的世界——2030年可持续发展议程》（Transforming our World: The 2030 Agenda for Sustainable Development）。② 这一包括17项可持续发展目标（如表1-1所示）和169项具体目标的纲领性文件，将推动世界在今后15年内实现3个史无前例的非凡创举——消除极端贫穷、战胜不平等和不公正以及遏制气候变化。时任联合国秘书长潘基文评价，"议程对未来所提供的承诺和机会为世界各国人民点亮了一盏明灯。这是一个为了追求更好的未来的具有普世价值、推动变革和完整的愿景。他呼吁世界各地的每一个人以该议程的17项可持续发展目标为指导行动起来，以前所未有的方式建立高级别的政治承诺和崭新的全球伙伴关系。《2030年可持续发展议程》促使人们以超越国界和短期利益的眼光，为长远大计采取团结一致的行动。世界各国再也不能各自为政、不相为谋。联合国将坚定地为成员国在这一宏大和崭新的领域提供支持。"

表1-1 联合国可持续发展目标

	17项可持续发展目标（Sustainable Development Goals，SDGs）
1	在全世界消除一切形式的贫穷
2	消除饥饿，实现粮食安全，改善营养状况和促进可持续农业
3	确保健康的生活方式，促进各年龄段人群的福祉
4	确保包容和公平的优质教育，让全民终身享有学习机会
5	实现性别平等，增强所有妇女和女童的权能
6	为所有人提供水和环境卫生并对其进行可持续管理
7	确保人人获得负担得起的、可靠和可持续的现代能源

---

① 参见诸大建："从'里约+20'看绿色经济新理念和新趋势"，载《中国人口·资源与环境》2012年第9期。

② Transforming our World: The 2030 Agenda for Sustainable Development, U. N. Doc. A/RES/70/1 (2015).

续表

	17项可持续发展目标（Sustainable Development Goals，SDGs）
8	促进持久、包容和可持续经济增长，促进充分的生产性就业和人人获得体面工作
9	建造具备抵御灾害能力的基础设施，促进具有包容性的可持续工业化，推动创新
10	减少国家内部和国家之间的不平等
11	建设包容、安全、有抵御灾害能力和可持续的城市和人类住区
12	确保可持续消费和生产模式
13	采取紧急行动应对气候变化及其影响
14	保护和可持续利用海洋和海洋资源以促进可持续发展
15	保护、恢复和促进可持续利用陆地生态系统，可持续管理森林，防治荒漠化，制止和扭转土地退化，遏制生物多样性的丧失
16	创建和平、包容的社会以促进可持续发展，让所有人都能诉诸司法，在各级建立有效、负责和包容的机构
17	加强执行手段，重振可持续发展全球伙伴关系

2019年6月，国家主席习近平在第23届圣彼得堡国际经济论坛全会致辞时指出：可持续发展是破解当前全球性问题的"金钥匙"。2020年11月22日，习近平在二十国集团领导人第十五次峰会第二阶段会议上重点阐述可持续发展问题，并在"守护地球"主题边会上致辞。面对新冠肺炎疫情带来的严重挑战，可持续发展依然是"金钥匙"，拨开世界迷雾，照亮人类前程。①

由此，我们可以这样界定可持续发展理念的内涵：经济、环境和社会是可持续发展的三大支柱。经济可持续是基础，环境可持续是条件，社会可持续是目的。可持续发展理念要求以人的发展为中心的"经济—环境—社会"复合系统能够持续、稳定和健康的发展，既满足当代人的需求，又不危及后代人的福祉。无论是发达国家，还是发展中国家，都应平等地获得此种发展机会，并且采取团结一致的行动，从而实现人类社会与自然界的共同繁荣。

三、可持续发展理念的外延

可持续发展理念是一个多元化的概念，其丰富的内涵就决定了其必然拥有广

---

① 龚雪辉，郁振一："G20峰会第二天，习近平重点阐述可持续发展这把'金钥匙'"，载中国新闻网 http://www.chinanews.com/gn/2020/11-23/9345466.shtml，2020年9月18日访问。

泛的外延。虽然可持续发展理念的最初"使命"是解决自然资源利用和保护问题，但是经历长期的演进历程，可持续发展理念的外延不断外溢，从可持续地利用自然资源的最初含义到以人为本且具有社会经济性质的概念，这一理念已经深入人类生活的更多方面。①

（一）资源可持续利用与环境可持续保护

在环境领域，可持续发展的根本点是可持续利用地球的自然资源，保护自然、人类生活、社会和经济发展所依赖的环境。有学者指出，自然资源的永续利用是可持续发展的核心问题。一方面应解决好资源在当代人和后代人之间的合理配置，既要保证当代人的合理需求，又要为后代留下较充分的生存和发展条件；另一方面应重视资源在各地区各部门和每个人之间的合理分配问题。②

1. 可持续利用自然资源的义务

2002年，国际法协会第七十届会议通过了《与可持续发展有关的国际法原则的新德里宣言》（New Delhi Declaration of Principles of International Law Relating to Sustainable Development，以下简称《新德里宣言》）。③ 该宣言指出，根据已被确认的国际法原则，所有国家对本国自然资源享有主权权利。各国有责任以合理、可持续、安全的方式管理自然资源，包括领域内或管辖范围内的自然资源，为国民发展作出贡献，为保护和可持续利用自然资源、保护环境（包括生态系统）作出贡献。此外，各国在确定自然资源的使用率时，必须考虑子孙后代的需要，避免浪费自然资源，减少污染。《新德里宣言》重申保护、保持和养护自然资源，尤其是地球的气候系统、生物多样性以及动植物，这是人类共同关切的问题。而外层空间（包括天体）、海床、底土等国家管辖范围之外的资源是"人类共同继承遗产"。

2. 共同但有区别的保护责任

1992年《关于环境与发展的里约宣言》第7项原则指出，各种不同因素导致了全球环境退化，各国负有共同但有区别的责任。发达国家承认，鉴于他们的社会给全球环境带来的压力，以及他们所掌握的技术和财力资源，他们在追求可持续发展的国际努力中负有责任。这一原则在保护臭氧层及气候系统的条约中均有体现，如《联合国气候变化框架公约》、《京都议定书》（Kyoto Protocol to the

---

① 参见蒋小红："试论国际投资法的新发展——以国际投资条约如何促进可持续发展为视角"，载《河北法学》2019年第3期，第43—44页。

② 张文显：《法学理论前沿论坛》，吉林大学出版社2001年版，第389页。

③ New Delhi Declaration of Principles of International Law Relating to Sustainable Development, U. N. Doc. A/CONF. 199/8（2002）.

United Nations Framework Convention on Climate Change)①、《巴黎协定》(Paris Agreement)② 等。

我国是共同但有区别的责任原则的践行者,为开好里约大会,表明发展中国家的共同立场。1991 年,由中国发起并在北京主办的发展中国家环境与发展部长级会议,发表了反映广大发展中国家利益和立场的《北京宣言》。该宣言强调要有效地解决环保问题必须进行全球范围内的国际合作,尤其是跨领域问题。但是,这种合作又是在责任有别的基础上进行的。环保问题上的国际合作应以主权国家平等的原则为基础,不应以保护环境为由干涉发展中国家的内政,不应借此提出任何形式的援助或发展资金的附加条件,也不应设置影响发展中国家出口和贸易的壁垒。在不妨碍经济发展的前提下,发展中国家将不遗余力地参加环保问题上的国际合作。如果发达国家能够作出积极的、建设性的和现实的回应,从而形成一个适合于全球性合作的氛围,发展中国家就能和发达国家一道,共同为自己和后代开创一个更加美好的未来。③

(二) 经济可持续增长

在经济领域,可持续发展理念促使人们反思"高消耗、高投入、高污染"的传统经济发展模式。1972 年罗马俱乐部出版了研究报告《增长的极限》,④ 他们尖锐地指出,"如果人口增长、粮食生产和各类自然资源的消耗按现有的趋势继续发展,整个世界的经济增长就会在未来的一个时间点达到极限。要减缓人类达到这一极限的进程,就需要改变现有的生活生产方式,使经济社会能够可持续发展。"报告的出版对斯德哥尔摩会议的召开起到了推动作用,人们意识到改变经济发展模式、实现经济效益与生态效益相统一的紧迫性。在斯德哥尔摩会议期间,工业化国家和发展中国家艰难地达成了一项妥协,即尽管面临不同的环境问题,但环境保护与经济发展必须相互协调。

1994 年,UNEP 在其发布的《可持续消费的政策因素》报告中提出"可持续消费"的概念,即提供服务以及相关的产物以满足人类的基本要求,提高生活质量,同时使自然资源和有毒材料的使用量最少,使服务或产品的生命周期中所产生的废物和污染物最少,从而不危及后代的需求。2002 年世界可持续发展

---

① Kyoto Protocol to the United Nations Framework Convention on Climate Change, 1997, 2303 U. N. T. S. 162.

② Paris Agreement, U. N. Doc. FCCC/CP/2015/10/Add. 1 (2016).

③ 张云飞:《中国改革开放成就丛书:辉煌 40 年(生态文明建设卷)》,安徽教育出版社 2018 年版,第 406 页。

④ D. Meadows et al., The Limits to Growth: A Report for the Club of Rome's Project on the Predicament of Mankind, University Books, 1972.

峰会通过的《约翰内斯堡执行计划》和 2012 年 "里约 + 20" 峰会发布的成果文件《我们憧憬的未来》都指出,"消除贫困、改变不可持续的消费和生产模式,促进相关可持续的模式,保护并管理作为经济社会发展基础的自然资源是可持续发展的总体目标和基本要求"。

1. 可持续消费

可持续消费对消费观念、消费习惯、消费结构和消费方式都提出了新的要求:既要注重消费的发展性,又不能无节制地消费,忽视生态环境和社会公正。第一,坚持适度消费原则。坚持以人的需要作为出发点,以人的健康生存作为目标,逐步减少无意义消费和对人类健康无益甚至有害的愚昧消费等。过度消费不仅超出了人自身的正当需要,而且消耗了更多的资源,不符合可持续发展的要求;第二,坚持公平消费原则。不鼓励或限制少数人的高消费、超前消费、挥霍消费及畸形消费;第三,坚持以人为本的消费原则。在消费结构上形成合理比例,实现人的本质以及人的全面发展目标。其中,着重提升精神文化消费在消费结构中的比重,降低攀比型、形式化消费在消费结构中的比重。绿色、适度、文明和健康是可持续消费的核心理念。①

2. 可持续生产

可持续生产是指满足消费者对产品需求而不危及后代人对资源和能源需求的生产模式。可持续生产要求产品从设计、材料、生产工艺、生产设施、市场利用、废物产生和处置都要考虑环境保护,都要符合可持续发展理念。"生态工业""清洁生产""可持续农业"等新名词便应运而生。第一,生态工业是一种合理、充分、节约地利用资源,工业产品在生产和消费过程中对环境、人体健康的损害最小,以及废弃物多层次综合再生利用的现代工业生产方式。这种模式与传统工业模式最显著的区别是,它力求把工业产生过程纳入生物圈的物质循环系统,把生态环境优化作为发展的重要内容。第二,清洁生产包括清洁的能源、清洁生产过程和清洁的产品,是一个相对的概念。清洁生产不但包含着技术上的可行性,还包括经济上的可营利性,体系经济、环境和社会效益的统一。第三,可持续农业是采取某种使用和维护自然资源的基础方式,以及实行技术变革和机制性改革来维护土地、水、动植物遗传资源的农业生产模式。②

综上所述,可持续消费和可持续生产均要求系统性地消除经济增长与不断增加的资源消耗以及环境恶化之间的关联,以实现 "用更少做更多" 的目标。消除关联的方式是减少当前经济活动的材料或能源消耗,以及减少开采、生产、消

---

① 吴炳新:《消费经济学》,对外经济贸易大学出版社 2016 年版,第 43 页。
② 胡代光、高鸿业:《西方经济学大辞典》,经济科学出版社 2000 年版,第 1024 页。

费和处置各环节中的排放和浪费。

(三) 社会可持续治理

社会可持续治理,即政府善治。在关于可持续发展的讨论中,善治原则已经居于核心地位。① 2000 年联合国第五十五届大会通过了《联合国千年宣言》(United Nations Millennium Declaration),② 从发展、减贫、和平与安全、环境保护、民主和人权等方面,为人类在新千年的发展指明方向和确定任务,其中善治就是联合国特别重视的关键目标之一。《联合国千年宣言》指出:"各国将不遗余力,促进民主和加强法治,并尊重一切国际公认的人权和基本自由,包括发展权。"因此,各国决心"全面遵守和维护《世界人权宣言》;充分保护和促进所有人的公民、政治、经济、社会和文化权利;加强国家能力,以履行民主的原则与实践,尊重包括少数人权利在内的各项人权;打击一切形式的对妇女的暴力行为;采取措施以确保尊重和保护移徙者、移民工人及其家属的人权,消除许多社会中日益增加的种族主义行为和排外行动,并增进所有社会中人与人之间的和谐与容忍;作出集体努力,以促进更具包容性的政治进程,让我们所有国家的全体公民都能够真正参与;确保新闻媒体有发挥其重要作用的自由,也确保公众有获取信息的权利"。可见,善治原则更加强调人权、民主以及政府回应社会需求、履行职责、承担对其公民的义务。由此,可持续发展理念的外延又被拓宽到社会治理方面,而善治已经被视为可持续发展理念及其实施的根本要素之一。③

2000 年 6 月,非洲、加勒比海和太平洋地区国家集团(简称非加太集团)77 个成员方和欧洲联盟 15 国在贝宁首都科托努签订《非加太地区国家与欧共体及其成员国伙伴关系协定》,又称《科托努协定》(Cotonou Agreement)。④ 《科托努协定》第 9 条对善治做了详细地注解,"善治是为了实现公平与可持续发展,而对人力、自然、经济和财政资源进行透明与负责任地治理。善治需要公共部门实行明确的决策程序,需要透明和负责任的机构,需要法律在管理和分配资源方面处于首要地位,需要在预防和打击腐败方面不断提高能力并采取相应措

---

① A. Seidman, R. B. Seidman and T. W. Wälde eds., Making Development Work: Legislative Reform for Institutional Transformation and Good Governance, Kluwer Law International, 1999.

② United Nations Millennium Declaration, U. N. Doc. A/RES/55/2 (2000).

③ Erik M. G. Denters, Konrad Ginther, and de Waart eds., Sustainable Development and Good Governance, Nijhoff, 1995. K. C. Roy, C. A. Tisdell, Good Governance in Sustainable Development: The Impact of Institutions, 25 International Journal of Social Economics 1310 (1998); Mihaela Kardos, The Reflection of Good Governance in Sustainable Development Strategies, 58 Procedia-Social and Behavioral Sciences 1166 (2012).

④ Partnership agreement between the members of the African, Caribbean and Pacific Group of States, 2000/483/EC.

施。"2002年国际法协会《新德里宣言》指出善治对于与可持续发展有关的国际法的发展和编纂至关重要，它要求国家、国际组织：第一，民主、透明的决策和财政责任；第二，反腐败；第三，正当程序，尊崇法治及尊重人权；第四，按照WTO政府采购守则执行政府采购，公开招标。与此同时，《新德里宣言》提出善治原则适用于国家以及其他法律主体，国家之外的行为主体应接受内部民主治理，并且担负切实的责任，受到有效的问责机制的监管。这意味着在善治原则下，私人部门应当承担社会责任，并进行对社会负责任的投资，从而对各社会之间以及一个社会内部财富的公平分配作出贡献，形成世界性市场。

综上所述，可持续发展理念不仅在于简单满足环境的需求，也在于对世界经济体系、政治经济社会的重新定位。正如《联合国2030年可持续发展议程》提出的愿景那样，通过实现可持续发展，创建"一个有安全、充满活力和可持续的人类居住地的世界和一个人人可以获得价廉、可靠和可持续能源的世界；一个普遍尊重人权和人的尊严、法治、公正、平等和非歧视，尊重种族、民族和文化多样性，尊重机会均等以充分发挥人的潜能和促进共同繁荣的世界；一个每个国家都实现持久、包容和可持续的经济增长和每个人都有体面工作的世界；一个以可持续的方式进行生产、消费和使用从空气到土地、从河流、湖泊和地下含水层到海洋的各种自然资源的世界；一个有可持续发展、包括持久的包容性经济增长、社会发展、环境保护和消除贫困与饥饿所需要的民主、善政和法治，并有有利的国内和国际环境的世界；一个技术研发和应用顾及对气候的影响、维护生物多样性和有复原力的世界；一个人类与大自然和谐共处，野生动植物和其他物种得到保护的世界。"[①]

第二节　可持续发展理念与国际法的发展

一、可持续发展与国际环境法

国际环境法是调整国际自然环境保护中的国际法主体相互关系的法律规范的总称，是现代国际法的一个新领域。尽管在19世纪，国际社会已经对某些形式的环境污染或生态破坏采取了补救措施，如制定了一些关于渔业资源保护的协定、条约，但是这些努力是零星的，将自然资源作为经济资源加以保护。真正意义上的环境保护措施直到20世纪才出现，国际环境法也产生于第二次世界大战

---

① 联合国："变革我们的世界：2030年可持续发展议程"，载联合国官网：https：//www.un.org/zh/documents/treaty/files/A-RES-70-1.shtml，2020年9月20日访问。

后的重建时期。在国际环境法萌芽、发展和日臻完善的各个阶段，可持续发展理念都贯穿始终。可以说，可持续发展原则在国际环境法领域具有普遍指导意义，适用于国际环境法的各个具体领域，是生态文明的核心要素，体现了国际环境法的特点并且已然成为国际环境法的基础。①

（一）国际环境法发展进程中的可持续发展理念

从 20 世纪初到 1972 年联合国人类环境会议的召开，是国际环境法的萌芽时期，侧重保护生物资源，可持续发展理念也在这一时期被初步提出，并且开始对国际环境条约产生影响。如 1946 年《国际捕鲸公约》（International Convention for the Regulation of Whaling）明确其宗旨为："防止所有种类鲸鱼的过度捕猎"、"为后代子孙而保护鲸鱼类这一丰富自然资源"和"建立国际捕鲸管制制度，以确保鲸鱼族类的适当养护和发展"，②呼吁和倡导可持续利用、养护生物资源。

20 世纪后期，国际环境法进入蓬勃发展时期。被誉为"海洋法典"的《联合国海洋法公约》（United States Convention on the Law of the Sea）③ 于 1982 年联合国第三次海洋法会议获得通过，公约为海洋、沿海环境及其资源的保护和可持续发展建立了法律框架和机制，促使各国以最小的环境代价，充分利用海洋资源，携手推进海洋法治，促进海洋可持续发展。此外，1992 年里约会议是国际环境法发展史上的又一里程碑。里约会议通过的《关于环境与发展的里约宣言》和《二十一世纪议程》第一次系统地归纳了国际环境法中可持续发展的实体要素和程序要素。实体要素包括环境保护和经济发展一体化原则、自然资源可持续利用原则、发展权原则、代内公平原则、代际公平原则和污染者付费原则等；程序要素包括公众参与决策原则、环境影响评价原则等。④

进入 21 世纪以来，国际环境法逐渐走向成熟，国际社会追求可持续发展的强烈意愿愈加明显地体现在国际环境条约和其他软法文件中，如 2001 年《关于持久性有机污染物的斯德哥尔摩公约》（Stockholm Convention on Persistent Organic Pollutants）⑤ 是继《保护臭氧层维也纳公约》（Vienna Convention for the Protection of the Ozone Layer）⑥ 及其《蒙特利尔议定书》（Montreal Protocol on Substances that Deplete the Ozone Layer）⑦、《联合国气候变化框架公约》之后，

---

① 王曦："论国际环境法中的可持续发展原则"，载《法学评论》1998 年第 3 期，第 69 页。
② International Convention for the Regulation of Whaling, 1946, 161 U. N. T. S. 72.
③ United States Convention on the Law of the Sea, 1982, 1833 U. N. T. S. 3.
④ 吴喜梅："论国际环境法视角下的可持续发展原则"，载《中国科学报》2016 年 11 月 28 日。
⑤ Stockholm Convention on Persistent Organic Pollutants, 2001, 2256 U. N. T. S. 119.
⑥ Vienna Convention for the Protection of the Ozone Layer, 1985, 1513 U. N. T. S. 293.
⑦ Montreal Protocol on Substances that Deplete the Ozone Layer, 1987, 1522 U. N. T. S. 29.

第三个具有强制性减排要求的国际公约，旨在减少或消除持久性有机污染物对生态环境、人类及子孙后代健康等的不利影响；2012 年 UNEP 推广环境法治的概念，目的是促进正义、治理和法律以保障环境的可持续性。这一理念被纳入 2016 年国际自然保护联盟（International Union for Conservation of Nature，简称 IUCN）第一届世界环境法大会起草的《国际自然联盟关于环境法治的世界宣言》（IUCN World Declaration on the Environmental Rule of Law）① 中。该宣言包含 13 项基本原则，旨在通过环境法治保护、保存及恢复环境整体性，最终实现生态可持续。

（二）国际环境法中可持续发展原则的内涵

1. 环境保护和经济发展一体化原则

环境保护和经济发展一体化是指整合环境保护和经济发展，将环境保护纳入经济发展过程中，使之成为经济发展的内在组成部分，而非将其孤立于经济发展。1972 年《斯德哥尔摩宣言》首先明确了这种一体化的内容，此后一些区域性协定、1992 年里约会议通过的诸项文件和《二十一世纪议程》、1994 年《防治荒漠化公约》（Convention to Combat Desertification）② 等全球性协议和宣言中均有相关体现。其中，《二十一世纪议程》明确提出，"在制定经济、社会、财政、能源、农业、交通、贸易和其他政策时更加系统地考虑环境问题"，这一整合发展价值和环境价值的做法，是可持续发展理念的核心要素。

2. 自然资源可持续利用原则

自然资源的可持续利用是指对于生态系统、陆地、海洋和大气资源的利用，应使相应的自然资源达到最适宜的持续生产率，并且不危及与其共存的其他资源或物种的完整性。简言之，对自然资源的利用不能超越其再生能力。自 1992 年《关于环境与发展的里约宣言》以来，许多重要的国际协议都采用了"可持续利用"或"可持续使用"一词，如《联合国气候变化框架公约》《生物多样性公约》《防治荒漠化公约》等，均要求各国更加合理地利用、养护自然资源。

3. 发展权原则

发展权原则是指环境保护不应凌驾于发展中国家的经济发展需要之上，这也是一种对环境保护和经济发展一体化原则的平衡。早在 1986 年，联合国大会通过的《发展权利宣言》（Declaration on the Right to Development）③ 就提出了发展权的概念，"发展权利是一项不可剥夺的人权，由于这种权利，每个人和所有各

---

① IUCN World Declaration on the Environmental Rule of Law, 2016, IUCN ID: MON-091064.
② Convention to Combat Desertification, 1994, 1954 U. N. T. S. 3.
③ Declaration on the Right to Development, U. N. Doc. A/RES/41/128 (1986).

国人民均有权参与、促进并享受经济、社会、文化和政治发展，在这种发展中，所有人权和基本自由都能获得充分实现。"随后，1992年《关于环境与发展的里约宣言》重申了发展权原则，并且体现了国际社会对发展中国家特殊利益的关照。发展中国家有发展的权利，在全球环境治理中，在平衡环境保护与经济发展的关系中，应当给予发展中国家特殊待遇。

4. 代内公平原则

代内公平是指同一代人，不论国籍、种族、性别、经济水平和文化差异，在要求良好生活环境和利用自然资源方面，都享有平等的权利。这就意味着发达国家不能通过将环境代价转嫁到发展中国家的做法，谋求本国经济的快速发展。《关于环境与发展的里约宣言》《生物多样性公约》《保护臭氧层维也纳公约》《联合国气候变化框架公约》中的"财政帮助条款""能力建设条款""共同但有区别的责任条款"均体现了代内公平原则，意在均衡发达国家与发展中国家利益，建立国际经济新秩序。①

5. 代际公平原则

代际公平是指当代人为后代人的利益保存自然资源，包括为后代人保存自然和文化资源的多样性、保存地球生态环境的质量、保存接触和使用当代人的遗产的权利。② 1946年《国际捕鲸公约》最早呼吁当代人为了后代人利益而保存一定数量的鲸。之后，《斯德哥尔摩宣言》《我们共同的未来》《生物多样性公约》《防治荒漠化公约》等多项国际宣言、条约等文件，都规定了为后代人利益的环境保护义务，③ 要求各国通过环境评估和风险预防等机制，预防和阻止环境的不断恶化，表明了对后代人利益的关切。

6. 污染者付费原则

污染者付费是政府对于污染和环境损害成本进行分配的一种经济政策，已经成为全球环境政策所依据的重要标准之一。这一概念在1972年由经济合作与发展组织（Organisation for Economic Co-operation and Development，以下简称OECD）首次提出。根据OECD的界定，这项原则是指污染者必须承担公共机构采取合理的环境保护与环境治理措施所产生的费用。1992年《关于环境与发展的里约宣言》第16项原则即污染者付费原则，指出各国应努力促进环境成本内部化和经济措施的使用，重视原则上由污染者承担污染费用的方针，适当考虑公

---

① 吴喜梅："论国际环境法视角下的可持续发展原则"，载《中国科学报》2016年11月28日。
② 杨柳、李锦辉等主编：《环境资源法》，华中科技大学出版社2015年版，第48页。
③ [爱]欧文·麦克因泰里：《国际法视野下国际水道的环境保护》，秦天宝译，知识产权出版社2014年版，第297页。

共利益,避免扭曲国际贸易和投资。①

7. 可持续发展的程序要素

为实现发展的可持续性,获取信息机制、公共参与决策机制、环境影响评价机制等程序性措施,有助于使政府发展决策合法化、合理化,提高决策的质量。第一,获取信息机制是公共参与决策的前提,是指在国家一级,每个人都能适当地获得公共当局所持有的关于环境的资料,包括关于在其社区内的危险物质和活动的资料;第二,公共参与决策机制是指在广泛地向公众提供环境资料之后,便利及鼓励公众参与有关环境问题的政府决策;第三,环境影响评价机制是指对于可能对环境产生重大不利影响的活动,进行环境影响评价,评估其对环境和发展的影响。②

二、可持续发展与国际人权法

国际人权法是调整国际人权保护中的国际法主体相互关系的法律规范的总称,是现代国际法的重要分支部门,其形成与发展是对传统国际法理论和实践的重要革新。发展权和环境权是可持续发展理念在国际人权法领域最直接的体现。

(一) 发展权

发展权作为第三代人权,已经得到国际社会的逐步认可。发展权的价值特征在于它突破了传统人权的内容和形式,使人权主体从个体思考向整体迈进,揭示了从人权的视角看待发展的问题。它在最广泛意义上理解和践行人权,落脚于人权的现实化和操作化问题,为人类的自我塑造和自我价值的实现提供了全新的理论维度和广阔的现实发展空间。③

1948年《世界人权宣言》(Universal Declaration of Human Rights)④ 虽未使用发展权一词,但是宣言的内容已经初显发展权的意蕴,即人人应有权享受为维持他本人和家属的健康和福利所需的生活水准、有权接受教育、有权自由参加社会的文化生活、有权要求一种社会的和国际的秩序以实现个人权利和自由。1966年《经济、社会和文化权利国际公约》(International Covenant on Economic, Social and Cultural Rights)⑤ 规定,"所有人民都有自决权。他们凭这种权利自由

---

① [美] 克劳斯·博塞尔曼:《可持续发展的法律和政治》,王曦、卢锟等译,上海交通大学出版社2017年版,第400页。

② [荷] 尼科·斯赫雷弗:《可持续发展在国际法中的演进:起源、涵义及地位》,汪习根、黄海滨译,社会科学文献出版社2010年版,第175页。

③ 汪习根:《发展、人权与法治研究》,武汉大学出版社2017年版,第28页。

④ Universal Declaration of Human Rights, U. N. Doc. A/RES/217A (Ⅲ) (1948).

⑤ International Covenant on Economic, Social and Cultural Rights, 1966, 993 U. N. T. S. 3.

决定他们的政治地位,并自由谋求他们的经济、社会和文化的发展。所有人民得为他们自己的目的自由处置他们的天然财富和资源,而不损害根据基于互利原则的国际经济合作和国际法而产生的任何义务。在任何情况下不得剥夺一个人民自己的生存手段",暗示了与保护发展权有关的一些要素。

1986年联合国《发展权利宣言》开始尝试界定发展权。"发展权利是一项不可剥夺的人权,由于这种权利,每个人和所有各国人民均有权参与、促进并享受经济、社会、文化和政治发展,在这种发展中,所有人权和基本自由都能获得充分实现。人的发展权利意味着充分实现民族自决权,包括在关于人权的两项国际公约有关规定的限制下,对他们的所有自然资源和财富行使不可剥夺的完全主权。人是发展的主体,因此,人应成为发展权利的积极参与者和受益者。鉴于有必要充分尊重所有人的人权和基本自由,以及他们对社会的义务,因此,所有人单独地和集体地都对发展负有责任,这种责任本身就可确保人的愿望得到自由和充分的实现,他们因而还应增进和保护一个适当的政治、社会和经济秩序以利发展。国家有权利和义务制定适当的国家发展政策,其目的是在所有人积极、自由和有意义地参与发展及其带来的利益的公平分配的基础上,不断改善全体人民的福利。"① 可见,宣言指出发展权利对充分实现民族自决权具有重要意义,其中包括处置自己的自然资源的权利。但可惜的是,国际社会在这一阶段对发展权的讨论成为意识形态争论的一部分。②

在《世界人权宣言》通过45周年之际,联合国第二届世界人权会议③在维也纳召开。会议通过了《维也纳人权宣言和行动纲领》(Vienna Declaration and Programme of Action)④,重申发展权是基本人权的组成部分,发展权应得到实现,继而平等地满足今后世代的发展和环境需要。

(二) 环境权

与发展权一样,环境权是一项新型人权,反映了国际社会对发展与环境问题的高度关注。环境权并非一项单独的权利,而是一个由公权与私权、程序权利与实体权利所共同构成的权利体系。它在程序上表现为环境信息知情权、环境事务参与权以及环境救济请求权。实体上则被赋予民事权利的属性,以环境的开发、

---

① Declaration on the Right to Development, Article 1 and Article 2, U. N. Doc. A/RES/41/128 (1986).
② Isabella D Bunn, The Right to Development and International Economic Law: Legal and Moral Dimensions, Hart Publishing, 2012.
③ The World Conference on Human Rights, Vienna, Austria, 14 – 25 June 1993.
④ Vienna Declaration and Programme of Action, U. N. Doc. A/CONF. 157/23 (1993).

利用权为中心，体现作为公共物品的环境对公民的客观价值。①

早在 1960 年，一位德国医生向欧洲人权委员会控告向北海倾倒废弃物是侵犯人权的行为，提出公民具有在良好适宜环境中生活的权利，由此引发了是否要在欧洲人权清单中追加环境权的热烈讨论。1970 年，有关公害问题的国际研讨会在日本东京召开，会议发表了《东京宣言》，呼吁"把每个人享有其健康和福利等要素的环境的权利，以及当代传给后代的遗产应是一种富有自然美的自然资源的权利，作为一种基本人权，在法律体系中确定下来。"②

1972 年《斯德哥尔摩宣言》正式承认了环境权。该宣言第 1 项原则指出，"人类有权享受有尊严和舒适的生活环境，享有自由、平等和充足的生活条件的基本权利，并且负有保护和改善这一代和将来的世世代代的环境的庄严责任。"1987 年，WCED 通过了国际环境法专家组提交的《环境保护和可持续发展的法律原则建议》（Proposed Legal Principles for Environmental Protection and Sustainable Development），该建议在第 1 条就直接指出，"全人类对能满足其健康和福利的环境拥有基本的权利"，这将环境和人权联系了起来，提倡在现有条件下人类生存和发展环境的优化，确认全人类享有在适宜环境中生存、发展的权利。1992 年《关于环境与发展的里约宣言》提出，"人类处在可持续发展问题的中心，他们应当享有以与自然相和谐的方式过健康而富足生活的权利"，呼吁各国加强合作，为建立一种促进可持续发展的、新的、公平的全球伙伴关系而共同努力。由此，一些国家的宪法开始将环境权写入公民基本权利，更多的国家在宪法中宣示了类似的内容，环境权成为一项"积极的权利"，即需要由各国采取积极行动来配合实现的权利。

公民环境权的内涵丰富。首先，公民应当拥有享受良好环境的权利。环境是每个公民维持生存必不可少的条件，良好的环境能够保护人的生命和健康、保护植物和动物以及保存遗传基因等。一旦环境遭到破坏，人类的生存基础和质量也将被破坏。如此，维护公民的环境权以环境不受损害为基本标准。其次，公民对环境状况应当享有知情权和监督权。环境信息关系着每个公民的身心健康，公民有权依法定程序获得关于自然环境状况及其对公民健康影响等方面的真实信息。正如 1992 年《关于环境与发展的里约宣言》指出，"环境问题最好在全体市民的参与下予以处理。每个人都应当适当地获得公共当局所持有的有关环境的资料，并且应有机会参与各项决策进程。"这意味着，不仅政府应及时、主动地向公众公布有关环境的信息，而且政府也要应公众的要求提供环境信息。通过公布相关信息，公民也得以参与国家环境监督和管理。再次，公民应当享有环境参与

---

① 高晓露：《环境法学总论》，大连海事大学出版社 2017 年版，第 67 页。
② 肖巍："作为人权的环境权与可持续发展"，载《哲学研究》2005 年第 1 期，第 8 页。

权。公民有权通过一定程序或途径参与一切与公众环境权益相关的活动,包括参与国家环境管理的预测和决策过程、参与开发利用的环境管理过程以及环境保护制度实施过程、参与环境科学技术的研究和推广、组织环境保护的团体参与环保宣传等公益性环境保护活动、参与环境纠纷的调解等。最后,公民应当享有环境请求权。当公民的环境权益受到侵害后,公民应当有权对国家环境行政机关主张权利,也应当有权向司法机关请求司法救济,如行政复议、获得损害赔偿等。环境请求权将环境权的实施落到了实处。①

三、可持续发展与国际贸易法

国际贸易法是调整国际经贸活动中的国际法主体相互关系的法律规范的总称,是国际经济法的重要组成部分。从传统上看,第二次世界大战后国际经济的重点在于商品和资本的跨国自由流动,以及促使国家最大限度地开发其自然资源以促进经济的发展。《大西洋宪章》最早表述了国际经济自由原则,以反思保护主义所导致的战争惨祸,试图建立一种使各国都能够获益的国际经济自由化体制。随着国际货币基金体系、世界银行、关贸总协定体制的建立,这一原则最终变为现实。② 随之而来的是经济全球化,商品、技术、信息、服务、资金、人员等生产要素跨国、跨区域的流动,将世界连接成为一个统一的巨大市场,国际贸易出现了井喷式的发展。然而,关贸总协定体制成立之初没有重视经济发展的环境因素,直到1992年《关于环境与发展的里约宣言》确立可持续发展原则后,可持续发展理念才以一种强劲的势头对国际贸易法产生深刻影响,国际贸易与可持续发展的关系成为国际社会普遍关注的热点问题。其中,可持续发展理念渗入国际贸易法的最主要表现是绿色贸易、公平贸易和自由贸易。

(一) 绿色贸易

《斯德哥尔摩宣言》《关于环境与发展的里约宣言》《二十一世纪议程》等国际文件对经济可持续发展进行了系统性阐明,可持续发展理念也开始被国际社会广泛接受,使得在贸易部门,出现了绿色贸易、环境产品、环境产品与服务自由化等一系列概念。

1995年,亚太经合组织(Asia-Pacific Economic Cooperation,以下简称APEC)自成立之初,就将贸易与环境的协调发展作为其行动纲领以及重要工作内容。APEC提出了实现亚太地区自由与开放贸易及投资的目标,其中包括环境产品与服务,并且制定了一套完整的分类体系和基于HS编码的商品清单。1999

---

① 孙淑波:《环境保护概论》,北京理工大学出版社2013年版,第217—218页。
② 何力:《国际经济法学》,对外经济贸易大学出版社2009年版,第45页。

年，OECD 与欧盟统计局联合出版了《环境产品与服务产业数据收集和分析手册》，界定了环境产品与服务的内涵，即用于度量、防止、限制、减少或纠正对水、大气和土壤造成的环境损害的产品和服务，以及用于度量、防止、限制、减少或纠正废弃物、噪声和生态系统等相关问题的产品和服务。OECD 将环境产品与服务分为三大类别，即污染管理、更清洁的技术和产品、资源管理，产品清单共包含 161 个 HS6 位税号产品。①

APEC 和 OECD 的有效工作成果对 WTO 环境产品谈判起到了推动作用。在 21 世纪之初开始的 WTO 多边谈判"多哈议程"，首次将"贸易与环境"议题纳入了关于建立公平、公正、合理的国际经济新秩序的新一轮谈判，涉及环境标志、环境标准、卫生措施、环境补贴、环境产品、环境服务等问题。其基本共识在于：环境产品和服务的自由化可以创造新的市场机会，降低绿色产品和技术的市场准入成本，提高交易效率。而这些更加质优价廉的环境产品也有助于各国实现环境政策目标，应对环境退化和气候变化的挑战，促进向绿色经济的转型。虽然 WTO 多哈回合谈判停滞不前，但是从世界范围来看，随着可持续发展理念、全球产业分工、国际贸易竞争等的发展，绿色贸易正快速发展。世界环境产品贸易额自 2011 年就已超过 4 万亿美元，约占货物贸易总额的 25%。②

（二）公平贸易

要追求可持续发展，就无法回避公平问题，在国际贸易领域也是如此。在可持续发展理念的指导下，贸易体制应当是公平的：一方面，在程序上提供公平竞争的规则以保护企业、个人和国家有足够的自由参与竞争，并且防止市场失灵、反制集团企业的垄断或国家对特殊行业竞争力的干预，以及避免因贪腐导致的市场扭曲，以塑造公平的贸易与竞争环境；另一方面，提供完善的市场退出机制与合作政策以降低贸易自由化的社会成本，并对竞争上的弱者提供基于差异原则的优惠，以稳固世界经济体系安全，避免带来环境污染、土地恶化、侵害人权等损害结果，避免对未来世代造成环境困难与经济、社会上的负担。③

公平贸易原则是关贸总协定及 WTO 主要针对出口贸易规定的一项基本原则。这一原则的基本含义是，各成员方和出口经营者都不应采取不公正的贸易手段进行国际贸易竞争或扭曲国际贸易竞争。为创立和维持公平竞争的国际贸易环

---

① Ronald Steenblik, Environmental Goods: A Comparison of the APEC and OECD Lists, OECD Doc. COM/ENV/TD（2003）10/FINAL, 2005.
② 参见商务部国际贸易经济合作研究院绿色贸易研究中心：《2017 年中国绿色贸易发展报告》，第 7—13 页。
③ 参见许诺智：《贸易自由化与可持续发展：WTO 法律如何促进可持续发展》，科学出版社 2010 年版，第 108—109 页。

境，WTO强调各成员方不得实行补贴的贸易战略，出口商不得以倾销的方式在他国销售商品。如果补贴或倾销的商品给某一进口国的相应工业造成损害或损害的威胁，该进口国可以根据受损的国内工业的指控，采取反倾销和反补贴措施。乌拉圭回合在关贸总协定的基础上，确立了更为系统和具体的制度。[1]尽管如此，贸易与环境问题对这一原则提出了挑战，环境补贴与环境成本内在化有关的生态倾销问题促使人们重新思考公平贸易原则。以环境标准为例，发达国家与发展中国家环境标准存在差异，这是否意味着低环境标准的发展中国家的企业获得了一种间接的环境补贴，从而在国际贸易中获取竞争优势，构成不公平贸易？

可以说，所谓的"绿色壁垒"已经成为国际贸易活动中新的游戏规则。绿色壁垒的初衷是环境保护，以国际环境法为法律依据，具有进步性和规范性。[2]只有滥用绿色壁垒，才会阻碍国际贸易的良性发展。各国应当正视绿色壁垒，予以客观评价，以实现可持续发展理念为指导，寻求应对之策。

（三）自由贸易

自由贸易是货物、服务、劳动和资本在政府不设立经济壁垒和监管壁垒条件下的跨国自由流动。许多经济学家和政策制定者认为实现完全的自由贸易是国际经济关系的最终目标。各国通过降低关税、移除其他非关税贸易壁垒的多边、区域和双边贸易协定来推进自由贸易。这些协议要求缔约国的贸易政策或相关法律符合便利货物、服务、创意甚至人员跨国流动的标准。[3]

第二次世界大战后，各国经济学家和政策制定者联合起来提议创建国际贸易组织来管理国家之间的贸易，避免倒退回20世纪30年代的贸易保护主义。但是国际贸易组织并未建立，关贸总协定成为第二次世界大战后管理国际贸易的"事实上的机构"，直至其在1995年为WTO所取代。WTO认为通过增加贸易、经济增长、制度稳定性和可预测性、加大创新、更高效的资源配置以及收入增长，自由贸易将促进环境的可持续性。

有学者曾指出自由贸易与可持续发展之间是对立关系，促进一个国家或行业市场准入的规则可能损害另一国家或者行业。即使是完全实现的自由贸易也不保证能够同时使每个人或每个国家都获得福利。恰恰相反，即便从最乐观的角度预测，也只是预期自由贸易重新分配资源之后，"赢家"得到的比"输家"失去的

---

[1] 曹建明、贺小勇：《世界贸易组织》，法律出版社1999年版，第92—93页。
[2] 黄辉：《WTO与环保：自由贸易与环境保护的冲突与协调》，中国环境科学出版社2004年版，第219页。
[3] [美]克劳斯·博塞尔曼：《可持续发展的法律和政治》，王曦、卢锟等译，上海交通大学出版社2017年版，第241页。

多，这样全球平均福利是增加的。① 对此，WTO 部长会议《关于贸易环境的决定》（Decision on Trade and Environment）指明："维护和保障一个开放、非歧视和公正的多边贸易体制与采取行动保护环境及促进可持续发展之间不应存在、也无必要存在任何政策矛盾。"② 可见，自由贸易与可持续发展不是互相矛盾的。之所以会得出两者是对立的结论，是因为他们忽视了"多边贸易体制"的前提条件或修饰语"非歧视性和公正"。

20 世纪以来，自由贸易协定（Free Trade Agreements，以下简称 FTAs）愈加重视可持续发展目标的实现，回应了经济发展带来的贸易与环境之间的紧张关系。以环境保护条款为例，1994 年《北美自由贸易协定》（North American Free Trade Agreement，以下简称 NAFTA）最早纳入了详细的、具有约束力的环境条款。③ NAFTA 序言部分就写明了缔约国承诺用与保护环境相一致的方式实现自由贸易目标；NAFTA 第 104 条规定，缔约国在 NAFTA 项下的义务与其在国际环境保护条约④项下义务相矛盾时，国际环境保护条约项下义务优先；NAFTA 第 7 章第 2 节规定卫生及检疫措施、第 9 章鼓励缔约国为实现正当目标（安全、保护人类、动植物健康、保护环境或消费者以及可持续发展）而建立适当的环境保护水平、缔约国可将与前述规定相关的所有争议提交 NAFTA 争端解决程序。此后，美国在签订多边或双边贸易协定时都参照 NAFTA 引入了环境条款。2008 年，我国在《中国—新西兰 FTA》⑤ 中首次规定了环境条款，不仅有序言条款，还包括例外条款和环境合作协议。旨在共同推进经济发展、社会发展和环境保护，实现环境保护与国际贸易增长的双赢。此外，《中国—新西兰 FTA》借鉴 NAFTA 模式，缔约方在签署该自由贸易协定之后签订了《环境合作协议》。可以说，在 FTAs 中纳入环境条款已成为重要发展趋势，而且环境条款的内容趋专、趋严，已从原则性表述走向更具体或是约束性义务。

---

① Frank Ackerman, Kevin P. Gallagher, The Shrinking Gains from Global Trade Liberalization in Computable General Equilibrium Models: A Critical Assessment, 37 International Journal of Political Economy 50 (2008).

② WTO, Decision on Trade and Environment, Meeting on the occasion of signing the Final Act Embodying the Results of the Uruguay Round of Multilateral Trade Negotiations at Marrakesh on 15 April 1994.

③ North American Free Trade Agreement, January 1, 1994.

④ 国际环境保护条约包括《濒危野生动植物物种国际贸易公约》《消耗臭氧层物质的蒙特利尔议定书》《控制危险废弃物越境转移及其处置的巴塞尔公约》《美加政府关于越境转移有害废物的协议》《美墨政府关于保护和改善边境地区环境的协议》。

⑤ China-New Zealand Free Trade Agreement, April 7, 2008.

第三节 可持续发展理念向国际投资领域的延伸

一、可持续发展理念融入国际投资法的时代背景

可持续发展着眼于人类社会整体的可持续发展,已经成为一项国际法原则。与在构建国际政治和经济新秩序背景下发展中国家提出的发展权概念不同,可持续发展的概念在被纳入国际日程后很快在国际社会达成了共识。尽管发达国家和发展中国家面临着不同的发展任务,但各国政府都认识到可持续发展的重要性和紧迫性,这种政治上的共识使得可持续发展的理念正在形成一项具有实质指导意义的法律原则。[1] 可持续发展不同于传统单纯的经济增长和经济发展,而是指一种人本主义的经济、社会与环境的持续发展。在经济全球化与可持续发展这个矛盾运动的大背景下,国际投资法兴起第三波发展浪潮。[2]

(一) 国际投资法的范式转变

在国际投资法领域,不同的国际经济理论体系奠定了国际投资规则构建的主要模式。目前,双边投资条约(Bilateral Investment Treaties,以下简称 BITs)和 FTAs 中的投资章节,构成了国际投资法的主要载体。自 1959 年德国和巴基斯坦签订第一个 BIT 开始,国际投资条约就作为发达国家用来保护本国海外投资者的有力工具,而在国际投资规则不断发展演进的过程中,新自由主义一直占据主导地位。

新自由主义萌芽于 19 世纪末 20 世纪初,在继承以亚当·斯密为代表的资产阶级古典自由主义经济理论的基础上,以反对和抵制凯恩斯主义为主要特征,适应国家垄断资本主义向国际金融资本垄断的资本主义转变要求的一种理论思潮、思想体系和政策主张。[3] 20 世纪 80 年代末期以来,这一理论推动国际投资条约的迅猛发展,建立起了旨在以自由市场及其法治框架来确立和保护外国直接投资的新自由主义国际投资法体制。

新自由主义主张自由市场、自由贸易和不受限制的资本流动,主张将政府的开支、税赋最小化,同时将政府的管制、政府对经济的直接干预最小化。新自由

---

[1] 蒋小红:"试论国际投资法的新发展——以国际投资条约如何促进可持续发展为视角",载《河北法学》2019 年第 3 期,第 44 页。

[2] 王彦志:"经济全球化、可持续发展与国际投资法的第三波",载《国际经济法学刊》2006 年第 3 期,第 182 页。

[3] 吴仁华:《社会思潮十讲》,福建教育出版社 2014 年版,第 104 页。

主义的思潮在国际投资法领域展现得淋漓尽致。以国际投资法最主要的国际渊源——BITs 为例。首先，在投资者、投资定义条款方面，BITs 往往规定得十分宽泛，尽可能使投资者及其投资归入 BITs 的保护范围；其次，在实体待遇条款方面，BITs 中的国民待遇、最惠国待遇、公平公正待遇、征收及其补偿标准、资本自由汇兑转移等条款都体现了自由主义投资保护的思想，这些待遇条款实际上构成了投资者在国际法上可以直接享有和行使的权利，有机会直接在国际投资仲裁中挑战主权国家实施的国内政策、政府行为等；再次，越来越多的 BITs 已将其调整范围扩展到准入前阶段，强调外资准入前的自由化、透明度以及其他投资便利；最后，BITs 普遍规定投资者有权单方启动投资者与国家间争端解决机制（Investor-State Dispute Settlement，以下简称 ISDS 机制），国际投资仲裁倾向于保护投资者的利益，属于"投资者友好型"。客观地说，新自由主义的经济理论推动了国际投资自由化的发展，促进了东道国的经济发展。然而，新自由主义片面强调投资自由化和对投资者私人权利的保护，由此导致的对东道国外资监管权的限制，引发了国际社会对新自由主义的国际投资法范式的广泛讨论。这种权利与义务的失衡、商事仲裁与公法争端的错位、双边化与多边化的失调，使国际投资法制面临"退出、呼吁与忠诚"式的挑战。①

新自由主义国际投资法体制处于十字路口，鉴于新自由主义经济理论本身所固有的缺陷，国际社会开始强调用"平衡"的方法来处理投资自由化和投资保护与东道国的监管权之间的紧张关系。国际投资法体制正在经历新一轮大变革，而以欧美国家为主导的投资条约缔约实践引领着国际投资法范式的转变。一种新的被称为"嵌入式自由主义"的国际投资法范式正在成为主流。

"嵌入式自由主义"追求保护投资者利益与保障东道国监管权的平衡，注重东道国在国家安全、金融稳定、环境保护、劳工保障等重要公共政策领域所保有的适当监管空间。② 简言之，"嵌入式自由主义"是具有国家干预性质的自由主义，由此而形成的多边国际经济机制强调国家干预，以确保国内经济稳定和社会安全。由发达国家所倡导的嵌入式自由主义的国际投资法范式，逐渐得到众多发展中国家的普遍认可。新自由主义不再成为主导国际投资条约制定的支配性力量。发展中国家和发达国家都开始注意尊重东道国的监管权，重视投资者利益和东道国社会公共利益之间的平衡。BITs 和 FTAs 投资章节中的安全例外条款、劳工保护条款、环境保护条款、企业责任条款等就是典型例证。

---

① 王彦志：《国际经济法总论：公法原理与裁判方法》，华中科技大学出版社 2013 年版，第 306 页。

② 张辉："中国国际经济法学四十年发展回顾与反思"，载《武大国际法评论》2018 年第 6 期，第 87 页。

国际投资法从"新自由主义"到"嵌入式自由主义"的范式转变,为可持续发展理念向国际投资法领域延伸提供了契机。可持续发展理念要求主权国家和国际组织在外资领域的发展决策中考虑可持续发展因素,外国投资者需要遵循可持续发展精神,利益相关者享有可持续发展领域的参与权,进而走向一种可持续的国际投资和可持续的国际投资法。其中,国家在实现可持续发展目标方面承担最主要的责任,新自由主义的国际投资法体制片面地强调投资者的权利而忽略了国家的监管权,这种不平衡使得国家无法获得追求可持续发展所必要的空间和途径。嵌入式自由主义的国际投资法体制反映了国际社会对于投资自由化和投资管制之间关系的认识趋于理性化。嵌入式自由主义的国际投资法范式代替新自由主义的国际投资法范式推动了在国际投资条约中纳入可持续发展目标。

(二) 国际投资法的新视野

发达国家长期扮演"资本输出国"的角色,所以最初国际投资由这些国家所主导,国际投资条约主要在发达国家和发展中国家之间缔结。由于历史和现实的原因,在国际投资领域,发达国家与发展中国家之间在谈判地位、能力、谈判目标与效果、权力与利益等方面是不平等或不平衡的,所以最初的 BITs 本质上是第二次世界大战后"南北矛盾"中资本输出国手里的一把利剑。其目的在于通过强化相关国际法原则和建立去政治化的 ISDS 机制来保护资本输出国及其投资者的利益。先前的国际投资立法的焦点集中在南北关系上,表现在南北之间的对立和分歧。发达国家主张投资自由化和投资保护而发展中国家则试图在吸收外资的同时保留一定的规制外资的权利,但现实却是发展中国家为了吸引外资以促进本国经济发展不得不放弃一定的规制外资的权利。很长一段时间以来,对发展中国家来说,追求经济发展是缔结国际投资条约的最终目标。[①]

20 世纪 90 年代以来,国际投资格局发生了深刻的变化。2020 年 6 月,联合国贸易和发展会议(United Nations Conference on Trade and Development,以下简称 UNCTAD)发布了最新的《世界投资报告 2020》(World Investment Report 2020)。[②] 报告显示,在 2008 年全球金融和经济危机之后的复苏阶段,全球外国直接投资一度在 2015 年超过 2 万亿美元,虽然外国直接投资在 2017 和 2018 年有所下降,但 2019 年的流量又略有增长,流入量达到 1.54 万亿美元,增长了 3%。受新冠肺炎疫情的影响,2020 年全球跨国直接投资的流量在 2019 年 1.5 万亿美元的基础上下降近 40%,这是全球跨国投资 15 年来首次低于 1 万亿美元。预计 2021 年全球跨国直接投资将再下降 5% 至 10%。直到 2022 年跨国直接投资

---

① 蒋小红:"试论国际投资法的新发展——以国际投资条约如何促进可持续发展为视角",载《河北法学》2019 年第 3 期,第 46 页。

② UNCTAD, World Investment Report 2020, 16 June 2020.

才开始出现复苏,逐步恢复到新冠肺炎疫情发生之前的水平。总体来看,全球跨国直接投资的复苏呈 U 形。至于全球经济和贸易的复苏有所不同,全球经济和贸易的复苏很可能成为 V 型。全球跨国投资的前景有极大的不确定性,复苏的节奏也将取决于疫情在全球持续的时间以及各国政策措施的有效性。地缘政治、金融风险以及贸易紧张局势增大,都会影响跨国投资的恢复。① 尽管如此,报告指出技术进步、全球经济治理和可持续发展是影响国际生产格局的三大主题,生产回归、区域化、多地复制和多元化是未来国际生产格局的四大发展方向。发展中国家在对外直接投资活动中的崛起,意味着他们将开始从资本输入国的角度看待国际投资法体制。美欧等发达国家由于在国际投资仲裁案件中频繁被诉,也开始从资本输入国的角度思考如何防御本国利益受损,修订本国 BITs 范本以避免仲裁庭对宽泛模糊的投资待遇标准作扩大解释,保证其作为东道国时能够维护本国社会公共利益。由此,发达国家和发展中国家在国际投资中的身份混同使得国际投资条约的内容出现趋同化。国际社会,无论是发达国家还是发展中国家,都开始更加重视投资者和东道国之间的权利和义务的平衡问题。国际投资条约制定的时代背景已经发生了显著的变化,立法的焦点已经从以前的"南北冲突"走向"公私冲突",第一代投资条约所体现的发展中国家与发达国家的对立已经不再那么泾渭分明。②

二、国际投资法如何促进可持续发展

如今,如何将可持续发展理念融入国际投资法的具体规则和实施机制之中,是国际投资法面临的迫切任务。当然,国际投资条约的宗旨是保护和促进投资,把促进可持续发展的任务完全交由投资条约来完成是不现实的。但是,投资条约应当支持或者至少不应成为实现可持续发展目标的阻碍。现有国际投资条约中的一些实体性规则和程序性规则与可持续发展的目标相冲突,阻碍了可持续发展目标的实现。当务之急是从可持续发展的角度对国际投资规则进行批判和重构。

(一)《可持续发展投资政策框架》的内容

2012 年,UNCTAD 发布《可持续发展投资政策框架》(Investment Policy Framework for Sustainable Development,以下简称 IPFSD),③ 以帮助各国在调整修订国家投资政策和参与国际投资条约谈判中,考虑可持续发展因素并将其纳入

---

① 联合国:"联合国报告:2020 年全球外国直接投资预计将下降 40%",载联合国官网:https://news.un.org/zh/story/2020/06/1059882,2020 年 10 月 3 日访问。

② 蒋小红:"试论国际投资法的新发展——以国际投资条约如何促进可持续发展为视角",载《河北法学》2019 年第 3 期,第 46 页。

③ UNCTAD, Investment Policy Framework for Sustainable Development, 2015.

国家或国际投资政策，确保投资政策的关联度和有效性。

IPFSD 由"可持续发展投资决策的核心原则"（Core Principles for Investment Policymaking for Sustainable Development，以下简称"核心原则"）（如表 1-2 所示）、"各国投资政策指南"（National Investment Policy Guidelines，以下简称"各国指南"）和"国际投资条约要素：政策选项"（Elements of International Investment Agreements：Policy Options，以下简称"条约要素"）三部分构成。

第一，"核心原则"是"各国指南"和"条约要素"的设计标准，也是 IPFSD 的法理基础。这些核心原则彼此之间存在内在联系，共同形成一个整体，为一国在制定本国外商投资政策以及参与国际投资条约谈判、商定提供有益指导。

图 1-2　IPFSD 中有关可持续发展投资决策的核心原则

11 项可持续发展投资决策的核心原则	
1	投资政策制定的首要目标是使投资推动包容增长和可持续发展
2	投资政策应当基于一国的整体发展战略。所有投资政策都应当在国际和国内两个层面保持一致性和协调性
3	投资政策应当涵盖所有利益相关者，基于符合法规及高标准社会管理的体制框架，并且保证投资过程具有可预测性、效率性和透明度
4	应定期检查投资政策的有效性和相关性，并且根据实际情况予以调整
5	为了实现共同发展的目标，投资政策应当在政府和投资者的权利和义务之间寻求平衡
6	各国有权设立外资进入和运营的条件，这种条件应当符合国际承诺、考虑公共利益并且尽量消除潜在负面影响
7	投资政策应当与国家发展战略相统一，为投资设立开放、稳定和可预测的进入条件
8	投资政策应当为投资者提供恰当的保护和实质上无歧视的待遇
9	投资促进和便利化政策应当符合可持续发展目标，并且尽量降低因吸引外资带来的不正当竞争风险
10	投资政策应当鼓励和支持公司遵守承担社会责任的国际惯例并且实现良好的公司治理
11	国际社会尤其是最不发达国家，应当协作应对共同的挑战。国际社会应采取集体行为防止投资保护主义抬头

第二,"各国指南"旨在为一国制定外资监管和促进外资的国内政策法律提供指导。该指南包括四部分,共19款93项内容。第一部分是国家总体战略。要求确保投资应推动国内可持续发展。各国应当将投资政策整合到可持续发展战略之中,让投资真正为提高国家生产能力和国际竞争力作出贡献;第二部分是严格意义上的国内投资政策。从投资建立和运营、投资待遇和保护、投资者责任、投资促进和便利化等方面设计有关投资监管和投资促进政策。IPFSD在"投资者义务"一节特别指出,投资者母国应当鼓励投资者遵守负责任投资的国际标准和行为准则,如国际劳工组织、OECD跨国企业准则等参考标准,并建议各国将有关投资者责任的软法性文件转化为硬法,确保其实施效果;第三部分是与投资相关的政策。要求投资政策应与其他政策保持一致性,包括贸易、税收、知识产权、竞争、劳动力市场管理、土地、企业责任和公司治理、环境保护、基础设施和公私合作政策;第四部分是投资政策有效性。要求通过设立有效的公共机构实施投资政策,定期衡量投资政策有效性并以此为经验基础制定新的投资政策。

第三,"条约要素"以表格A、B和C的形式为参与国际投资条约谈判的国家政府提供了可资借鉴的国际投资条约设计方案,并附注了每个条款在可持续发展中的作用,以便各国了解、识别何种条款设计更符合其需要。表格A着眼于外国投资准入后的待遇、条件、保护、争端解决等方面,基本能满足现有传统国际投资条约谈判需要;表格B是"设立前"的政策选择,适用于期望拓宽规定本国国际投资条约能够覆盖投资准入前阶段的国家;表格C有关"特殊差别待遇",当经济发展水平显著不同的国家缔结国际投资条约时,尤其是有最不发达国家参与的情况下,给予欠发达国家特殊照顾,让其承担较少义务,同时鼓励发达国家作出积极贡献。至于义务或贡献的具体内容,表格C亦提供了不同条款可供选择,并对这些条款之于可持续发展的影响进行了说明。[1]

(二)《可持续发展投资政策框架》的经验

从总体上看,IPFSD具有创新意义:第一,提倡从"偏重保护外资权益"到"促进东道国可持续发展";第二,提倡从"偏重保护外资"到"平衡当事双方权利义务";第三,提倡一体化地保护和监管外资,避免两者各行其道。

1. 为东道国保留实现可持续发展的政策空间

从"偏重保护外资权益"到"促进东道国可持续发展",这就需要投资政策为东道国保留实现可持续发展的政策空间。在国内投资政策方面,IPFSD建议:一是将投资政策融入国家发展战略。各国应当制订符合生产性能力建设的优先战

---

[1] 陶立峰:"《可持续发展投资政策框架》述评及其对我国的借鉴",载《国际贸易法论丛》第5卷,第281—285页。

略投资和投资政策,包括人力资源发展、基础设施、技术传播、企业发展的政策及敏感产业保护的投资政策等。二是将投资政策与可持续发展目标相结合。除了体现"平衡"的"具体投资政策和法规的设计"及"旨在最大限度减少投资潜在负面影响"等规定外,这种结合还可以体现为:(1)促进负责任投资的政策,保证投资符合国际核心标准;(2)投资促进和优惠政策,促进包容性与可持续发展;(3)土地取得的政策,结合"负责任的农业投资原则"制订相关政策;三是确保投资政策的相关性和有效性。主要包括公共治理和制度能力建设,政策有效性和具体措施有效性的评估,涉及量化投资的影响指标等。①

在国际投资条约的制订方面,IPFSD 建议:(1)在"投资范围与定义条款"中规定适格投资应当符合的某些具体特征,如投资需对东道国发展产生积极影响。与此同时,将证券投资、短期性风险投资排除在条约保护范围之外;(2)在"国民待遇条款"中提出保留,确定可以对本国投资者提供优惠待遇的具体部门(如社会服务)、政策区域(如少数民族、土著团体)等;(3)在"最惠国待遇条款"中规定争议解决、在经济一体化协定或双重征税协定等条约项下义务不属于最惠国待遇条款的保护范围;(4)在"征收条款"中规定基于公共政策目标而采取的非歧视性政府措施不构成间接征收;(5)在"公平公正待遇条款"中纳入包含国家义务的穷尽性公平公正待遇要素清单,或者直接省略公平公正待遇条款;(6)省略保护伞条款。

2. 为投资者及其母国设定义务

从"偏重保护外资"到"平衡当事双方权利义务",可以通过为投资者及其母国设定义务来实现。IPFSD 指出,在以可持续发展为目标的规定中,增加新的或更强有力的条款,以平衡投资者的权利和责任,促进负责任的投资及增强母国的支持。主要表现在以下几个方面:其一,在投资者责任方面,要求投资者在投资准入和经营阶段遵守东道国法律,促进投资者遵守普遍原则或企业社会责任标准;其二,在制度建设方面,注重实现可持续发展目标,缔约国可以通过合作的形式促进投资者遵守相应的企业社会责任标准;其三,在投资者母国责任方面,鼓励母国实施促进负责任投资的措施,促进对"可持续发展友好型"海外投资提供优惠,投资者在东道国遵守企业社会责任标准可作为提供优惠的附加条件。

可以看到,在促进可持续发展过程中,国际投资法律关系中的三个法律关系主体,即投资者、投资母国和东道国,都要发挥重要作用。传统的国际投资条约

---

① 曾华群:"'可持续发展的投资政策框架'与我国的对策",载《厦门大学学报》(哲学社会科学版)2013 年第 6 期,第 61—62 页。

主要是通过规定投资者的权利和东道国的义务来促进投资，主要规范的是投资者和东道国之间的关系，较少涉及投资者的义务，更不用说投资者或其母国要承担起进行或促进负责任的投资的义务。将"平衡"的概念贯穿国际投资条约始终才是实现国际投资条约可持续发展型改革的应有之义。

IPFSD 提出的第 4 项核心原则就蕴含了"平衡"的概念。"平衡权利与义务"，规定投资政策应立足于整体发展利益，平衡国家与投资者的权利与义务。鉴于在经济全球化、投资自由化趋势下，东道国监管外资的主权权利受到严峻挑战，IPFSD 在第 5 项核心原则中，重申和强调了东道国对外资的实施监管权利，规定基于国际承诺，为了公共利益，各国拥有确立外资准入和经营条件且尽量减轻其潜在负面影响的主权权利。

在 IPFSD"各国指南"中，"平衡"的概念是将投资政策与可持续发展目标相结合的工具，如在投资政策的具体设计方面，不仅规定投资的设立与经营、投资待遇与保护、投资促进与便利，也应规定投资者的责任；东道国还可以颁布旨在最大程度上减少投资潜在负面影响的指南，比如反避税、反不正当竞争、保障劳工权利及处理和改善投资对环境造成的影响等。"各国指南"特别指出，要通过投资促进可持续发展和包容性增长，要在最大限度上发挥投资的积极影响，同时在最大限度上消除投资的消极影响，这都需要平衡投资促进与投资管制。由此，也将在保护外资和监管外资方面实现从"各行其道"到"一体化"的可持续发展式的转变。①

3. 为可持续发展提供程序性保障

IPFSD 指出绝大多数国家投资条约都允许投资者通过 ISDS 机制寻求救济。这使投资者获得了参与国际和国内交往的各类私人主体在国际贸易体制、国际人权体制和其他国际法律体制中无法获得的挑战国际公权力的权利。过去十年中，ISDS 案件数量激增，并且大多数案件以发展中国家为被申请人。曾有东道国在投资仲裁争端中面临高达 1140 亿美元的索赔，无疑给东道国带来了沉重的财政负担，使投资者与东道国关系恶化甚至破裂。尤其近年来，随着挑战国家公共利益和法治权威的 ISDS 裁决的出现，有关国家的公共管理部门已经意识到了该制度的"威胁"及其后果，因此此类国际投资仲裁机制也遭到了环保社团、人权组织、劳动组织以及包括委内瑞拉、厄瓜多尔和南非在内的发展中国家的反对。② 发达国家也意识到 ISDS 机制可能对本国社会公共利益带来的挑战，如澳

---

① 曾华群："'可持续发展的投资政策框架'与我国的对策"，载《厦门大学学报》(哲学社会科学版) 2013 年第 6 期，第 63 页。

② 黄世席："可持续发展视角下国际投资争端解决机制的革新"，载《当代法学》2016 年第 2 期，第 24 页。

大利亚于2011年宣布其将不再在与外国签订的投资条约中规定ISDS机制，部分原因可能是烟草业巨头Philip Morris亚洲（香港）公司在国际常设仲裁院对澳大利亚提起投资仲裁。该公司主张澳大利亚烟草平装措施侵犯其商标权投资，违反《与贸易有关的知识产权协定》（Agreement On Trade-related Aspects of Intellectual Property Right，以下简称TRIPS）、《技术性贸易壁垒协议》（Agreement on Technical Barriers to Trade，以下简称TBT）等条约项下义务，构成间接征收和不公平不公正待遇，违反了《香港—澳大利亚BIT》第6.1条和第2.2条。但是澳大利亚认为投资仲裁庭无权裁决其是否违反TRIPS和TBT项下义务，这属于WTO争端解决机构的专属管辖事项；实施烟草平装措施系严格履行《烟草控制框架公约》（Framework Convention on Tobacco Control，以下简称FCTC）条约义务，保障公共健康，符合FCTC第11条和第13条之规定。[1] 该争端导致澳大利亚政府及有关部门掀起反对ISDS机制的呼声，认为其对本国公共政策构成了挑战。

IPFSD建议改革ISDS机制，一方面明确列出适用于投资者与东道国争端解决的纠纷范围，要求投资者必须用尽当地救济才能诉诸国际投资仲裁，避免将纠纷范围笼统地规定为任何与投资有关的争端，以降低滥诉的可能；另一方面从透明度、仲裁员独立性、公正性及其专业水平，仲裁庭在条约解释方面的自由裁量权等方面，正视当前的投资仲裁制度存在程序设计、解释偏好、裁决结果等方面的内在缺陷。由此，国际投资条约中促进可持续发展的实体性规则才能在发生争议时，得以被正确解释和适用。

三、国际投资法的"可持续发展危机"

国际投资法的实体政策、价值目标和市场自由、经济增长与市场管制、社会正义（包括可持续发展）之间的关系出现了越来越多不符合实质公平的正当性危机。2016年，G20呼吁："构建创新、活力、联动、包容的世界经济，并结合《2030年可持续发展议程》《亚的斯亚贝巴行动议程》和《巴黎协定》，开创全球经济增长和可持续发展的新时代。"[2] 我们必须直面国际投资法正在经历的"可持续发展危机"。随着体现新自由主义思想的经济政策在全球范围内兴起，各国的外资政策以及国际投资条约呈现出高度关注投资自由化，忽视促进、保护国际投资与实现可持续发展目标之间协调互动的趋向。

---

[1] Philip Morris Asia Limited v. The Commonwealth of Australia, Notice of claim, 22 June 2011, UNCITRAL, PCA Case No. 2012-12.

[2] G20："二十国集团领导人杭州峰会公报"，载人民网：http://world.people.com.cn/n1/2016/0906/c1002-28693129.html，2020年10月5日访问。

首先,各国的外资政策开始从强调自然资源永久主权和加强对跨国公司的监管,转向为竞相吸引外资而放松管制。许多发展中国家为吸引外国投资,经常采取降低环境、健康、劳工、税收以及公众福利标准的恶性"底线竞争"方式。其次,国际投资条约作为调整国际投资关系的最主要的国际法律机制,在功能上出现明显的偏向性,即侧重于保护外国投资者及其利益而忽略外国投资在促进东道国可持续发展方面的功能。国际投资条约无不将目标集中于对外国投资者利益的保护,而缺乏对外国投资者在实现东道国经济与社会可持续发展方面应承担的责任与义务的规制,外国投资者的权利与义务严重失衡。最后,现行国际投资条约中普遍规定的 ISDS 机制严重抑制了东道国实现可持续发展的能力。在这种机制下,只有外国投资者有权单方面提起仲裁,而对于东道国来说,必须尽可能地采取措施来保护外国投资者的利益,否则就将面临国际仲裁庭的裁判,承担高额金钱赔偿的不利后果。近年来,外国投资者直接挑战东道国有关保护环境、健康、人权及安全等方面公共利益的管制措施的国际投资仲裁案件屡见不鲜。据统计,仅在 2015 年裁决的 51 起案件中,就有 31 起涉及东道国的公共领域。发源于一般国际商事仲裁的国际投资仲裁机制强调私有财产权保护,导致在国际投资仲裁实践中,仲裁庭对东道国有关监管措施所要实现的可持续发展目标经常置若罔闻,东道国败诉的案件占大多数。①

国际投资条约可持续发展理念的缺失不仅背离了缔约方促进资本的跨国流动,以实现本国经济与社会发展的初衷,而且影响了国际投资条约的可持续发展。与国际贸易条约曾经面临过的正当性危机一样,国际投资条约目前也正面临着相似的危机。BITs 和 ISDS 机制则处于这场危机的核心。众多国家开始对其国内、国际投资政策进行反思,少数国家甚至采取了终止、退出或者废除 BITs 的激进措施。2008 年以来,厄瓜多尔等国先后终止了其与多个国家之间的 BITs;玻利维亚和委内瑞拉已经正式退出《解决国家和他国国民之间投资争端公约》(Convention on the Settlement of Investment Disputes between States and Nationals of Other States,以下简称《华盛顿公约》)。② 针对国际投资条约的可持续发展危机,UNCTAD 在 2017 年制定了"可持续发展导向的国际投资条约改革路线图"(UNCTAD's Road Map for IIA Reform),包括五大领域(如表 1-3 所示)和六项指引(如表 1-4 所示),涉及多边、区域、双边和国内四个层次。③

---

① 张光:"论国际投资协定的可持续发展型改革",载《法商研究》2017 年第 5 期,第 161—162 页。
② Convention on the Settlement of Investment Disputes between States and Nationals of Other States, 1965, 575 U. N. T. S. 159.
③ UNCTAD, UNCTAD's Reform Package for the International Investment Regime, 2017.

表1-3 UNCTAD 国际投资条约改革的五大领域

国际投资条约改革的五大领域	
1	保护投资与保留东道国监管权并重
2	确保负责任的投资
3	投资促进
4	改革 ISDS 机制
5	增强系统性一致性

表1-4 UNCTAD 国际投资条约改革的六项指引

国际投资条约改革的六项指引	
1	促进国际投资条约的可持续发展
2	聚焦重要领域的改革
3	全方位实施改革措施
4	注意解决方案的正确顺序
5	确保改革过程具有包容性和透明度
6	强化多边投资框架

根据 UNCTAD 有关国际投资条约改革的一系列政策建议，"国际投资条约可持续发展型改革"的基本含义是指将可持续发展作为国际投资条约的核心目标，通过调整传统国际投资条约中资本输出国与资本输入国之间权益不平衡的条款，增设平衡资本输出国与资本输入国之间权益的创新条款，纠正传统国际投资条约中资本输出国与资本输入国之间、外国投资者与东道国之间权益的不平衡，为缔约各方提供公平的法律基础和规则，规制国际投资朝着实现可持续发展目标的方向发展。

第二章

可持续发展的国内投资政策

国内投资政策是国际投资法的国内法渊源，国际投资法的可持续发展型改革自然离不开国内投资政策的支持。国内投资政策与投资建立和运营、投资待遇和保护、投资者责任、投资促进和便利化等方面密切相关，在可持续发展理念的指导下，国内投资政策不仅要以促进和保护投资为宗旨，也要与可持续发展和包容性增长的目标相一致。近年来，各国在外资准入方面制定的投资政策，如改革外资安全审查制度、颁布外资准入"负面清单"等，是将可持续发展理念与国内投资政策相融合的典型实践。此外，建立完备的海外投资保险制度，也是促进可持续发展型投资的重要举措之一。我国应当借鉴典型国家实践，结合我国具体国情，制定蕴含可持续发展理念的国内投资政策。

第一节　可持续发展与外资安全审查制度

一、外资安全审查制度的内涵

外资的流入为东道国带来了经济增长和发展，创造了就业机会并提高了社会福利。许多国家对外国投资越来越开放和欢迎，但对国际投资产生的安全风险也有所警惕。在高度开放的经济全球化时代，各国保护其基本的安全利益集中表现为对外国投资的国家安全审查，国家安全考虑日益成为国内投资政策的一部分。外资国家安全审查的内涵是授权相关机构"就外国投资是否危害国家安全作出判断"，是东道国为了维护本国经济安全，对本国直接或并购投资的相关外国企业进行国家安全审查，以便作出是否批准的决定，目的就是维护国家主权和经济安全。[①]

---

① 姬云香："外资国家安全审查制度发展与中国的应对策略研究"，载《社科纵横》2019年第8期，第42页。

（一）外国投资

一切资本活动的动力起点是"获利"。随着经济全球化的发展，通过传统生产和贸易积累起来的资本正迅速跨越国界，在全世界范围内流动，寻求"价值洼地"进行逐利，这是国际投资的本质。国际货币基金组织（International Monetary Fund，以下简称 IMF）在其发布的《国际收支平衡》（Balance of Payments and International Investment Manual）第六版①中，将投资分为外国直接投资（Foreign Direct Investment）、证券投资（Portfolio Investment）和其他投资。通常意义上及本书论及的国际投资均指外国直接投资。根据 OECD《外国直接投资的标准定义》（Benchmark Definition of Foreign Direct Investment）②和 IMF《国际收支平衡手册》，外国直接投资指一国（或地区）的居民实体（对外直接投资者或母公司）在其本国（或地区）以外的另一国企业（外国直接投资企业、分支机构）中建立长期关系，享有持久利益并实行控制的投资。外国直接投资根据其进入东道国的方式不同，又分为绿地投资（Greenfield Investment）和外国投资并购（International Mergers and Acquisitions）。绿地投资是外国资本以新建的方式进入东道国，设立新的经济实体，属于东道国的增量资产；外国投资并购则是外国投资通过对东道国现存实体的资产和股权的兼并、收购而进入东道国市场，属于东道国的存量资产。③

从理解外资国家安全审查制度的角度出发，我们会发现各国在不同时期、不同法律法规、政策对"外国投资"的称谓各异。譬如，美国的外资国家安全审查制度虽从实体上将对外国投资的国家安全审查监管只限定为"外资并购"，但在其立法《外国投资与国家安全法案》中，用英文"foreign investment"表示"外国投资"。加拿大的外国投资国家安全审查对象包含了外资并购和绿地投资，但其基本法律——《外国投资审查法》也同样使用了"foreign investment"表示"外国投资"。澳大利亚虽无专门的安全审查制度，但在其《外资并购与接管法》中也使用了"foreign investment"表示"外国投资"。因此，西方国家较为统一地将"外国投资"理解为外国直接投资，包括外资并购和绿地投资。只是我国学者在翻译"foreign investment"一词时，有的使用"外资并购"，有的使用"外国投资"。④根据我国 2020 年起施行的《外商投资法》第 2 条第 2 款："本法所称外商投资，是指外国的自然人、企业或者其他组织直接或者间接在中国境内

---

① IMF, Balance of Payments and International Investment Manual, 2008.
② OECD, Benchmark Definition of Foreign Direct Investment, 2008.
③ 王彬：《外国投资的国家安全审查制度研究》，吉林大学 2017 年博士学位论文，第 18—19 页。
④ 王小琼：《西方国家外资并购国家安全审查制度的最新发展及其启示》，湖北人民出版社 2010 年版，第 211 页。

进行的投资活动，包括下列情形：（1）外国投资者单独或者与其他投资者共同在中国境内设立外商投资企业；（2）外国投资者取得中国境内企业的股份、股权、财产份额或者其他类似权益；（3）外国投资者单独或者与其他投资者共同在中国境内投资新建项目；（4）法律、行政法规或者国务院规定的其他方式的投资。"因此，我国国家安全审查的对象并不仅限于外资并购，而是所有形式的外国直接投资，包含绿地投资和外资并购。

（二）国家安全

2016年，OECD对发达国家、发展中国家和转型期经济体（共计23个国家）的外国直接投资入境和编制条例进行审查。结果表明，没有一个国家在外国投资方面对"国家安全"有一个详尽而明确的定义。[①] 大多数国家选择确定若干部门或行业为审查对象，这些部门或行业本质上可能与外国投资一起构成与国家安全有关的问题。通过确定若干类型的经济活动和/或部门，外国投资者可能受到与国家安全有关的投资限制和/或审查程序的约束。他们涵盖了与国防和安全相关的活动，以及对关键基础设施的投资。"国家安全"的广义概念也转化为国家当局在其投资审查程序中考虑的各种标准。这些标准包括但不限于拟议交易对公共安全、社会秩序、战略性国家利益、对外关系、国家机密披露、领土完整、国家独立、权利和自由保护的影响，以及公民、公共采购的连续性或与恐怖主义有关的问题。

部分国家直接用威胁公共利益或社会根本利益来表述何为危及国家安全。如我国《外商投资法》第6条："在中国境内进行投资活动的外国投资者、外商投资企业，应当遵守中国法律法规，不得危害中国国家安全、损害社会公共利益"；如立陶宛《战略重要性企业和设施法》第2条："保护国家的独立和主权，投资需减少对公共安全至关重要的能源和其他经济部门的威胁和风险"；如芬兰《关于监督境外收购的第172/2012号法案》第2.1节："根据《欧洲基本法》第52条和第65条，如果社会的根本利益受到实际和充分的严重威胁，投资需确保国防或维护公共秩序与安全"；各国还偶尔将"国际和平与安全"作为援引国家安全审查的原因，如德国与新西兰的规定。

部分国家则具体列举了威胁国家安全的具体表现。如立陶宛认为威胁国家独立和主权的投资即是威胁国家安全；韩国认为与涉及国防材料生产的外国投资可能威胁国家安全；法国认为与有组织犯罪、恐怖主义或其他犯罪活动有关的人的投资属于威胁国家安全的投资；美国认为外国投资不尊重民主和法治，或对国际社会构成风险，或者没有与东道国的反恐行动合作的记录都属于威胁国家安全。

[①] OECD, Investment Policies Related to National Security: A Survey of Country Practices, 2016.

运用列举式界定或说明性部门清单以澄清国家安全的含义，一般都包含以下内容：从事国防产品生产的外国投资，包括但不限于能源、水供应、电信、运输和教育和卫生服务基础设施的外国投资。①

二、可持续发展目标和外资安全审查制度的联系

外资安全审查制度是国家为了保护国家安全而建立的外资监管法律制度，它是东道国保护国家安全的重要手段，也是东道国国内投资政策的重要组成部分，国家建立外资安全审查制度的意义不仅在于实现国家安全的保障，更在于使本国经济可以在审查的制度保障下长久地利用外资实现可持续发展。

（一）外资安全审查制度中的平衡原则②

平衡原则，是指正确处理吸引外资与国家安全之间的关系，做到既要让外国投资者对投资有信心，不影响吸引外资，也要求外资不得损害国家安全利益。美国是世界上最早确立外资安全审查制度的国家，其在平衡原则应用方面的实践值得予以重视。

1988年《埃克森—弗罗里奥修正案》③的核心内容是国家安全，但是它不仅没有给国家安全作出明确的界定，反而企图对国家安全的概念作出无限制的扩大解释以便适用于特殊工业领域。1991年美国颁布的《埃克森—弗罗里奥修正案》实施条例——《外资并购条例》④也没有对国家安全作出清楚的界定。到了20世纪80年代末，美国政府注意到国家安全不仅仅是指国防安全，还应该包括经济安全。但直到1993年2月，美国总统克林顿在美利坚大学演讲时才明确提出"把贸易作为美国安全的首要因素的时机已经到来"。此后，美国国防部发表的报告首先把对美国经济繁荣所造成的威胁称为"经济危险"，与来自核武器和其他大规模杀伤性武器的危险一同列为对国家安全的主要威胁。1993年11月，前国务卿克里斯托弗在向参议院外委会作证时，将"经济安全"列为克林顿政府的首要对外战略。

1994年美国《国家安全战略报告》正式将"经济安全"写入官方文件。该报告将强大的经济实力、国防力量及全球的自由市场经济和民主人权列为美国外

---

① 姬云香："外资国家安全审查制度发展与中国的应对策略研究"，载《社科纵横》2019年第8期，第42页。

② 孙效敏："美国外资并购安全审查制度研究"，载《华东政法大学学报》2009年第5期，第59—60页。

③ Exon-Florio Amendment, 50 U.S.C. §2170, 1988.

④ Regulations Pertaining to Mergers, Acquisitions, and Takeovers by Foreign Persons, 31 C.F.R. §800, 1991.

交政策的三大支柱。1995 年 2 月，美国政府在《交往与扩大的国家安全战略》中强调通过对外经贸促进国内经济繁荣是美国安全战略的三大支柱之一。1997 年 5 月《新世纪国家安全战略》明确指出，"通过有效的外交手段与战之能胜的军队加强我们的安全、促进美国经济繁荣、促进海外民主"。1999 年 12 月美国政府再次发表了《新世纪国家安全战略》的报告，重申"加强美国安全、促进经济繁荣、促进海外民主与人权"，认为经济利益与安全利益密不可分。美国经济繁荣依赖于战略物资贸易的稳定，如石油和天然气。同时，为了保证经济的繁荣，该报告认为美国应该掌握国际发展、金融和贸易组织中的领导地位。在具体政策方面，该报告提出五方面的目标：（1）与其他国家和国际组织在经济与金融方面的合作；（2）维持开放的国际贸易体系；（3）兼顾高科技公司的竞争力与保护国家安全的出口管制措施；（4）维护关键产油地区的稳定和安全；（5）促进全球的可持续发展。

2002 年，美国总统布什将国家安全、本土安全与经济安全列为国家的三大优先目标。但布什总统所强调的经济安全指的是增加国内就业与经济增长，与克林顿总统强调国际经济关系有很大不同。尤其是 2003 年《国防产品再授权法》从法律上确定"国家安全包括但不限于经济安全，国家公众健康或安全"。美国的国家安全观已经从注重国防安全转变为国防安全与经济安全并重的安全观。2007 年美国《外国投资与国家安全法案》及其 2008 年《外国人合并、收购和接管条例》完全吸收了这一国家安全观的概念，在外资并购审查中坚持国家安全与吸引外资并重的平衡原则，注重保护经济安全和社会公共利益，从而致力于实现可持续发展。

（二）外资安全审查制度中的比例原则

2008 年，OECD 发布了《OECD 有关国家安全的接受国投资政策指南》（OECD Guidelines for Recipient Country Investment Policies Relating to National Security，以下简称《OECD 指南》）。《OECD 指南》提出资本输入国关于国家安全的投资政策应满足"监管的比例"原则，即对投资或交易条件的限制，不应大于保护国家安全所需的条件，应避免在其他现有措施充分和适当的情况下，解决国家安全问题。①

在外资安全审查制度中引入比例原则具有重要的理论意义和实践价值。有学者指出，由于外资安全审查制度具有"国家安全"这一政治内核，该制度的政治性是难以剔除也是不可剔除的。② 这一观点实际上揭露了外资安全审查和国家

---

① OECD, OECD Guidelines for Recipient Country Investment Policies Relating to National Security, 2008.
② 王东光："国家安全审查：政治法律化与法律政治化"，载《中外法学》2016 年第 5 期，第 1291 页。

安全问题的本质，然而一旦将审查和国家安全的政治内核绝对化，就很难防止有些国家利用外资安全审查制度推行贸易保护主义、投资保护主义。此外，国家安全问题不具有司法审查性，而国家安全属于国家主权的范畴，现有国际法理论和规则难以对其进行规制，这将带来审查权力滥用的问题，外资安全审查制度可能彻底违背维护国家安全这一公共利益保护的目的，沦为国家间经济、政治斗争的工具，不仅不利于本国乃至全球经济的发展，也与可持续发展理念背道而驰。

因此，我们有必要从法律的角度讨论外资安全审查中权力行使的正当性和合理性。如何恰当运用比例原则是实施外资安全审查制度以促进可持续发展的关键。比例原则以自由和权利为本位，讨论了国家权力为维护公共利益、公共秩序而限制公民自由权利的合理性问题。比例原则中所包含的"适度性""法益均衡"等思想聚焦于国家权力行使合理性的考量，它反对国家权力过度介入私人自由领域，与市场经济发展所提倡的有限政府的基本理念相一致。在外资安全审查制度中，国家权力为保护国家安全而对自由和权利进行限制具有正当性，而这一正当性又要求外资安全审查制度必须以保护国家安全这一公共利益为目的，而非其他。此外，外资安全审查制度是国家干预市场经济的工具，虽然它保护的是国家安全，但并非所有的外国直接投资都可能产生国家安全问题，外资安全审查制度也不应当过度干预外资市场的交易，外资安全审查制度应当在国家安全、国家经济利益、外国投资者的利益之间建立平衡。

在外资安全审查制度中运用比例原则还具有重要的实践价值。它并没有否认审查中国家行使审查权力的政治目的，也没有不切实际地要求剔除审查中的政治因素，而是绕开这一问题，致力于保障审查权力行使的合理性。一方面，比例原则针对的是行政自由裁量权，裁量治理是比例原则的重要功能，用以考察权力行使的手段与目的是否相称，要求权力限制和干预符合适当性、必要性和均衡性；另一方面，经历了长久的发展历程，比例原则已经具备了完善的理论体系，形成了一整套适用规则，其涵括的合比例性分析框架得到了司法实践的检验，这些规则使得比例原则本身就能够实现裁量治理，比例原则在外资安全审查制度中的使用也可作为审查法律规则的补充，规范审查中行政自由裁量权的行使。[1]

三、一些国家的外资安全审查制度改革动向

（一）美国外资安全审查制度

美国一直以实行自由、开放的国际投资政策自居。因此，在不断更新外国投

---

[1] 黄洁琼："论比例原则在外资国家安全审查中适用"，载《河北法学》2020 年第 8 期，第 153—154 页。

资安全审查制度的同时，美国也需要在吸引外资的政策目标与维护国家安全等政策目标之间不断地寻求平衡。传统上，美国外国投资委员会审查仅针对国防、交通基础设施、能源和政府供应链等涉及核心国家安全的交易。近年来，随着国际经贸往来愈加频繁、与国防安全相关的尖端科技研发商业化等趋势，外国投资委员会也逐渐将审查重点扩展到技术和金融领域。

为满足新的审查需求并平衡不同的政策目标，自2017年开始，美国国会考虑制定一项改革外资审查制度的新法案，即2018年《外国投资风险审查现代化法案》（以下简称《现代化法案》）。①《现代化法案》作为美国《2019财政年度国防授权法案》的重要组成部分，分别于2018年7月26日、2018年8月1日在美国众议院和参议院被表决通过，并于2018年8月13日由美国总统特朗普签署生效。与2007年美国《外国投资与国家安全法案》②相比，《现代化法案》主要制度变化如下：③

1. 扩大管辖范围

首先，《现代化法案》将涉及关键基础设施、关键技术及敏感个人数据的对美国企业的"任何其他投资"纳入了"受辖交易"的范围。《现代化法案》就关键基础设施、关键技术有详细定义，并规定"与关键基础设施有关的美国企业"包括拥有、运营、制造、供应或服务于关键基础设施的企业，对制作、设计、测试、制造、装配或开发关键技术的美国企业的投资，向收集和维护美国公民"敏感个人数据"的公司作出的外国投资，都要接受外国投资委员会的审查。其次，外国投资委员会首次被授权在一定条件下对房地产交易进行审查。只要符合以下条件之一，外国投资委员会即有权审查外国人在美国购买或租赁不动产或者获得与不动产相关权益的交易：（1）该不动产位于美国的航空港或海运港内，或涉及对航空港或海运港的运营；（2）该不动产毗邻美国军事场所或涉及国家安全的政府的其他敏感场所，且外国人能够对该等场所内进行的活动搜集情报，或者该等场所内进行的国家安全活动存在遭受外国监视的风险。最后，可能引发外国主体权益变动的交易也被《现代化法案》纳入审查范围。如果外国投资者的一项交易将导致其对已经投资的美国公司产生权益上的变动，且该交易可能导致外国主体控制美国企业，或者该交易最终可能构成上述特定领域中的"任何其他投资"，则外国投资委员会有权审查该交易。

---

① Foreign Investment Risk Review Modernization Act, 50 U.S.C. §1703, 2018.
② Foreign Investment and National Security Act, 50 U.S.C. §2061, 2007.
③ 漆彤、汤梓奕："美国《2018年外国投资风险审查现代化法案》介评"，载《经贸法律评论》2019年第3期，第80—84页。

2. 增加考量因素

《现代化法案》指出外国投资委员会在安全审查过程中应当考虑以下六大因素：（1）关注外国政府或个人在关键基础设施、能源资产、关键原材料或者关键技术领域所获取的市场份额；（2）关注外国投资者对美国实业或商贸活动的控制是否会影响美国维护国家安全的能力；（3）防范"特别关注国家"；（4）关注外国投资者的历史背景，审查其是否有违反美国法律法规而受到处罚的经历；（5）关注交易是否有可能直接或者间接地暴露美国公民的个人身份信息、基因信息或其他敏感信息；（6）关注网络安全的威胁。其中，第（3）项至第（6）项为新增。

3. 强化审查程序

《现代化法案》引入了强制申报制度，即如果交易方是外国政府直接或间接拥有"实质性权益"的外资主体，并且该交易将使外资主体取得拥有"关键设施""关键技术""敏感数据"的美国企业的"实质性权益"，则交易方必须向外国投资委员会进行申报。与此同时，《现代化法案》还进一步授权外国投资委员会可以在其后续出台的细则中，强制要求更多类型的"受辖交易"向其进行申报。若必须申报的交易没有按照规定向外国投资委员会主动申报，相关交易方可能会遭受民事处罚。此外，《现代化法案》第 10 条为外国投资委员会建立一个新的程序，要求外国投资委员会在日常工作中，主动识别未向其申报的交易行为是否属于"受辖交易"。

4. 提升审查效率

《现代化法案》引入了简化申报程序。在《现代化法案》实施前，自愿申报的交易方需向外国投资委员会交一份完整的书面通知，该通知必须包含交易的各种细节、涉及的美国实体与美国政府的交易往来、外国交易方的背景等。只有提交了完整的书面通知，交易方才可能取得外国投资委员会的反馈。为了平衡受辖交易范围扩大以及强制申报给外国投资委员会和交易方带来的审查压力、时间及经济成本，《现代化法案》规定了简化申报程序，亦即递交"声明书"制度。在该制度下，交易方只需向外国投资委员会提交一份包含交易基本信息、内容简短（长度不超过 5 页）的"声明书"来进行申报。而外国投资委员会在接受"声明书"后，必须在 30 天内给出反馈。

（二）欧盟外资安全审查制度

欧盟历来以开放的外国直接投资法律制度著称。尽管自美国 20 世纪 70 年代逐渐建立外资安全审查制度后，德国、英国、法国等欧洲主要资本输入国也开始探索建立外资安全审查制度，但相比美国，欧盟成员国的审查一直较为宽松，呈现松散管理和低限管制的特征。① 最初，欧盟层面没有基于安全或公共秩序的统一审查框架，欧盟与其成员国之间或者成员国相互之间也没有关于外资安全审查的正式协调机制。这使得其他国家在赴欧盟投资时可以采取先进入尚未设立外资安全审查机制的成员国、再向最终目标成员国转移的策略，借此规避后者较为严格的外资安全审查制度。这一欧洲发展模式自全球金融危机及欧洲主权债务危机爆发以来陷入了困境。

在德国、法国和意大利等成员国的推动下，2017年9月13日，欧盟委员会发布《欧盟外资审查条例（草案）》（以下简称《草案》）。② 欧盟委员会强调，尽管欧盟对外国直接投资的开放性不会改变，但其必须伴之以有力且有效的政策，以便一方面促使其他经济体开放市场，确保遵守相同游戏规则；另一方面保护欧盟关键资产免于对欧盟或其成员国正当利益有害的投资。但是，由于事关欧盟及其成员国核心利益，欧盟与成员国之间以及成员国彼此之间的关切和诉求也不尽相同，《草案》发布后并未迅速获得通过。欧盟内部对于应否在欧盟层面建立外资安全审查制度意见不一，其中德国、法国和意大利态度最为积极，而荷兰、葡萄牙、希腊、马耳他等国则有所质疑和保留。③ 分歧不仅存在于如何认识和处理投资自由化与公共安全之间的关系，防止政策基调滑向保护主义，还存在于如何划分和平衡欧盟与成员国的相关权限，防止欧盟"盟权"侵夺成员国主权。2018年11月20日，欧洲议会和欧盟理事会最终就批准条例达成一致，随后分别于2019年2月14日和3月5日批准了该条例——《关于建立欧盟外国直接投资审查框架的条例》（以下简称《欧盟外资审查条例》）。④ 《欧盟外资审查条例》的主要内容如下：⑤

1. 审查范围及考虑因素

根据《欧盟外资审查条例》第2条，外国直接投资是指外国投资者所进行

---

① 卢进勇、李小永等："欧美国家外资安全审查：趋势、内容与应对策略"，载《国际经济合作》2018年第12期，第4页。

② European Commission, Proposal for a Regulation of the European Parliament and of the Council Establishing a Framework for Screening of Foreign Direct Investments into the European Union, COM (2017) 487 final, 13 September 2017.

③ 中华人民共和国驻欧盟使团经济商务处："欧盟外资审查：成员国分歧大"，载驻欧盟使团经济商务处官网：http://eu.mofcom.gov.cn/article/jmxw/201707/20170702607958.shtml, 2020年10月7日访问。

④ Regulation (EU) 2019/452 of the European Parliament and of the Council of 19 March 2019 Establishing a Framework for the Screening of Foreign Direct Investments into the Union, Official Journal of the European Union, L 79 I, 21 March 2019.

⑤ 廖凡："欧盟外资安全审查制度的新发展及我国的应对"，载《法商研究》2019年第4期，第185—187页。

的任何旨在与接受其资金的企业家或企业之间建立长期直接联系,以便在一成员国境内开展经济活动的投资,包括使得该外国投资者能够有效参与对开展经济活动之企业的管理或控制的投资。据此,证券投资不属于《欧盟外资审查条例》的适用范围。"外国投资者"是指已经或意图进行直接投资的第三国(非欧盟)自然人或企业,"审查"则是指允许对外国直接投资进行评估、调查、许可、设限、禁止、解散的程序。

《欧盟外资审查条例》第4条列举了判断影响安全或公共秩序可能性的考量因素,反映了欧盟的真实意图及核心关切。根据《欧盟外资审查条例》第4(1)条,在确定某项外国投资有无影响安全或公共秩序的可能时,成员国和欧盟委员会可以重点考虑该投资对以下方面的潜在影响:(1)关键基础设施,无论有形或无形,包括能源、交通、水、卫生、通信、媒体、数据处理或存储、航空航天、国防、选举和金融基础设施,敏感设施,以及用于这类基础设施的土地和不动产;(2)关键技术及军民两用物品,包括人工智能、机器人、半导体、网络安全、航空航天、国防、能源存储、量子及核技术,以及纳米技术和生物技术;(3)关键输入品的供应,包括能源、原材料和食品;(4)获取或控制包括个人数据在内的敏感信息的能力;(5)媒体的自由与多元。不仅如此,《欧盟外资审查条例》第4(2)条还规定,成员国和欧盟委员会在作出决定时可以特别考虑以下因素:(1)外国投资者是否通过所有权结构或重大资助等方式,直接或间接地受到外国政府(包括政府机构或武装部队)控制;(2)外国投资者是否已经卷入影响某一成员国安全或公共秩序的活动;(3)是否存在该外国投资者从事非法或犯罪活动的严重风险。

《欧盟外资审查条例》强调,上述因素是非穷尽式列举。在确定外国直接投资有无可能影响安全或公共秩序时,成员国和欧盟委员会应当考虑所有相关因素,包括该投资对那些对于保证安全和维护公共利益不可或缺,其干扰、失灵、损耗或破坏将在某一成员国或欧盟造成重大影响的关键基础设施、关键技术和关键输入的影响。《欧盟外资审查条例》"前言部分"第12条至第14条指出,成员国和欧盟委员会还应考虑到外国直接投资的具体情形,特别是外国投资者是否直接或间接受到第三国政府控制,如通过包括补贴在内的重大资金资助,或者是否在执行国家牵头的对外项目或计划。适当时,成员国和欧盟委员会还可以考虑从经济主体、公民社会组织、工会等处收到的信息。

2. 审查程序

《欧盟外资审查条例》旨在加强成员国在外资安全审查方面的协调与合作,并在欧盟范围内增强安全审查机制的透明度和确定性。因此,《欧盟外资审查条例》"前言部分"第26条和第27条指出,所有成员国,无论是否制定外资安全审查机制，均须设立一个联络点来实施《欧盟外资审查条例》；这类联络点应当适当设置于各国政府，且拥有履行合作协调职责及妥善处理保密信息所需之合格人员和权力。《欧盟外资审查条例》第3条、第5条和"前言部分"第22条还规定了若干与外资流入和审查有关的通知、报告和信息要求，有助于提高审查机制的透明度和信息交流水平。

对于已经建立外资安全审查机制的成员国而言，根据《欧盟外资审查条例》第6条，有外资安全审查机制的成员国在进行任何外资安全审查时，必须尽早向欧盟委员会及其他成员国通报并提供相关信息；通报中可以包括一份其认为安全或公共秩序可能受此影响的成员国的名单，并说明该项外国投资是否属于《欧盟合并控制条例》[①] 的适用范围。欧盟委员会及其他成员国应当在收到通知后15日内，通知审查国其是否有意发表意见或评论，并可以要求后者提供额外信息；审查国应尽力提供此类额外信息。其他成员国可以对相关外国投资是否可能影响其安全或公共秩序作出评论，欧盟委员会则可以对相关外国投资是否可能影响多个成员国的安全或公共秩序发表意见。无论其他成员国是否作出评论，欧盟委员会均可发表意见；但如果有三分之一以上成员国认为某项外国投资有可能影响其安全或公共秩序，欧盟委员会则应当发表意见。对于欧盟委员会及其他成员国的意见和评论，《欧盟外资审查条例》"前言部分"第17条指出审查国应予"适当考虑"，但仍由审查国作出最终决定，欧盟委员会及其他成员国均无权推翻审查国主管机关作出的审查决定。

对于尚未建立国内安全审查机制的成员国而言，他们不存在主动向欧盟委员会及其他成员国通报的问题。根据《欧盟外资审查条例》第7条，对没有外资安全审查机制的成员国，如果其他成员国认为在该国计划进行或已经完成的外国投资可能影响其安全或公共秩序，或者欧盟委员会认为相关外国投资可能影响多个成员国的安全或公共秩序，则欧盟委员会及其他成员国可以就此发表意见或评论，或者要求投资所在国提供额外信息。

此外，根据《欧盟外资审查条例》第8条，如果欧盟委员会认为相关外国投资可能在安全或公共秩序方面对"事关欧盟利益的项目或计划"产生影响，则其可以向投资所在国发表意见。在此情况下，欧盟委员会意见具有一定影响力。尽管不具有法律约束力，但投资所在国此时不再只是"适当考虑"，而是必须"尽力顾及"欧盟委员会的意见；如果不遵从该意见，还必须向欧盟委员会作出说明。所谓"事关欧盟利益的项目或计划"，是指涉及相当数量或重要份额的欧盟资金，或者在有关对安全或公共秩序至关重要的关键基础设施、关键技术

[①] Council Regulation (EC) No 139/2004 of 20 January 2004 on the Control of Concentrations between Undertakings (The EC Merger Regulation), Official Journal of the European Union, L 024, 20 January 2004.

或关键输入的欧盟法律适用范围内的项目或计划。《欧盟外资审查条例》附件明确列举了8个这样的项目和计划,包括欧洲全球卫星导航系统计划、哥白尼计划、"地平线2020"计划、泛欧运输网络项目、泛欧能源网络项目、泛欧电信网络项目、欧洲国防工业发展计划和永久结构性合作计划。《欧盟外资审查条例》第8条和第16条还授权欧盟委员会不定期更新上述清单。

(三)俄罗斯外资安全审查制度

俄罗斯既重视吸引外资,也是重要的资本输出国。中国高度重视对俄投资合作,并将其作为双方务实合作的重要组成部分。近年来,中国对俄投资数量与规模齐增,双方金融合作不断深入。特别是在俄远东地区,中国投资企业众多,中方已成为俄远东地区第一大投资来源国。2019年1至5月,中国对俄罗斯全行业直接投资2.1亿美元,同比增长20.1%。中国驻俄罗斯大使张汉晖强调,"中方始终视俄方为投资合作优先伙伴,愿与俄方一道,按照'企业主体、市场导向、商业运作、国际惯例'的原则共同推动更多投资合作项目落地。加强对中俄投资基金、中俄地区合作发展投资基金等双边合作基金的引导,提升金融支持和服务水平。加强对双方投资者合法权益的保护,营造更加公平、友好和稳定的营商环境。"① 因此,我们有必要关注俄罗斯外资安全审查制度及其改革动向。

在俄罗斯实行外资开放政策之初,对于外资安全审查制度,俄罗斯一直处于分散式立法阶段。1999年俄罗斯颁布《外商投资法》,该法第4条规定:"为保护基本宪法原则、道德、健康、国家安全。可以对外资进行限制。"但是该法没有建立详细的外资安全审查制度。直到2008年《关于外资对保障俄罗斯国防和国家安全具有战略意义的商业公司投资程序法》(以下简称《外资安全审查法》)② 的出台,才统一了外国法人和自然人在俄罗斯重要行业开展投资的相关规定,正式建立起外资安全审查制度。该法增强了俄罗斯投资法适用的透明度,为外国投资者和俄罗斯安全审查机构提供了较为明确的指引。但也因对外国投资者有一些不合理的限制、部分审查程序较为烦琐、相关审查机构滥用裁量权等问题,引起了外国投资者的担忧。加之俄罗斯存在行政壁垒、企业文化缺失等问题,③ 在一定程度上影响了外国投资者对俄投资的积极性。

由此,俄罗斯于2011年颁布了《关于对保障俄罗斯国防和国家安全具有战

---

① 俄罗斯卫星通讯社:"中方始终视俄方为投资合作优先伙伴",载俄罗斯卫星通讯社中文网站:http://sputniknews.cn/russia/201909101029522586/,2020年10月16日访问。

② Procedures for Foreign Investments in the Business Entities of Strategic Importance for Russian National Defence and State Security, Federal Law N57-FZ, 2008.

③ Bam Joshua, Strategic Sector Legislation in Russia: Critique and Proposal for Change, 2 Matters of Russian and International Law 29, 2013, p.45.

略意义的外资实施商业公司投资程序法的修正案》（以下简称《外资安全审查（修正案）》）①。该法对 2008 年《外资安全审查法》中外商投资安全审查对象、控制标准、审查程序等主要内容进行了修订，目的在于减少对外国投资者的限制，简化审批程序，在确保国家安全的同时，提高对外商投资的吸引力。具体变化如下:②

1. 缩小审查范围

《外资安全审查（修正案）》将俄罗斯联邦或俄罗斯公民（该公民不具备双重国籍并属于俄罗斯纳税居民）控制的实体之间进行的交易排除在安全审查范围外，排除了对该类主体不必要的监管。此外，《外资安全审查（修正案）》也将由俄罗斯作为一方成员国或与俄罗斯联邦签订有国际条约的国际金融组织参与的交易排除在外。免于安全审查的国际金融组织包括国际复兴开发银行、国际开发协会、多边投资担保机构、国际金融公司等世界性银行集团及欧洲复兴开发银行、欧洲投资银行、欧亚发展银行、北欧投资银行、国际经济合作银行、国际投资银行、独联体跨国银行以及黑海贸易与发展银行等，共计 12 家区域性国际金融机构。这有助于改善俄罗斯的投资环境，极大地推动了国际金融组织对俄罗斯的投资。因此，目前应接受俄罗斯安全审查的外国投资者包括外国公民和无国籍人、外国法人和非法人组织、外国政府及除上述免于审查的国际金融组织外的其他国际组织。此外，上述外国投资者控制的、在俄联邦境内成立的实体也被视为外国投资者。可以看出，《外资安全审查（修正案）》通过引入"控制标准"，增强了对日益复杂的投资者本质与真实身份的灵活判断，降低了外国投资者规避法律的可能性。同时，将俄罗斯联邦或俄罗斯公民控制的实体之间的交易排除，排除了对该类主体不必要的监管。

《外资安全审查（修正案）》将从事民用部门中非核心的放射源业务公司（包括从事 X 射线医疗器械、牙科设备、探伤仪、行李包检查设备等制造和使用的公司）、涉及从事密码设备的维修和信息分发及提供数据加密服务业务的银行（不包括俄罗斯政府拥有股权的银行）从战略性公司③中予以排除，这意味着外国投资者对这些类型公司的投资不再接受安全审查。因此，战略性公司被限制为在俄联邦境内成立并至少从事水文气象领域、地球物理领域、传染病领域、核领域、国防军工领域、航天领域、航空领域、广播电视领域、电信服务领域、矿产

---

① Procedures for Foreign Investments in the Business Entities of Strategic Importance for Russian National Defence and State Security (Amendent), Federal Law N322-FZ, 2011.
② 尚清、徐建东:"俄罗斯外商投资安全审查制度的新变化及启示"，载《经济纵横》2014 年第 12 期，第 77—78 页。
③ 战略性公司指在俄联邦境内成立的、从事关乎俄罗斯国防和国家安全活动的公司。

资源领域、渔业领域、出版领域、印刷领域、自然垄断活动领域等14类40项内容之一的公司。

2. 放宽认定标准

《外资安全审查（修正案）》对外国投资者取得俄罗斯矿产资源领域的战略性公司控制权的认定标准做了修订，即有权直接或间接处置（包括通过财产委托管理合同、普通合伙合同、委托代理合同或其他交易及根据其他理由）战略性公司25%及以上的股份；有权根据合同或其他理由作出战略性公司必须接受的决议，包括确定该公司进行企业经营活动的条件；有权任命战略性公司独任执行机构或集体执行机构25%及以上成员，或者有权无条件地选派该公司董事会、监事会或其他集体执行机构25%及以上成员；有权管理战略性公司。这一规定将控制比例从原有的10%提到到25%。

此外，《外资安全审查（修正案）》规定，即使外国私人投资者在矿产资源领域的战略性公司的法定资本中已直接或间接控制25%及以上的具有表决权的股份，但外国投资者进行的诸如股份分割、股份合并或在某些情况下公司重组和集团内部交易等，不会增加其法定资本中股份权益的，这些交易也无须接受审查。可见，该修正案放宽了外国投资者投资矿产资源领域的战略性公司的控制标准，在一定程度上减轻了对外国投资者的投资限制。

3. 简化审查程序

俄罗斯外资安全审查程序分为：提出审查申请、主管机关（联邦反垄断局为牵头机构）初审、联邦政府外资审查委员会裁决三个阶段。总体看，尽管该程序规则相对明确，但一定程度上的烦琐且带有强权色彩也使其饱受争议。①《外资安全审查（修正案）》对安全审查程序进行了一定修改，简化了外资审查委员会裁决阶段有关申请人承诺履行附加条件交易的审批程序。

根据2008年《安全审查法》第12条，外资审查委员会在作出附加条件批准的决议前，应确定申请人承担的义务清单，并通知主管机关，由主管机关负责与申请人拟定并签署履行上述条件的协议。主管机关负责将签订的协议或申请人拒绝履行条件的通知提交给外资审查委员会，由外资审查委员会最终作出决定。如果申请人拒绝承担确定的义务，则外资审查委员会可作出禁止其交易的决议。这种双重审查程序增加了审查成本，加重了审查机构的负担和申请人面临的拖延风险。为此，《外资安全审查（修正案）》将其改为由主管机关单一审批，在主管机关与申请人签署附加条件的协议后，可由主管机关直接批准该交易，无须再交

---

① Jesse R. Heath, Strategic Protectionism? National Security and Foreign Investment in the Russian Federation, 41 George Washington International Law Review 101, 2009.

外资审查委员会审查，提高了审查效率，在一定程度上增加了外国投资者实现交易的机会。

四、国外外资安全审查制度改革对我国的启示

美国、欧盟外资安全审查制度的最新进展各有侧重，也有共性。与俄罗斯相似，我国处于重要的经济转型期，外资对我国经济的渗透不断增强，但是我国的外资并购安全审查制度建立较晚，并且亟待完善。

（一）将关键技术、网络信息安全纳入国家安全的考量范围

发达国家日益强调保护本国核心技术和网络信息安全。《现代化法案》将外国人可能获得美国企业的关键基础设施、关键技术、保存或搜集美国公民个人敏感信息的交易纳入涵盖交易。此外，《现代化法案》进一步扩大了"关键技术"的范围，把所有对国家安全重要或者美国认为重要的技术、要素和相关项目都纳入交易范围，包括正在出现的新兴技术，还新增了"关键基础设施""恶意网络活动"的概念。《欧盟外资审查条例》则将关键基础设施、关键技术和敏感信息的获取列为审查一项外国直接投资或有可能"影响欧盟利益"的特定外商直接投资时，欧盟成员国或欧盟委员会可考虑的因素。可见，美欧对外资安全审查行业的范围有了新的拓展，外资安全审查行业已经突破了传统国家安全行业，关键技术、基础设施和网络信息安全业已成为美欧外资安全审查的关键因素。

（二）重视外国政府控制的交易

2007年美国《外国投资与国家安全法案》规定，交易可能导致外国政府、由外国政府控制或为外国政府行事的实体对美国企业有控制权，是外国投资委员会和总统在决定涵盖交易是否存在国家安全风险时应当考虑的因素。《现代化法案》在此基础上为外国政府控制的交易设置了强制申报义务，能够使外国投资委员会着重审查外国政府控制的交易，特别是涉及美国战略竞争对手的交易。《欧盟外资审查条例》将外国投资者是否为第三国政府所控制列入外资安全审查的考虑因素。美欧立法对外国政府控制的交易实施了更加严重的歧视待遇，可能间接地对我国国有企业在美欧的投资活动产生负面影响。

（三）美欧重点关注来自中国的投资

美国《现代化法案》和《欧盟外资审查条例》的出台都与来自中国的直接投资有密切联系。在2018年7月19日美国众议院特别情报委员会召开的有关中国对美国科技威胁的听证会上，会议主席指出："对中国发起的交易进行审查是外国投资委员会工作的重要组成部分，国会应使得外国投资委员会有能力确保中

国不通过并购增加美国国家安全风险。"①《现代化法案》指明需要特别关注来自中国的外商投资。《欧盟外资审查条例》的出台则是为了回应近年来中国对欧盟剧增的并购和绿地投资。首先，根据该条例的规定，可能会受到审查的领域或部门是中国投资者在欧洲的优先选择，如技术、基础设施等领域；其次，该条例要求对直接或间接由外国政府控制的投资进行更严格的审查，而自 2000 年以来，欧盟约 60% 的中国直接投资来自中国国有企业；② 最后，该条例鼓励成员国审查构成"政府对外项目或计划"一部分的投资。鉴于中国产业政策的普遍存在以及国有银行在国家金融体系中的主导地位，这种模糊的表述可以打开成员国审查中国在欧盟大量投资的大门。

（四）美欧外资安全审查制度趋于收紧

受到逆全球化大背景的影响，美欧外商投资国家安全审查制度都有收紧的趋势，加大了外国投资者受审查的风险。尽管《现代化法案》提到国会认为出台该法是为了遵守美国对外开放投资的承诺，欢迎和鼓励外国投资，但是从该法案的内容来看，美国外国投资国家安全的监管正在趋于严格，对外资并购美国企业采取了更为审慎的态度。通过扩大单边审查范围、完善单边审查程序来维护美国在外商投资方面的优势。此外，《现代化法案》多处规定尚未明晰，仍需外国投资委员会通过实施细则的方式作出解释，这也就意味着外国投资委员会颁布的实施细则很可能进一步扩大其审批权限，从而对外国投资人带来更大的限制。

与此同时，《欧盟外资审查条例》也加大了外国直接投资的受审查风险。一方面，《欧盟外资审查条例》的出台有利于欧盟内部关于外国直接投资项目信息的流动，各成员国之间的合作更加密切，这意味着外国直接投资项目在进入欧盟时会受到多方（项目所在国、欧盟境内其他成员国、欧盟委员会）审视，这些主体可以彼此提出意见，意见能产生"软法"的效力，提高了外国直接投资受到安全审查的概率。另一方面，《欧盟外资审查条例》提供的审查外国直接投资时可考虑的因素范围较广。目前欧盟内部只有 14 个成员方的国内法规定了外国直接投资安全审查制度，成员国之间现有的安全审查机制在审查范围及其制度设计方面存在很大差异，大部分国家在实施安全审查时考虑的因素都不如《欧盟外资审查条例》考虑的全面，这将导致欧盟内部许多成员国会参照《欧盟外资审查

---

① Committee Repository of U. S. House of Representatives, Full Committee Hearing: China's Threat to American Government and Private Sector Research and Innovation Leadership, available at https://docs. house. gov/Committee/Calendar/ByEvent. aspx? EventID = 108561, accessed October 17, 2020.

② Thilo Hanemann, et al. , Chinese FDI in Europe: 2018 Trends and Impact of New Screening Policies, available at https://rhg.com/research/chinese-fdi-in-europe-2018-trends-and-impact-of-new-screening-policies/, accessed October 17, 2020.

条例》扩大外国投资审查制度的适用范围，在制度设计上与该法规靠拢，尚未建立外国直接投资审查制度的成员国也可能引进该制度。事实上《欧盟外资审查条例》试图建立起的外资安全审查制度与欧盟倡导的投资自由化核心价值正在逐步背离。①

综上所述，美国和欧盟的外商投资安全审查法律制度各有特点，但同时又都在逆全球化的大背景下出台或者完善，均在不同层面上反映了当前全球外商投资国家安全审查制度的趋势。我国应当以美欧日益收紧外资安全审查为契机，借鉴俄罗斯等国相关立法，尽快出台我国外资安全审查机制配套法规，完善外资安全审查制度。

第二节 可持续发展与外资准入"负面清单"

一、负面清单的内涵

负面清单是指仅列举法律法规禁止的事项，对于法律没有明确禁止的事项，都属于法律允许的事项。负面清单作为一种国际通行的外商投资管理办法，其特征在于以否定性列表的形式标明外资禁入的领域。负面清单所采的这一"非禁即入"模式，源于"法无禁止即自由"的法治理念。据学者考证，该理念最早出现在古希腊的政治准则中。② 其在经济交往中被采用则始于第二次世界大战后美国与相关国家订立的《友好通商航海条约》(Treaty of Friendship, Commerce and Navigation，以下简称FCN)。例如，美国与日本于1953年签订的FCN第7条规定："缔约方应当给予另一方的国民或企业国民待遇，以在其境内从事商贸、工业、金融和其他商业活动，但公用事业、造船、空运、水运、银行等行业除外。"从私法层面来看，负面清单是私法自治的集中体现。私法自治，又称意思自治，是指私法主体依法享有在法定范围内的广泛的行为自由，其可以根据自己的意志产生、变更、消灭民事法律关系。换言之，民事主体依据法律规定的范围自主从事民事行为，无须国家的介入。社会历史经验，特别是中国从计划经济向社会主义市场经济转变的历史经验，告诉我们"保证个人自主决定实现的制

---

① 董静然、顾泽平："美欧外资安全审查法律制度新发展与中国之应对"，载《国际商务研究》2020年第5期，第78—79页。

② 龚柏华："'法无禁止即可为'的法理与上海自贸区'负面清单'模式"，载《东方法学》2013年第6期，第138页。

度是符合人性的制度，也是最有生命力的制度"。① 这也如德国学者海因·科茨等指出的："私法最重要的特点莫过于个人自治或其自我发展的权利。契约自由为一般行为自由的组成部分……是一种灵活的工具，它不断进行自我调节，以适应新的目标。它也是自由经济不可或缺的一个特征。它使私人企业成为可能，并鼓励人们负责任地建立经济关系。因此，契约自由在整个私法领域具有重要的核心地位。"② 负面清单管理是私法自治理念的回归，也是私法自治理念的彰显。

UNCTAD将投资准入模式分为五大类：第一，投资控制模式。东道国保留对外资准入的完全控制；第二，选择开放模式。东道国承诺部分开放，即采用"正面清单"；第三，区域性产业化项目模式。仅对东道国参与的FTAs其他成员提供完全的准入，以促进区域一体化；第四，互惠式国民待遇模式。依据FTAs或BITs相互提供完全的准入；第五，国民待遇和最惠国待遇综合模式。依据国民待遇或最惠国待遇中更优惠的条件提供完全的准入，但可以将特定措施或领域排除，即采用"负面清单"。③

在BITs和FTAs投资章节谈判中，承诺对外资开放的方式及领域是按"正面清单模式"还是按"负面清单模式"谈判，直接关系到市场准入和市场开放的程度。正面清单采用循序渐进的方式，承担的义务水平较低，逐步对外开放，在一定程度上有利于保护本国弱小产业。负面清单则更加开放和自由化，只有列入负面清单的措施和领域是东道国限制或禁止外资进入的。所以就承担义务的水平而言，负面清单高于正面清单。负面清单模式以NAFTA为代表，其最新升级版本《美墨加协定》（United States-Mexico-Canada Agreement，以下简称USMCA）④ 继续沿用了NAFTA所创设的"准入前国民待遇+负面清单"投资规则模式。此外，2012年美国BIT范本提供了外资准入负面清单的框架要素（如表2-1所示）。负面清单作为BIT范本的三个附件：附件一中的外资准入不符措施采用"棘轮"制，即随着时间推移，这些政策只能放宽，不能加严；附件二中的不符措施，今后可以加严，但事先需要锁定产业，如新兴产业或保留行业等；附件三是关于金融服务业，也是"棘轮"制设计。外资准入负面清单有五项要素，即部门、特定义务、实施层级、实施依据以及具体措施。⑤

---

① 王利明："负面清单管理模式与私法自治"，载《中国法学》2014年第5期，第26页。
② ［德］罗伯特·霍恩、海因·科茨等：《德国民商法导论》，楚建译，中国大百科全书出版社1996年版，第90页。
③ UNCTAD，Admission and Establishment，2002.
④ United States-Mexico-Canada Agreement，1 July 2020.
⑤ 孙元欣："外资负面清单管理的国际镜鉴：上海自贸区例证"，载《改革》2014年第10期，第39—40页。

表 2-1　美国 BITs 范本负面清单框架

美国 BITs 范本中外资准入负面清单的 5 项要素	
要素	内容
要素 1：部门	保留行业
要素 2：特定义务	国民待遇、最惠国待遇、业绩要求、高管董事会条款等
要素 3：实施层级	全国或地方层面
要素 4：实施依据	相关法律依据
要素 5：具体措施	外资准入不符措施，例如股权限制、运营限制等

一般而言，外资准入负面清单本质上是非歧视待遇的例外。东道国承诺给予外国投资以国民待遇，基于本国利益考虑，不可能是完全的国民待遇，必然是有限的国民待遇，而这个有限的条件则是国民待遇的例外，这样的例外一般分为一般例外和特别例外。这些例外规定的承载方式即是负面清单。

二、可持续发展目标和负面清单的互动关系

负面清单管理模式已经是未来投资监管体制的主流选择。在不断扩大对外开放，促进投资自由化、便利化，营造良好营商环境的过程中，东道国审慎建立"准入前国民待遇+负面清单"管理模式，既迎合吸引外资，优化国内产业结构，推动本国建设高水平开放型经济的需求，也能基于国家安全、公民生命健康安全、国家经济安全、保护自然资源或幼稚产业等原则，在特定行业设定不符措施，或者依据控股比例限制、投资总额限制、高管人员要求等约束条件，设定相应的外资管理措施，以免这种高度开放的外资管理模式对东道国带来负面影响，阻碍东道国社会、经济和环境的可持续发展。

（一）重视产业安全

对东道国而言，外商投资可以带来资金、技术和管理经验，有助于东道国更广泛地参与国际分工，尤其是发达国家先进技术为发展中国家高新技术产业的发展起到巨大的推动作用。然而外资的大量涌入，也会在一定程度上挤压东道国民族企业的生存和发展空间。从美日等发达国家在全球化时代的各种产业保护政策及立法、司法实践可知，产业安全绝非伪命题，国家利益和产业安全从来都是这些国家立法的基本精神。事实上，市场和全球化不仅无法超越国家利益，同时也无法完全自动地维护国家利益和产业安全。外资对国家产业安全的冲击与潜在威

胁是一类新型的"市场失灵"。① 因此，负面清单的制定必须以本国国情为基础，在保证国家有能力控制部分重要行业的发展主导权的基础上，在国际条约的政策空间内，坚持保留东道国对外资的监管空间，这正符合可持续发展的国内投资政策的内在要求。

负面清单列表一般包括：列举不符措施所涉及的行业、子行业、行业分类、对应的正面义务、维持不符措施的政府层级、不符措施的法律依据、不符措施描述和过渡期等。负面清单涉及的产业主要包括两大类：一是国家基础行业、公共服务行业和与国家安全有关的产业；二是具有战略意义的产业，如专业服务业、社会服务业和金融服务业。负面清单产业分类标准一般包括联合国统计司制定的产品总分类、国际海关理事会制订的协调商品种类和编码体系、国际标准产业分类、缔约方国内的标准产业分类和缔约方国内产业分类标准等。一般情况下，两国在签订 BITs 或 FTAs 时会选择一个国际或国内行业分类标准；东道国制定负面清单列表往往依据本国国民经济产业分类体系。② 可以说，负面清单应当囊括敏感性产业、新兴产业、涉及东道国国家安全的基础设施产业、需要保护的幼稚产业和相对优势产业。

（二）保护本国自然资源

外资进入东道国后，往往伴随着大量能源与原料的消耗，由此带来的生态系统恶化、自然资源用竭、生物多样性被破坏等问题，引发了大量与环境有关的投资仲裁争端。环境投资仲裁涉及的范围非常广泛，几乎涉及所有工业部门和政府行为，东道国停止垃圾填埋场使用许可、取消水处理许可、禁止投资者采矿、停止在环境敏感地区开发旅游项目等，都能成为投资者诉诸仲裁庭主张投资利益受损的申请理由。由于 ISDS 机制倾向于保护投资者，东道国败诉比例较高，③ 无疑阻碍东道国保护本国自然资源、维护公共利益。

基于对自然资源保护的考量，多数国家在制定外资准入负面清单时，往往在农业、林业、畜牧业、渔业和采矿业等领域设置限制措施，包括持股比例限制以及禁止性规定。以我国自由贸易试验区外商投资准入特别管理措施（负面清单）2020 年版为例，在农、林、牧、渔业，要求小麦、玉米品种选育和种子生产的中方持股比例不低于 34%；禁止投资中国稀有和特有的珍贵优良品种的研发、养殖、种植以及相关繁殖材料的生产，包括种植业、畜牧业、水产业的优良基

---

① 张于喆、赵阳华："'负面清单'的国际借鉴及我国应对之策"，载《中国经贸导刊》2014 年第 18 期，第 26 页。

② 金钢："中国自贸区建设带动下的国际贸易与投资增长研究"，中国商业出版社 2019 年版，第 104 页。

③ 刘恩媛：《跨境环境损害防治的国际法律问题研究》，知识产权出版社 2018 年版，第 256 页。

因；禁止投资农作物、种畜禽、水产苗种转基因品种选育及其转基因种子（苗）生产；在采矿业，禁止投资稀土、放射性矿产、钨勘查、开采及选矿。未经允许，禁止进入稀土矿区或取得矿山地质资料、矿石样品及生产工艺技术。

（三）保证投资政策的透明度

透明度是判断外资准入国民待遇能否实现的重要标准之一。以 2012 年美国 BIT 范本为例，其以第 14 条"不符措施"结合三个附件列表的形式制定负面清单。第 14 条所指的不符措施主要针对国民待遇、最惠国待遇、履行要求或者高管和董事会条款规定的措施。附件一是国家层面或地方层面采取的不符措施，附件二是在不同产业中采取的不符措施以及将来可能采取的不符措施，附件三是金融服务领域的现行不符措施。

2012 年美国 BIT 范本第 11 条第 1 款规定，缔约方应定期为如何提高双方投资规则透明度进行磋商，磋商内容包括缔约双方制定的足以对投资产生影响的法律、法规以及采取的其他措施，也包括 ISDS 机制。第 11 条第 3.4 款要求缔约方承担公布或公开拟出台的新法规的义务，并且规定缔约方必须解释该法规出台的目的及其依据，允许利益相关方发表实质性意见。缔约方在正式颁布新法规使必须回应这些实质性意见。如此，尊重投资者的立法知情权，保障东道国颁布负面清单的透明度，有利于营造具有可预见性的投资法律环境。但必须指出，这也在一定程度上制约了东道国监管外资的立法权，投资者和利益相关方能够发表实质性意见，已经突破了他们参与规则所调整的通常范围，可能直接影响发展中国家管理经济活动主权的行使，制约调控经济活动的灵活性。①

三、负面清单的典型国际实践

从法律上看，负面清单有国际法意义上的负面清单和国内法意义上的负面清单。前者通常是 BITs 或 FTAs 中列明投资承诺的一种方式，美国、加拿大、澳大利亚等国通常采取此种模式；后者主要是一国政府列明的外资准入特别管理措施，2013 年率先在我国上海自贸区施行的负面清单就属于此类。因此，下文将细致讨论与我国采取相同模式颁布负面清单的国际实践。

（一）菲律宾外资准入负面清单

菲律宾 1991 年《外国投资法》② 第 3 条（g）项规定，负面清单是一项经济活动领域清单，外国投资从事这些经济活动持股比例不得超过 40%。但是负面

---

① 肖林："高标准开放与制度创新：中国自由贸易试验区智库报告（2015—2016）"，格致出版社 2016 年版，第 318 页。

② Foreign Investments Act of 1991, Republic Act No. 7042, 1991.

清单并非适用于所有企业的投资，《外国投资法》第 4 条规定，负面清单不适用于由《一般银行法》和其他法律规制并受中央银行监督的银行以及其他金融机构。

菲律宾将负面清单分为过渡性负面清单和常规性负面清单。其一，过渡性负面清单由 A、B、C 三个部分组成。清单 A 列举的是由宪法和特定法律规定的限制外国投资的领域。清单 B 规定了依照法律监管的经营领域和企业，具体包括以下四方面内容：一是与国防有关的活动须国防部事先批准和授权方可开展，如枪支、弹药、致命武器、军用器械、爆炸物、烟火制品等类似物的制造、修理、储存和/或分销等；二是可能对公共健康和道德带来风险而受到法律监管的活动，如危险药品的生产和经销、任何形式的博彩、夜总会、酒吧、啤酒屋、舞厅、桑拿、蒸汽浴室和按摩诊所等；三是除涉及科学技术部确定的先进技术外，实缴资本低于 50 万美元（或等值数额）的中小型本国企业由菲律宾国民保有；四是利用消耗性自然资源生产的原材料，实缴资本低于 50 万美元（或等值数额）的出口型企业由菲律宾国民保有。清单 C 包括如下内容：一是与货物生产和制造无关的进口和批发活动；二是须获取许可证或特定授权，并受投资委员会和证券交易委员会以外政府机构持续监管的服务；三是外国许可方和/或其附属机构持有大部分股权的企业，在许可协议期限内，根据该许可方的技术、关窍和/或品牌名称许可，由菲律宾国民生产的用于本国市场的组装、加工或制造货物。[①]

《外国投资法》第 15 条规定，在过渡期结束后，第 1 版常规性负面清单应替代原有的过渡性负面清单，并且修订常规性负面清单的频率至多每两年一次。常规性负面清单与过渡性负面清单一样，由清单 A、B、C 三个部分组成。常规性负面清单中的 A 和 B 两部分与过渡性负面清单中 A 和 B 两个部分，仅是语言表述上的差异，具体内容差别不大。但常规性负面清单中清单 C 完全不同于过渡性负面清单中清单 C。常规性负面清单中清单 C 仅包括当时已有企业能满足经济和消费者需求从而不需要外国投资的领域。

1996 年，菲律宾修改了第 1 版常规性负面清单，将原有的 A、B、C 三部分调整为 A、B 两部分。清单 B 将原有实缴资本少于 50 万美元降低到 20 万美元，即规定实缴资本低于 20 万美元的内销型中小企业保留给菲律宾国民。但如其经营事项经科学技术部判定为高科技领域的，或直接雇佣不低于 50 名员工的，允许非菲律宾国民设立实缴资本不低于 10 万美元的企业。此外，还删除了对实缴

---

① 参见屈文生、万立："菲律宾外国投资法令"，载《上海法学研究》2020 年第 10 卷，第 15—20 页。

资本少于 50 万美元的资源消耗型出口型企业保留给菲律宾国民的规定。①

截至 2020 年，菲律宾已经发布了第 11 版负面清单。部分商务人士表示，与第 10 版负面清单相比，这版最新的负面清单只有"适度增长"，总体来看它没有达到国家经济发展署所追求的"积极"变化。负面清单只是个清单，它无法改变法律规定。在第 11 版负面清单中，外国投资者参与当地资金支持的公共工程以及私人无线电通信网络的建设和维修的持股比例也增加到 40%，此前分别为 25% 和 20%。但本地零售市场的进入壁垒仍然是相同的，这仍然有利于小型本地企业。在负面清单发布之前，经济发展署署长佩尼亚表示，政府正计划将目前在该国开店的外国零售商的实缴资本要求从 250 万美元降低到 20 万美元。贸工部长洛佩兹也表示支持降低门槛，但他表示它不包括在负面清单中，因为这需要修改法律。尽管如此，菲律宾零售商协会副主席罗伯托·克劳迪奥称这是"菲律宾小零售商的胜利"。②

（二）印度尼西亚外资准入负面清单

印度尼西亚外资管理制度建设经历了从正面清单向负面清单的转变过程。第一阶段，印度尼西亚对外资准入采用正面清单的方式，列明鼓励投资的行业；第二阶段是从 1995 年开始，以负面清单的方式列出禁止外资投资的行业；第三阶段则是从 2007 年开始，印度尼西亚合并了原《国内投资法》和《外国投资法》，颁布《投资法》，③ 对内外资实施通用的负面清单。

2007 年第 76 号总统条例《关于封闭行业和有条件开放行业清单的标准与条件》④ 规定负面清单分为两类：一类是绝对禁止的封闭行业；另一类是有条件开放的行业，但其投资行为必须符合相关限制性规定，所有规定对国内外投资者一视同仁。同时，该条例还对负面清单的制定目的、制定原则、两类行业的限制标准、限制方式等作出了清晰而具体的说明，弥补了《投资法》中笼统性规范的不足，不仅有利于投资者理解负面清单，而且对规则制定者修订清单作出了具有法律约束力的指导和规制，具有可操作性，便于审查。⑤

印度尼西亚负面清单于 2000 年、2007 年、2010 年、2016 年和 2018 年进行

---

① 参见申海平："菲律宾外国投资'负面清单'发展之启示"，载《法学》2014 年第 9 期，第 37—38 页。

② 商务部："菲律宾颁布第 11 版外国投资负面清单"，载新华丝路官网：https://www.imsilkroad.com/news/p/117297.html，2020 年 10 月 20 日访问。

③ Indonesian Law No. 25/2007 on Capital Investment (Investment Law), 2007.

④ The Presidential Regulation of The Republic of Indonesia No. 76/2007 Regarding The Criteria and Establishment of Closed Business Line and Open Business with Conditions in Respect of Capital Investment, 2007.

⑤ 顾晨："印度尼西亚'负面清单'改革之经验"，载《法学》2014 年第 9 期，第 44 页。

了大幅修改。2018年版负面清单大幅放宽外资准入或持股比例。外国投资者可以在互联网服务、制药、针灸服务设施、商业性画廊、艺术表演画廊及旅游开发等行业拥有100%股权。此次被排除出投资负面清单的有五大领域54项业务，允许外国投资者拥有100%股权。这些投资领域包括制药行业、针灸服务设施、艺术表演画廊、商业性画廊、旅游业开发、市场调研服务；包括固定电信网络、移动电信网络、电信服务内容、互联网接入、信息服务中心或呼叫中心等在内的数据通信服务；海上石油天然气钻井、地热钻井、地热发电厂、职业培训、征信调查等。印尼经济统筹部长达尔敏表示，希望该项投资放宽政策能够吸引更多的外商投资印尼。本轮投资负面清单调整是印尼政府推出第16套经济改革措施的重要内容。该套经济改革措施还包括减税、出口收入回流等措施，意在增加外国投资者信心和弥补贸易逆差。[①]

（三）印度外资准入负面清单

自20世纪80年代开始，印度开始允许外资经过严格审批程序进入本国市场。印度外资准入政策发展历程与我国比较相似，大致可以分为四个阶段：

第一，初始阶段。印度认识到外资对实现国家工业化的重要价值，允许外资在符合国家利益的条件下进入本国市场。而且企业所有权和有效控制权仍然应当留在印度国民手中。这一阶段外国公司被鼓励在包括化肥、机器制造等行业投资，特别对跨国石油公司提供税收优惠政策。

第二，正面清单阶段。在鼓励投资的行业中，经过严格审批程序允许外资进入本国市场。在这一阶段，印度设立了垄断与限制贸易行为委员会。该机构对外商投资的规模、产品和服务定价等实施限制。1973年的《外资证券法》限制外商持股比例为70%，在技术密集、出口密集和核心产业这个比例可提升至74%。

第三，逐步开放阶段。依据1991年7月公布的"产业政策公告"，在符合一定条件的前提下，外资被允许在35个优先产业按照自动许可程序进入，最高持股比例可达51%，如外资技术合作。与此同时，印度又对所有外资企业加诸了盈利和资本负债平衡的条件。因此举饱受批评，印度于次年宣布仅对22种产品适用此条件。1996年外资准入自动许可程序从35个产业扩大到111个，外资持股比例限制分为四大类（A类：50%；B类：51%；C类：74%；D类：100%）。成立"外资促进委员会"统一管理外资审查。

第四，负面清单阶段。自2000年开始，印度推行外资准入负面清单，禁止和限制外资进入清单列明的行业，而对于清单以外的行业，外资可以依据自动许

[①] 中华人民共和国驻印度尼西亚共和国大使馆经济商务处："印尼政府修订投资负面清单，大力吸引外资"，载驻印度尼西亚经济商务处官网：http://id.mofcom.gov.cn/article/sxtz/201812/20181202813142.shtml，2020年10月20日访问。

可程序进入本国市场。在一些行业和部门还放宽了外资持股比例，如电信服务的外资持股比例从原来的49%上升为74%。自2009年起由印度国民拥有和控制的合资公司享有准入前国民待遇，可以投资所有行业（保险业除外），不受负面清单限制。

负面清单禁止进入的行业包括除单一品牌零售以外的零售贸易、原子能、彩票和博彩。此外，负面清单从三个方面限制外资进入本国市场，包括持股比例限制、准入许可程序和附加条件。其中，持股比例限制有四种：26%、49%、51%和74%。这些比例上限的设定是为了与1956年的《公司法》配套。按照印度政府的解释，26%以上的股份才能阻止某些特定的公司决策；49%意味着不能控股；51%以上意味着能够控制公司的一般决策；74%以上则能阻止特别重大的公司决策。[1]

2017年印商工部部长希塔拉曼在接受印度《经济时报》采访时表示，印度外国直接投资一直保持强劲增长势头：2016年4月至11月，印度吸引外资总额达160亿美元，较去年同期的88亿美元增长82%；仅11月当月，印度吸引外资60亿美元，同比增长48%。希塔拉曼称，政府致力于优化营商环境，将不断降低外资准入门槛，除小范围负面清单外，将对其余领域外商投资100%开放。商工部将召集包括商协会、业界代表、金融机构等在内的各利益相关方开会，以敲定进一步开放门户的政策细节。[2]

（四）越南外资准入负面清单

1986年越南宣布进行市场经济改革，次年即发布了《外商投资法》，此法随后经历了五次修订，直到被《投资法》取代。从最初的进口替代转向出口导向，从最先的多头冗长管理到之后简明统一的管理，越南的开放道路与我国有很大的相似之处。2005年11月，越南颁布了《投资法》，[3] 将内外资待遇统一起来。该法以及之后的新企业法都是越南为履行WTO关于最惠国待遇和国民待遇的要求。尽管《投资法》适用于内外资企业，对外资准入仍然有区别于内资企业的条款。该法采用了负面清单模式，列出了附条件准入的领域。对于负面清单以外的领域，约3000亿越南盾（约2000万美元）以下的外商投资项目无须获得政府许可，即可进入越南市场。这意味着，数额巨大的非负面清单投资和负面清单投

---

[1] 王中美："'负面清单'转型经验的国际比较及对中国的借鉴意义"，载《国际经贸探索》2014年第9期，第77页。

[2] 中华人民共和国驻印度共和国大使馆经济商务处："印度2016年4-11月FDI增长82%"，载驻印度经济商务处官网：http://in.mofcom.gov.cn/article/jmxw/201702/20170202513093.shtml，2020年10月20日访问。

[3] Law on Investment, Law No. 59-2005-QH11, 2005.

资，仍然须报经政府同意。前者的审查期限是 15 天，后者则为 30 天。必须注明的是，即使是本地投资者，超过 3000 亿越南盾的外商投资项目也要获得投资许可证。有意思的是，越南规定所有合资企业中，外商持股比例必须超过 30%。①

2020 年 6 月，越南国会通过对《投资法》的修订和重述，② 标志着越南外国投资政策自 2014 年该法案最后一次修订以来发生的一次重大转变。经修订的《投资法》于 2021 年 1 月 1 日起生效，经修订的《企业法》和新《公私合营法》也将同时生效。可以说，对支撑越南投资活动的这些关键法律进行全面改革，是越南政府针对继续吸引外国直接投资资本流入所作出的战略性努力。2019 年，越南外国直接投资资本的增长率创历史新高，达到 382 亿美元。

新修订的《投资法》仍然采用负面清单的方式确定限制或禁止外国投资者参与的所有行业领域和业务，未列入清单中的行业领域和业务将以与越南投资者相同的市场准入条件向外国投资者开放。外国投资者只需检查其目标业务是否属于限制准入或有条件准入清单，而这两项清单都将根据越南国内法律及其所加入的国际协定来确定。针对外国投资者的市场准入条件包括：外资所有权上限；外国投资的形式；投资活动的范围；投资者的角色/身份；及相关监管部门规定的其他条件。目前约有 11 个受此类条件约束的行业领域已从有条件准入清单中移除，包括特许经营、物流和货运代理服务等。部分行业领域已被列入有条件准入清单，包括清洁水生产和供应等。此外，目前在越南经营某些有条件准入的行业（如教育、物流、电子商务和药品销售）的外资企业通常利用低于 51% 的控股结构享受作为本地企业经营的灵活性和好处。新修订的《投资法》要求这些企业如果希望继续作为越南公司开展经营，就必须将外资所有权的比例减少到 50%。

四、负面清单国际实践对我国的启示

负面清单模式最初是国际贸易条约、国际投资条约谈判中采用的准入谈判的方式，主要由美国等发达国家率先采用并推进，目的是促使发展中国家更大程度地打开国门。发展中国家在参与和签署这些协定时，必须承诺按负面清单的模式改革国内投资政策。于是包括亚洲、拉美、中东等地的许多发展中国家都经历了外资准入正面清单到负面清单模式的转型。对于较小的经济体来说，负面清单带来的冲击比想象的小。大多数转型国家都将包括国家安全、能源、传媒、基础网络等战略性行业纳入负面清单，尽管如此，各国负面清单的长短和分类方式仍然有很大差别。另外，限制的条件包括股本比例、存续年限、合资要求或股份转让

---

① 王中美："'负面清单'转型经验的国际比较及对中国的借鉴意义"，载《国际经贸探索》2014 年第 9 期，第 78 页。

② Law on Investment, Law No. 61/2020/QH14, 2020.

要求等，不一而足。最大的差别还在于审批程序问题。列入负面清单的投资一般都要求事前审批，但有些国家如菲律宾只要求超出限制的投资才需要审批，否则依然按自动程序。未列入负面清单的，一般即可自动经营，但有些国家如印度要求外汇备案，有些国家如越南则要求巨额投资仍然需审批。

必须承认，采用负面清单模式的国家在大体形式上达到了国际投资谈判的要求，但仍然对外资准入设置了诸多限制和实质性的障碍。所以，已经采用"准入前国民待遇＋负面清单"模式的发展中国家往往都被鼓励继续改革，而能被发达国家认同为"无可指摘的开放"的实践并不普遍。负面清单只是朝向更公平的投资竞争环境的重要一步。①

（一）统一两张负面清单

菲律宾、印度尼西亚、印度及越南等国的负面清单将市场准入负面清单和外商投资负面清单集中于一张清单之中，这对于投资者而言具有便利性。反观我国两张清单，对于国内投资者而言，只需查阅市场准入负面清单即可；但对外国投资者而言，要首先查阅外商投资负面清单，待获得审批或者备案后还需查阅市场准入负面清单，方能确定是否可以投资。因而，我国外商投资负面清单还是难以实现对外国投资者"非禁即入"的效果。鉴于目前我国已从2018年起正式实行全国统一的市场准入负面清单制度。因此，可以考虑在市场准入负面清单制度实施3至5年后，在该制度和目前的外商投资负面清单制度更趋完善之时，将外商投资负面清单纳入市场准入负面清单之中，一体化制定两张清单。

（二）以行政法规的形式发布市场准入负面清单

明确市场准入负面清单的法律地位，有助于行政机关在行政管理中对清单的准确把握和实施，也有利于法院在审理具体案件中的准确适用。目前，我国法律、行政法规中都未出现规制市场准入负面清单的有关规定，市场准入负面清单的法律地位尚不明晰。《国务院关于实行市场准入负面清单制度的意见》规定的制定程序中，既有"市场准入负面清单由国务院统一制定发布"，又有"地方政府需进行调整的，由省级人民政府报国务院批准"和"发展改革委、商务部牵头汇总、审查形成统一的市场准入负面清单，报国务院批准后实施"等规定。目前，适用于自由贸易试验区的外商投资准入特别管理措施（负面清单）为经国务院同意后由国务院办公厅印发。市场准入负面清单的发布是否会采取自贸试验区负面清单的模式，目前还难以断定。

如果沿着适用于自贸试验区发布模式，市场准入负面清单将由国务院办公厅

---

① 王中美："'负面清单'转型经验的国际比较及对中国的借鉴意义"，载《国际经贸探索》2014年第9期，第79页。

发布。这在实践中可能引发对市场准入负面清单如何适用的不同认识,难以使其提供本应有的法律上的确定性。为明确市场准入负面清单的法律地位,建议国务院以行政法规形式发布市场准入负面清单,由此负面清单成为正式的法律渊源,在法律适用中能达到位阶分明的效果。[①]

(三) 对负面清单的修改周期作出安排

菲律宾在法律中明确修订常规性负面清单的频率不超过每两年一次,于外国投资者而言具有可预期性。我国从2013年推出第一张外商投资负面清单开始至今,外商投资负面清单已经经历了多次修订。2020年的修订按照只减不增的原则,进一步缩减外商投资负面清单。其中全国负面清单由40条减至33条,自贸区负面清单由37条减至30条。新开放的领域体现了产业的国家战略调整,对计划进入或深耕这些领域的外国投资者来说,这意味着新的投资机会和公平的竞争环境,对已从事这些领域的我国本土企业来说,这更意味着来自全球竞争的挑战。负面清单的压缩和股比限制的取消或放松促进了外资的流入。在2020年4月1日全国范围内取消证券公司和基金管理公司外资股比限制的当天,路博迈和贝莱德两家知名的资产管理公司就向中国监管部门提交了在中国设立外商独资公募基金公司的申请。

鉴于外商投资负面清单制度在我国是一项制度创新,为提高外商投资负面清单的确定性,我国对负面清单的发布时间和修改周期宜早作安排。建议在外商投资负面清单制度实施初期规定应当每年定期修改并发布,既维护负面清单的确定性,也兼顾负面清单实施前期不断完善的需要。

第三节 可持续发展与海外投资保险制度

一、海外投资保险制度的内涵

海外投资保险制度又称海外投资保证制度。美国习惯将其称作前者(insurance),而世界银行多边投资担保机构(Multilateral Investment Guarantee Agency,以下简称MIGA)则用后者(guarantee)。目前来看,各国将投资保险与投资保证混同使用。鉴于美国首创了海外投资保险制度,因此本节统一使用"海外投资保险制度",不再特意区分。

[①] 申海平:"市场准入负面清单的印度尼西亚经验及其启示",载《东方法学》2018年第4期,第148—149页。

海外投资保险制度借鉴了一般商业保险制度的职能，为满足海外投资者合理预判、化解投资风险的需要，率先在发达国家兴起。第二次世界大战后，美国在"欧洲复兴计划"的投资保证方案中提出了海外投资保险制度，即由国家对本国海外投资者在东道国可能遇到的政治风险提供保险。投资者向本国政府支持的投资保险机构申请保险后，如果承保的政治风险发生而使海外投资者遭受损失，则先由该国内承保机构补偿其损失，该机构在补偿损失后便取得代位索赔权，然后再根据 BITs 向引起政治风险发生的东道国政府追偿。这种制度经过半个多世纪的实践，已被各主要资本输出国广泛应用，被公认为是当今促进境外投资和保护国际投资的通行做法和有效制度，并在国际投资活动中扮演着越来越重要的角色。[1]

海外投资保险制度具有独特性。被保险人只限于海外私人投资者，保险标的仅限于海外私人投资。然而，由于海外投资保险制度起源于一般商业保险的理念，所以一般商业保险制度中，有关保险合同的签订及解释、代位权、索赔与理赔程序、争议解决、保险法的一般原则等基本概念也适用于海外投资保险制度。

海外投资保险制度具有国际性，其运转和实现都以 BITs 或 FTAs 等国际条约为依据。由于政治风险是东道国政府引致的，海外投资保险机构需要对抗的是东道国政府，保险机构在赔付投保人并获得代位权之后，其追偿对象也是东道国政府。保险机构代位权的行使，东道国政府对保险机构代位权的承认，都要依据投资者母国与东道国签订的含有代位权条款的 BITs、FTAs 等。

但是，对于未建立海外投资保险制度的缔约国来说，投资者在海外遭遇政治风险后，会涉及三方关系：一是投资者向东道国求偿；二是如果求偿不成功，投资者转而向其母国请求外交保护；三是投资者母国选择行使外交保护权后，由投资者母国向东道国追偿。这三方关系无疑是微妙的，一方面，投资者与东道国地位不平等，投资者往往难以向东道国政府求偿成功；另一方面，投资者母国对于是否要行使外交保护权具有选择权，难以确定母国是否会应投资者请求与东道国正面对抗，因为这涉及两国之间的政治和外交关系。而海外投资保险制度在这三方关系中，加入了承保机构，使其发生了转变。首先，投资者因政治风险发生损失后，不必直接向东道国求偿，可以转而向保险机构求偿；其次，投资者母国也避免直接介入投资者与东道国的纠纷，省去引发外交关系恶化、破裂的麻烦；最后，保险机构作为非当事方，隔离并缓冲了其中的矛盾，能够较妥善地解决原本棘手的问题。[2] 事实上，海外投资保险机构行使代位求偿权对东道国索赔的过

---

[1] 何芳："论我国海外投资保险制度及其立法"，载《江西社会科学》2012 年第 8 期，第 143 页。
[2] 曾华群、余劲松：《促进与保护：我国海外投资的法制》，北京大学出版社 2017 年版，第 6—7 页。

程，其实也就是投资者通过法律程序间接进行投资保护的过程，海外投资保险制度的设计实现了从投资者私力救济到投资国公力救济的转化。

国际投资法视域中的海外投资保险制度既涉及国内法律规范，又涉及国际法律规范。从国内法角度来看，海外投资保险制度属于政策性金融的范畴，主要的发达国家，如美、日、德、澳等国都有相当完备的海外投资保险制度，在大部分国家国内法中海外投资保险制度必须和国际法意义上的该制度相结合使用。目前主要发达国家的海外投资保险机构主要从事三种政治风险的保证，即战乱险、征收险和汇兑险，个别国家还设置了政府违约险。从国际法角度来看，海外投资保险制度的法律渊源主要有两类，一是 BITs；二是《多边投资担保机构公约》(Convention Establishing the Multilateral Investment Guarantee Agency，以下简称《汉城公约》)①。

BITs 作为一个综合性的双边条约，在内容上虽然不单单只涉及海外投资保险，但其中的"双方互相承认海外投资保险机构的代位求偿权"条款，却恰恰是海外投资保险机构取得国际法意义上的合法的代位求偿权的唯一依据。《汉城公约》建立了世界上最大海外投资保险机构——MIGA。MIGA 的会员国首先必须是世界银行成员国，并且分为两类：发达国家会员国以及发展中国家会员国。MIGA 的法定资本为 10 亿单位特别提款权。MIGA 承保的范围是私人投资者向发展中国家投资时可能遭遇的各种政治风险，包括货币汇兑险、国有化或征收险、战争或内乱险、政府违约险。其中违约险承保的范围是，东道国政府不履行或违反与投保人签订的合同，并且被保险人无法求助于司法或仲裁机关对其提出的有关诉讼作出裁决；或该司法或仲裁机关未能在担保合同根据机构的细则所规定的合理期限内作出裁决；或虽有这样的裁决但未能执行。由此可见，违约险不仅强调东道国政府违约，而且强调拒绝司法。在 MIGA 框架下，合格投资既包括股权投资，也包括非股权直接投资（通过各种合同安排所进行的投资），以及股权持有人在有关企业中所发放或担保的中长期贷款，但在任何情况下，出口信贷均不在 MIGA 的担保范围之内。合格投资者包括自然人、法人。自然人应为具有东道国之外某一会员国国籍的国民；法人一般情况下也应为东道国以外的其他会员国的法人；在东道国以外的某一会员国注册并在该国设有主要业务的法人；多数资本为东道国以外的某一会员国或几个会员国或其国民所有。无论其是否为私人所有，只要在商业基础上经营即可。合格东道国指发展中国家，目的是促进资本向发展中国家流动，投资者母国无限定。MIGA 对投保人赔付享有代位求偿权，东道国不可主张豁免。可见，该机构具有去政治化倾向，为流向发展中国家的海外

---

① Convention Establishing the Multilateral Investment Guarantee Agency, 1508 U. N. T. S. 99, 1985.

投资提供海外投资保险,并对各国的海外投资保险业务进行"拾遗补缺",在国际投资领域具有广泛的影响力。①

二、可持续发展目标下海外投资保险制度的定位

海外投资保险制度对实现可持续发展的投资具有重要意义,这一制度的缺失或存在缺陷将掣肘投资的可持续性。以"一带一路"沿线国家为例。"一带一路"沿线的65个国家多数为发展中国家,投资潜力巨大,但是数据表明我国对"一带一路"沿线国家境内投资始终保持稳定,未见大幅提升,特别是2016年我国对外投资大幅提升的背景下,对"一带一路"沿线国家投资不升反降,这和沿线国家境内存在的诸多不稳定因素有关,如政权不够稳定、地缘冲突频繁、国家法治不健全等。面对沿线国家的投资环境,投资者往往会保持谨慎态度。2017年,中国出口信用保险公司(以下简称中信保)发布的《"一带一路"沿线65个国家风险状况分析》表明:"一带一路"沿线国家风险评级为5级至9级的高达84%。海外投资风险按照是否能由投资企业预测和控制,可分为政治风险和非政治风险。非政治风险在一定程度上可由企业预测和控制,如商业风险和法律风险等;政治风险是对外直接投资受到东道国政府政策约束的可能性,即由于东道国政府政治或政策变动或不稳定性,导致本国投资利益变动的不确定性,主要包括外汇险、征收或国有化险、战争险、违约险等。政治风险属于企业难以预测并不能控制的风险,一旦发生,往往给投资者造成巨大损失。我国投资者参与国际投资的历史较短,应对政治风险的经验不足,防范能力有限,政治风险早已成为我国企业国际投资面临的第一风险。② 此外,根据中信保最新发布的2019年《国家风险分析报告》,2019年1月至9月,中信保承保金额超过4500亿美元,向客户支持赔款超过8亿美元,业务风险总体可控。中信保承保数据显示,从企业层面看,我国企业外经贸活动面临的最大风险是海外买方拖欠款项,同时,买方拒收、破产致损金额明显增长。从行业层面看,轻工业、纺织业、电子信息行业风险水平较高,电子信息行业风险上升趋势最为显著。从国别层面看,受中美贸易摩擦、英国脱欧以及欧洲选举等因素影响,部分行业破产事件增多。③

当前,世界经济仍处于深度调整变化之中,不稳定不确定因素较多。因此,我们有必要思考如何基于实现投资的可持续性这一目的,建立海外投资保险制

---

① 何芳:"论我国海外投资保险制度及其立法",载《江西社会科学》2012年第8期,第144页。
② 郭玲:"'一带一路'背景下我国海外投资保险制度的立法构想",载《西南金融》2019年第8期,第11页。
③ 秦雪璠:"中国信保发布2019年《国家风险分析报告》",载新华网:http://www.xinhuanet.com//money/2019-10/12/c_1125094439.htm,2020年10月24日访问。

度，以推动外贸稳增长调结构、服务共建"一带一路"、防范化解风险。

（一）适保的东道国

实践中，一国决定哪些国家可以作为适保的东道国一般考虑三项要素：第一，母国本身的对外经济政策与政治外交战略。如果母国积极推动经济对外扩张活动，就会鼓励本国投资者向发达国家和发展中国家投资。第二，东道国的国内经济环境。相较于发展中国家，发达国家的投资环境较好，国内法治较健全，那么发生政治风险的概率就较低。但是本着"高风险高回报"的理念，发达国家还是会支持本国投资者的海外投资活动，同时使用海外投资保险方式防范政治风险，并且补偿投资者可能遭受的损失，从而鼓励投资者向发展中国家进行投资。第三，母国与东道国之间的关系。如果母国与东道国有着良好的外交关系，母国投资者面临的政治风险就会减轻。即便发生风险，母国保险机构赔付后，母国行使外交保护权向东道国追偿也相对容易。如果两国订有 BIT，在风险发生后，承保机构可以依据 BIT 中的代位权条款直接向东道国索赔。①

这三项要素可以概括为确定适保东道国的两个标准：一是东道国的国家类型；二是母国与东道国是否签订 BIT。其一，就东道国的国家类型而言。一些国家不区分东道国的国家类型，无论发达国家还是发展中国家，都是适保的东道国；另一些国家只承保投往发展中国家的投资。鉴于可持续发展理念要求投资具有可持续性，并且提倡投资活动为东道国经济发展带来正面影响，实现人类社会的共同繁荣。因此，适保的东道国应以发展中国家为首选，以促进和鼓励私人资本流向欠发达的国家和地区以及经济转型国家。但同时，也可以放宽至发达国家。当今世界政治经济风云突变，发达国家发生政治风险的情况也不少见，如政府违约、禁兑和征收等。其二，就是否以母国和东道国签订 BIT 为前提条件而言。一些国家要求母国与东道国订有 BIT；另一些国家无此要求；还有一些国家虽不要求签订 BIT，但是会适当考虑东道国的国内法律完善情况。根据 UNCTAD 的统计，截至 2020 年 6 月，现有国际投资条约总量为 3284 件，其中 BITs 数量为 2895，② 约占国际投资条约总量的 88%。可见，BITs 是各国促进和保护双向投资的首选，并且能够覆盖大部分的国际投资活动。所以，可以考虑不对母国与东道国签订 BIT 作要求，以更加灵活的方式，确定适保的东道国，以适应不同东道国的具体国情。

（二）适保的投资者

美国是海外投资保险制度的创始国，其宗旨是保护美国公民利益，因此，不

---

① 参见曾华群、余劲松：《促进与保护：我国海外投资的法制》，北京大学出版社 2017 年版，第 36—37 页。

② UNCTAD, World Investment Report 2020, 16 June 2020, p. 106.

区分自然人和法人，一律属于适保范围。适保的投资者包括美国公民，依据美国法律（包括州法律）登记成立并主要由美国公民拥有的公司、合伙企业或其他社团，以及完全由美籍公民、美籍公司拥有的具有外国国籍的公司、合伙企业或其他社团。如果该外国公司的股票由非美国人认购，但只要持股比例不超过5%，不影响其投保资格。澳大利亚对适保的投资者也几乎没有限制，其立法简单规定在澳大利亚从事商业活动的人，以及该人实质性持有股份的公司，均可投保。加拿大法律虽未规定适保的投资者范围，但是在实践中，只要是在加拿大从事商务的人，均可投保。无论其是否具有加拿大国籍或永久居民身份，但是法人注册地必须是加拿大。我国中信保对适保的投资者限定为中资企业及银行，不包括自然人。① 鉴于自然人也是中外 BITs 保护的投资者，建议将个人投资者纳入承保范围。此外，中外 BITs 中往往使用"企业"或"实体"一词指代公司、基金会、信托、社团、协会以及合伙、机构、合资企业等，无论其是否以营利为目的，也不论其责任形式是有限责任还是其他形式。因此，从促进投资，实现投资的可持续性角度出发，建议对于法人的范围适当放宽，不局限于国有企业及金融机构，注意到私营企业、私人投资者对外投资活动不断拓展，将其纳入承保范围，也是实现国内法治与国际法治良性互动的应有之义。

（三）承保的险别

承保的险别即保险机构对哪些非商业风险提供保险和保证。一般而言，大多数国家将三种基本政治风险和违约险作为承保的险别，即汇兑险、征收险、战争及政治暴乱险和政府违约险。一方面，政治风险是指东道国政府在跨国企业经营中突然改变国内政策，从而使得投资者权益受损。东道国政局更迭、政策不连续、地缘政治冲突、民族主义和宗教意识形态冲突、地区和局部战争、战乱和恐怖主义威胁等都能造成政治风险。在企业对外直接投资面临的诸多风险中，政治风险是对外直接投资风险中最主要的风险之一。政治风险可能导致企业面临投资资产的损失、经营终结、收入降低、成本增加、资金无法回流等不利后果。另一方面，违约险是指东道国政府违反与外国投资者订立的合约（如特许协议等），外国投资者无法诉诸司法机关或仲裁救济；或者司法机关或仲裁机构受案后久拖不决；或者作出判决或裁决后得不到执行。违约险由 MIGA 首创，将承保险别从政治风险扩展至其他险种。目前我国中信保承保的险别是三种基本政治风险和东道国政府违约险。这与中外 BITs 中投资待遇条款不无关系，中外 BITs 中基本包含征收条款、资本自由转移条款、战争及内乱条款以及保护伞条款等。从可持续

---

① 曾华群、余劲松：《促进与保护：我国海外投资的法制》，北京大学出版社 2017 年版，第 42 页。

发展的角度来看，我国今后可以根据实际中出现的新的非商业风险，提供更多险种，并且险种的具体定义应与中外 BITs 相关规定相协调。

三、海外投资保险制度的典型立法模式

世界上至少有 29 个国家建立了海外投资保险制度，并有专门的承保机构经营海外投资保险业务。其中，多数国家通过正式立法确立本国的海外投资保险制度并且设有承保机构，另有一些国家没有出台相关立法。各国的立法实践可以归纳为四种模式：合并立法模式、单独立法模式、笼统立法模式和无立法模式。①

（一）合并立法模式

合并立法模式是指针对海外投资保险与出口信用保险进行合并立法。大多数国家采纳这一立法模式，理由是海外投资是出口资本，属于出口信用的范围。美国在《对外援助法》② 中单列一章"海外私人投资公司"，依法正式设立承办机构，明确其法律性质、运转资金来源、组织机构及管理经营范围。投资者承保的条件包括：其一，现有企业的扩大发展及现代化过程所进行的投资；其二，由美国政府所批准承保的在不发达国家和地区进行的投资，且该投资为该公司所认可；其三，该投资项目已经获得东道国政府批准；其四，限于在与美国缔结 BIT 的国家和地区进行的投资项目。日本制定了一部综合性法律，即《贸易保险法》③，成立贸易保险独立行政公司，经营包括海外投资保险在内的各种贸易保险业务。该法规定了投资保险的范围限于外汇险、征用险和战争险三种，具体列明了适格的投资保险对象所应具备的法定条件，保险人与被保险人的权利和义务以及保险费用等内容。其中，适格的投资须满足以下条件：其一，已取得相关有价凭证，这种凭证是为证明此种海外投资已经处于实质准备阶段，如矿业权证明文件、股份证书、抵押权证书等；其二，海外直接投资项目，包括根据东道国法律设立的企业法人，根据国家契约获得矿产开发权、土地使用权之后从日本输入资金进行开发的海外项目；其三，新设项目投资或促进日本对外经济交往的投资项目。④ 与美国不同的是，日本并无要求投资项目指向国必须与日本订立 BIT，但仍要求该国须具有相对完备的投资政策及良好的政治经济环境。此外，英国相

---

① 曾华群、余劲松：《促进与保护：我国海外投资的法制》，北京大学出版社 2017 年版，第 30—32 页。
② Foreign Aid Act, 22 U. S. C. § 2151, 1964.
③ 《贸易保险法》，日本 1950 年法律第六十七号。
④ 参见朱兴龙：《中国对外直接投资的风险及其防范制度研究》，武汉大学 2016 年博士学位论文，第 93 页。

关立法是《出口和投资保证法》①；澳大利亚相关立法是《出口融资和保险公司法》②；南非相关立法是《出口信用和对外投资保险法》③。这一立法模式的共同特点是通过法律成立或授权某一保险机构经营出口信用保险业务，将海外投资保险作为出口信用保险的组成部分，同时通过立法明确适保的投资者、承保的险别以及其他保险条件。合并立法模式的优点是节约立法成本，由出口信用保险机构统一承保对外投资活动。

（二）单独立法模式

单独立法模式是指就海外投资保险制度进行单独立法，不与其他出口信用保险合并立法。采用这一立法模式的典型国家是德国。1959 年德国颁布《联邦预算法》，④ 规定海外投资保险业务由两家国有公司——"黑姆斯信贷担保股份公司"和"信托股份公司"经营，代表联邦政府发表和接受一切有关投资担保的声明，进行为达成这一目的的一切活动。而主管审查和批准保险的机关为经济部、财政部、外交部代表组成的有决议权的委员会、会计审核院和联邦银行代表的咨询委员会，执行则由这两家国有公司负责。⑤ 1993 年，德国制定了《对外投资担保条例》，详细规定了投资担保的原则、条件、申请程序及担保损害处理等内容。在德国，海外投资保险机构予以承保的投资须为绿地投资，应当符合以下两项条件：一是被担保的投资必须能加强德国与发展中国家的关系；二是被担保的投资必须主要是对外从事商品和其他行业物品生产、精炼或零售、运输服务的企业。合格的东道国指经济政治环境较为稳定的国家，不要求与德国签订 BIT。但是实践中，海外投资保险机构更倾向于向已经与德国签订 BIT 的东道国投资的投资者予以承保，以减少不必要的外交保护。此外，海外投资保险机构承保的险别包括征收险、外汇险、战争险、迟延支付险和汇率变化险。⑥

（三）笼统立法模式

笼统立法模式是指在一国保险法中单列"海外投资保险"一章，作为保险法的一部分。法国采用这一做法。法国海外投资保险制度由经济与财政部主管，具体业务由法兰西外贸银行和法兰西对外贸易保险公司负责，分别承担海外工业投资与海外商业投资（主要是扩大产品出口）的保险业务。其中，法兰西外贸银行是国库管辖的以特殊组织形式出现的公营金融机构。这两家承保机构虽然从

---

① Export and Investment Guarantees Act, 1991 c. 67, 1991.
② Export Finance and Insurance Corporation Act, Law No. 148, 1991.
③ Export Credit and Foreign Investments Re-insurance Act, Law No. 23911, 2002.
④ Federal Budget Code, 1959.
⑤ 冯梅、朱畅等：《国际经济法》，华中科技大学出版社 2012 年版，第 153 页。
⑥ 李英、于迪：《国际投资政治风险的防范与救济》，知识产权出版社 2014 年版，第 126 页。

事具体的保险业务，但是保险批准与否取决于政府。政府是法定的保险人，负责审查与批准保险申请的机关是法国对外投资保险委员会。事实上，只有经过法国经济和财政部的同意，对外投资保险委员会才会作出给予保险的决定。在保险关系的三方主体中，经营机构与投保人是保险合同关系，而审批机构与投保人是管理与被管理的关系。① 法国海外投资保险制度只承保政治风险，排除商业风险，并且只限于海外私人直接投资。要求投保人和投保范围符合以下条件：其一，必须是对海外的新投资；其二，必须是法国企业或法国同外国的合资企业；其三，保险范围包括因政治原因造成的损失、无法正常进行的投资活动、拒绝支付和汇兑以及国有化风险；其四，保险金可达投资额的95%，保险期限一般是15年，最长不超过20年。②

（四）无立法模式

无立法模式指一国尚未针对海外投资保险进行专门立法，也未在出口信用保险立法中明确提及海外投资保险，更没有就承保范围、适保的东道国、适保的投资者等内容进行规定，但是其出口信用机构实际经营海外投资保险业务。奥地利采取此种模式。在奥地利，由财政部代表奥地利政府提供投资保险，财政部是担保人。财政部指定奥地利监督银行作为代理人，充当出口信贷机构，经营出口保证业务，其中包括海外投资保险。我国亦采此种模式。中信保是承保机构，但是缺乏法律的明确授权，其开展保险业务也缺乏上位法依据，在一定程度上影响海外投资保险业务的便利开展。

四、国外海外投资保险制度的实践对我国的启示

美国早在1948年即建立了海外投资保险制度，第二次世界大战后实施复兴欧洲经济的马歇尔计划的产物，旨在保护私有机构的海外投资不受国有化征收、战乱等政治风险影响。随着美国对外经济援助重心转移到亚非拉发展中国家，美国海外投资保险的承保地区随之扩大到世界各地。美国政府成立的独立保险机构海外私人投资公司和商业保险机构一道，保障了美国私人企业对外投资的安全。经过数年的发展，美国的海外投资保险制度逐步完善，险种也从单纯的外汇兑换险扩大到外汇兑换险、国有化征收险、政治暴力险和营业中断险共四种。2001年"9·11"事件后，美国海外私人投资公司更是推出了独立的"恐怖主义险"，以应对日益增长的海外恐怖主义威胁。其他险别还包括针对年收入少于2.5亿美元的美国海外小企业提供的理赔速度更快、保费更低的保险；针对诸如金融贷

---

① 许桂红：《保险学》，东南大学出版社2010年版，第231页。
② 黄红英：《对法国出口指南》，中国经济出版社1993年版，第103页。

款、石油、天然气及其他自然资源,承包商、出口商等特殊类型的投资及投资者提供的特别保险。

许多 OECD 成员国纷纷效仿,如英国的出口信用担保局和加拿大出口发展公司等,促进了国际资本流动和世界经济的发展。而我国自 1988 年中信保首次经营海外投资保险业务以来,虽然也已建立起海外投资保险制度,但随着经济、政治的发展,海外投资保险存在的问题不断凸显。

第一,主体结构不健全。目前,我国海外投资保险制度最为显著的问题就是承保主体太单一,仅有中信保一家海外投资保险公司。从表面上看,该海外投资保险机构与国内其他类型的保险机构几乎无差,但是其实质是由国家运营的,不以营利为目的,其性质为"政府保证",目的在于促进海外投资。政府保证固然有承保能力强、信用度高等优点,但政府保证的本质就是将海外投资的风险转由母国的纳税人承担,从根本上来说,对于母国的纳税人是不公平的,是不符合市场经济的要求的。此外,承保能力也相对不足。2018 年 1 月至 9 月,我国境内投资者累计实现投资 820.2 亿美元,同比增长 5.1%,共对全球 155 个国家和地区的 4597 家境外企业进行了非金融类直接投资。我国企业在"一带一路"沿线国家新增投资 107.8 亿美元,同比增长 12.3%。目前我国仅有一家海外投资保险机构,而 MIGA 的承保额度最多只能达到 7.2 亿美元,各个项目的限额为 2.2 亿美元。在中国发展高层论坛 2017 年年会上,多位企业嘉宾表示,预计 2020 年之前"一带一路"沿线国家基础设施建设的需求将达到 8 万亿美元,相对于目前我国对外投资蓬勃发展的现象,国内和国际海外投资保险机构的承保能力明显不足,今后必定难以满足我国对外投资融资需求。

第二,相关立法滞后。从海外投资保险业务开办至今已有三十余年,我国仍未有任何一部法律、法规中对海外投资保险制度作出规定,仅通过一系列通知类的部门规章对出口信用保险(含海外投资保险)进行管理。此外,当前对我国海外投资保险制度相关承保对象、范围等有所规定的是中信保制定的《海外投资投保指南》。但是中信保仅是一个不具有立法主体资格的政策性金融机构,其制定的业务指南仅能对海外投资保险业务进行一般性的指导,而不具有法律约束力。法律规定的滞后使得在构建我国海外投资保险制度以及处理海外投资保险案件时无法可依,在一定程度上会使我国海外投资保险制度的发展进程趋于缓慢。

第三,投保程序复杂。目前国内海外投资须经国资委、发改委、商务部及财政部等部委审批,虽然取消了外管局审批,改由贷款银行代企业在外管局进行备案登记,但程序依旧复杂,需耗费较长的时间。复杂的投保程序、巨大的时间成本令众多的投保人望而却步。此外,承保门槛也很高。要求担保申请人具有较强的综合实力、信用状况良好;如果基础交易为出口贸易或"走出去"项目,要求担保申请人具有海外业务经验,履约能力强等。对于一些正在发展中的中小企业来说，很难通过其高标准的信用评审、业务评审。

鉴于"一带一路"倡议提出后，中信保承保的海外投资项目大幅增长，既体现出我国投资者寻求投资保障的迫切需求，也说明我国已经认识到海外投资保险制度在促进对"一带一路"沿线国家投资方面具有非常重要的作用。我们有必要完善我国海外投资保险制度。一方面，考虑到经济制裁在"美国优先"执政理念的主导下愈演愈烈，成为美国强力推行美国式的经济发展模式和强权政治的工具，因此经济制裁应属政治风险，我们可以特别设立"经济制裁险"险种，如果投资者因东道国发生经济制裁等政治风险而遭受损失，应该按程序获得承保机构的赔偿。另一方面，适当简化投保程序，不仅有利于降低投保人的时间成本，也有利于增加投保量。我们可以从以下几个方面入手：第一，适当缩短审批时间。在投资等经济型活动中，较长的审批时间可能会使投资者丧失大好的投资商机。第二，减少不必要的审批程序。实践中，由于程序烦琐，需要多部门多层级审批，跨度较大，使得审批时间增长，进而使投保人放弃投保。在实践中，可以通过取消一些不必要的审批程序、联合办公等方式来降低海外投资保险投保的时间成本。第三，立法模式可以参考美国和日本的混合立法模式，因为我国目前已经组建了中信保专门开展出口信用保险业务，本身包含海外投资保险业务，也积累了丰富的实践经验，不宜再采取单独立法模式，将海外投资保险从出口信用保险剥离出去单独立法。

第三章

可持续发展的国际投资条约

国际投资条约是国际投资法的重要组成部分。国际投资条约的发展经历了一个漫长的历史过程。第一阶段是20世纪初至20世纪40年代,各国经济交往的重心在于建立贸易关系,因此这一时期缔结的投资条约多为美式FCNs,主要以财产保护条款实现外资保护,但武力和外交仍然是保护外国投资的主要手段;第二阶段是20世纪40年代至20世纪90年代初期,GATT的成立使双边条约的重心由贸易转向投资,BITs开始发展,其核心价值在于保护海外投资免因政治风险而遭受损失;第三阶段是20世纪90年代至21世纪,不仅BITs数量剧增,含有投资章节的FTAs在全球范围内兴起,投资自由化、便利化,并且投资与贸易相融合已经成为国际投资法新的发展趋势。①

晚近,新自由主义的国际投资法制的固有缺陷日益凸显,国际投资法面临多重挑战。国际投资条约又呈现出新的发展动态,其中最引人注目的变化是:在倡导促进和保护投资的同时,开始注重多元价值的平衡。由此,可持续发展理念融入了国际投资法的范式转变过程。如何将可持续发展理念与投资待遇条款结合,如何改革ISDS机制为实现可持续发展提供程序性保障,如何完成国际投资条约的可持续发展型改革,是当前各国政府当局和国际社会关切的问题。

第一节 国际投资条约可持续发展型改革的四个面向

一、兼顾发达国家和发展中国家利益

国际投资法律机制中长期存在着发达国家与发展中国家之间的矛盾与斗争。

---

① 漆彤、吴放:"论国际投资条约价值多元化之发展趋势",载《福建江夏学院学报》2014年第2期,第29—30页。

传统 BITs 主要调整发达国家在发展中国家的国际投资活动，其中存在着明显的维护发达的资本输出国及其投资者利益的倾向，忽视国际投资条约在促进发展中国家可持续发展方面的作用。但是，国际投资活动的不断发展，使得国际投资不再局限于发达国家向发展中国家的投资，发达国家之间、发展中国家之间以及发达国家与发展中国家之间的相互投资也日益成为国际投资条约调整的重要对象。发展中国家"一身二任"或"身份混同"，客观上有利于两类国家各自"换位思考"，全面、公正地审视传统国际投资政策。同时，20 世纪末以来，素来追求高标准外资保护、指责发展中国家保护国际投资不力的一些发达国家也频频被诉至国际投资仲裁庭，这些国家有关公共政策的法律和措施不断受到挑战，促使发达国家也开始反思传统国际投资条约的缺陷及本国的未来立场。[1]

早期发展中国家与发达国家签订 BITs 时，通常秉承利益交换的缔约理念，期望引进外资的同时，保持管理外国投资的主权权利，但是事实上 BITs 并未达到理想中的效果和作用。有学者指出，20 世纪 50 年代以来开始存在于发展中国家与发达国家之间的大量 BITs 是百余年来南北矛盾的产物，前者是后者的历史延长和必然衍生。要从发达强国处取得资金、技术和管理经验，发展中国家必然要付出一定的代价。发展中国家与发达国家缔结 BITs 时，除了规定在本国境内管辖外资企业时，不仅给予外国投资者各种经济优惠（如税收优惠等）和全面保护，而且规定东道国应在特定条件下让渡一部分司法主权，使外资企业在东道国的合法权益受到侵害发生争端时，有权不经东道国政府的同意，单方决定把有关投资争端诉诸 ISDS 机制，从而免遭在东道国被任意侵害征收，或被采取征收措施后没有获得应有的补偿等风险。时至今日，随着世界经济的发展和资本国际流动的活跃，世界各国缔结的各种 BITs 出现了多样性，特别是出现了发展中国家与发展中国家之间缔结的、调整"南南矛盾"的 BITs。尽管如此，当今数以千计的用以调整"南北矛盾"的 BITs，依然在资本跨国流动中发挥着主导的、决定性的作用。这是不争的事实。南北类 BITs 的缔结是南北利益交换和互相妥协的过程，却未必是寻求绝对公平正义的过程。[2]

然而，这种利益交换是否仍然构成晚近 BITs 的缔约基础是值得商榷。不仅南南类 BITs 不断涌现，甚至南北类 BITs 和北北类 BITs 也开始转而追求利益平衡，而非简单的利益交换。要知道进行利益交换的前提是准确的身份定位。如果本国为单纯的资本输出国，保护本国海外投资者利益构成缔结 BITs 的唯一"国家利益"；如果本国为单纯的资本输入国，在缔结 BITs 时，为东道国保留适当的

---

[1] 张光："论国际投资协定的可持续发展型改革"，载《法商研究》2017 年第 5 期，第 164 页。
[2] 陈安、谷婀娜："'南北矛盾视角'应当'摒弃'吗？——聚焦'中加 2012 BIT'"，载《国际经济法学刊》2012 年第 4 期，第 82—84 页。

监管外资的权力构成唯一的"国家利益"。这种定位在早期的南北类 BITs 中非常明确，在这一时期，国际资本主要在发达国家之间流动，部分由发达国家流向发展中国家。发达国家出于对彼此法律制度的信任，一般不签订 BITs。广泛地签订于发达国家与发展中国家间的 BITs，发达国家的身份为资本输出国，发展中国家的身份为资本输入国。这构成进行"利益交换"的前提。可是晚近，主要发达国家和发展中国家均出现了身份混同。发达国家身份的混同源于 1994 年 NAFTA，这是国际投资条约第一次订立于发达国家之间。一向作为资本输出国的美国和加拿大等国第一次作为东道国面对来自对方投资者在国际投资仲裁庭的挑战。发达国家开始意识到，在 BITs 中对投资者私有财产权利和东道国社会公共利益进行同等保护是十分重要的。发展中国家也开始成为资本输出国，不断扩大对外投资，积极在世界市场中占据一席之地。可以说，身份混同使得利益交换成为不可能。对于发达国家和发展中国家而言，无论是投资者海外投资利益，还是本国经济主权权利，都是本国"国家利益"。而投资者利益与东道国权力构成零和博弈，扩大投资者利益的保护范围，必然缩小东道国管理外资的主权权利空间，相反强化东道国的主权权利也必然影响对外国投资的保护力度。①

随着可持续发展理念向国际投资法的延伸，给了各国商签或修订投资条约以灵感。可持续发展强调平衡的概念，而从当前国际投资条约缔约现状来看，仅有少量的投资条约关注到利益平衡问题，大量投资条约尚未得到更新。偏重保护投资者利益显然不符合现有实践需求。因此，一方面，根据可持续发展原则，未来国际投资条约应当注重强调东道国为实现可持续发展而享有的外资监管权，将利益天平尽量拉回到水平线，在保护外资的同时，维护资本输入国的根本利益；另一方面，赋予东道国外资监管权，等同于为东道国保留了为保护社会公共利益而实施特定政策的空间。这同样符合资本输出国利益，因为基于可持续发展原则，有效监管外资，使外资经济活动与本国市场蓬勃发展产生良性互动，有利于促进东道国形成良好的、健康的投资环境，无疑符合资本输出国和外国投资者的重要利益。由此，发达国家利益和发展中国家利益均能得到保障。

二、平衡投资者保护和东道国监管权

新自由主义暴露出的种种弊端，使得投资条约在晚近发展过程中，出现缔约国将投资者与东道国间天平上的砝码逐渐移向东道国的趋势。发展中国家曾强烈主张的国际经济新秩序在国际投资法领域得到了某种程度的承认。这种"轮回"近似于辩证法哲学上所说的"螺旋式上升"。这也给我们以启示，如果一项法律

---

① 参见刘京莲：" 从'利益交换'到'利益平衡'——中国双边投资条约缔约理念的发展"，载《东南学术》2014 年第 3 期，第 151 页。

中的权利义务是不平衡的，恢复利益平衡是公平公正精神的要求，也是法律发展的必然趋势。换言之，利益不平衡的法律制度是不会长久稳定存在的，其投射在现实中的问题，将促使其发生改变与革新。20世纪90年代以来，新自由主义片面追求经济自由化和经济快速增长，导致社会的单向度发展，背离可持续发展的理念。相应的，国际投资法领域片面保护投资者利益，忽视东道国外资监管权，不利于东道国人民生活水平的提高。资本的逐利性使其必然将环境责任、劳工保护责任、维护人权、反腐败等社会义务抛诸脑后。甚至出现投资者利用ISDS机制挑战东道国社会公共政策的现象。

以知识产权投资为例，在传统上，知识产权条约与贸易条约、投资条约相互独立，各自沿着自身的轨道发展。在商品、资本、技术等生产要素日益全球化的时代，知识产权国际保护已不再是独立于国际贸易、国际投资之外的"孤岛"。TRIPS的达成使知识产权保护步入"与贸易有关"的规则时代，而国际投资条约对知识产权议题的广泛介入，又将知识产权保护带入"与投资有关"的新领域。这是知识经济的内在要求，也符合各国利用知识产权获取国际竞争优势的现实需求。值得注意的是，国际投资条约对知识产权的保护具有特殊性。国际投资条约不直接规定知识产权的实体保护标准，而是将知识产权纳入"投资"范畴，通过投资待遇条款和ISDS机制间接地实现了知识产权保护。由此形成的国际投资条约知识产权保护制度，迥异于"以WIPO为核心"的知识产权保护制度和"以WTO为核心"的知识产权保护制度，[①] 丰富了知识产权国际保护的内容，也改变了知识产权人依赖本国政府寻求国际救济的被动局面。近年来，知识产权人正试图更加积极地利用国际投资条约及其仲裁机制来挑战东道国的知识产权政策，要求东道国遵守知识产权规则。国际投资条约及其仲裁机制"沉睡"功能正逐渐被"唤醒"。[②] 近年来发生的"Apotex公司诉美国案"、"Philip Morris公司诉乌拉圭案"、"Philip Morris亚洲公司（香港）诉澳大利亚案"和"Eli Lily公司诉加拿大案"就是典型例证。知识产权人将东道国对知识产权条约的违反包装成对国际投资条约的违反，从而"执行"甚至"改写"知识产权保护规则，实现知识产权的绝对保护和自身利益最大化。这种投资促进和保护与东道国监管权之间的紧张关系造成了诸多现实困境，如缩减东道国知识产权政策的弹性空间、打破知识产权规则在私权保护与社会福祉之间建立的平衡、引发知识产权

---

① 参见何艳："投资条约知识产权保护的制度构建与历史演进"，载《大连海事大学学报》2017年第5期，第29页。

② Bryan Mercurio, Awakening the Sleeping Giant: Intellectual Property Rights in International Investment Agreements, 15 Journal of International Economic Law 871 (2012).

国际保护体制的竞争与冲突、带来贸易法和投资法在知识产权议题上的碎片化格局。①

当然，这只是当前国际投资法制中利益不平衡现象的一部分，有关劳工保护、环境保护、人权保护、健康权保护等领域的利益失衡，同样引起了各国的重视。正如 IPFSD 指出，要寻求投资者保护与东道国监管权之间的平衡。目前，国际投资法制本身面临的挑战与国际知识产权法、国际环境法、国际人权法、跨国公司的社会责任和治理等其他国际法部门或领域的新近发展交织在一起，国际投资政策制定中出现投资者利益、东道国的主权及公共利益等多元利益主张和权利诉求。对于主权国家而言，目前最为紧迫的是必须基于可持续发展理念，拓宽国际投资条约的发展维度。通过平衡公共利益与投资者私人利益来确保东道国享有充分的政策空间，解决东道国社会公共利益遭受冲击的棘手问题。但是，各国在国际投资条约的可持续发展型改革中还要防止另外一种倾向，即避免"矫枉过正"，将国际投资条约变成一部"外资限制法"。如 2015 年印度 BIT 范本对东道国监管权的保障明显超过对外资的保护，由此又制造了一种新的不平衡现象。②

三、改革投资者与国家间争端解决机制

20 世纪 90 年代以来，以信息技术革命为中心的高新技术迅猛发展，新自由主义思潮带来的经济全球化高速扩张，国际投资迅速增加，越来越多的发达国家投资者在国外寻找生产地点以降低成本并获得市场准入，同时发展中国家也向外资开放本国市场并积极参与全球竞争，ISDS 机制的普遍适用在一定程度上反映了这一趋势。虽然早在 1968 年，《荷兰—印度尼西亚 BIT》第一次在投资条约中正式引入 ISDS 机制，但此后只有少数国家采取此做法。从 20 世纪 90 年代开始，包含此类条款的投资条约数目急剧增加。ISDS 机制逐渐成为投资条约的标准内容开始得到广泛适用。

可以说，ISDS 机制是区别于国家间争端解决机制的、能够为投资活动提供实际救济的另一种国际法制。一方面，它可以有效地将商业利益与政治、外交隔离开来，避免两国政府的直接对抗，具有非政治化的优势，成为众多国际投资条约的首选；另一方面，ISDS 机制赋予投资者更多的独立性和自主性，投资者有

---

① 徐树："国际投资条约下知识产权保护的困境及其应对"，载《法学》2019 年第 5 期，第 88—89 页。

② Peter Muchlinski, Federico Ortino, et al., The Oxford Handbook of International Investment Law, Oxford University Press, 2008, p.681. 参见张光："论国际投资协定的可持续发展型改革"，载《法商研究》2017 年第 5 期，第 165 页。

机会直接挑战东道国社会公共政策、立法、司法审判及政府采取的管制措施等，有利于保证跨国资本全球投资的顺利运行，但是其产生的负面影响不容忽视。

有学者指出，经济"超级全球化"背后的决定性力量是追求全球利益最大化的跨国公司。因此，全球化再平衡的根源在于跨国公司全球利益与威斯特伐利亚体系所确立的民族国家主权和国内利益之间的公私冲突。全球化再平衡必然要求在国家主权与全球治理之间寻找平衡点，反映到国际经贸规制体系层面必然是国家主权的回归和规则平衡，以保留充分的国内政策空间，实现公平包容和可持续发展目标。在国际投资法领域，这种公私冲突导致的再平衡要求显得尤为明显。和其他国家间争端解决不同，ISDS 机制使私人投资者直接与东道国正面对抗。根据 UNCTAD 统计，截至 2020 年 7 月，基于投资条约发起的 ISDS 案件达到了 1061 起，① 是 WTO 争端解决案件的近 2 倍。除了少数涉及"直接征收"案件外，这些案件多数诱因是东道国出于公共卫生、环境保护、国内平等和社会道德等原因而采取的国内监管措施影响了外国投资者的投资收益。ISDS 仲裁庭的商事仲裁底色使其经常选择性地忽视东道国在公共利益方面的合法权益，倾向于作出有利于投资者的裁决，由此东道国的国家主权空间受到了极大约束。有意思的是，ISDS 机制诞生的初衷是保护发达国家的投资者，但随着双向国际投资日益增多，发达国家与发展中国家出现身份混同，过去支持 ISDS 机制的发达国家也正在日渐成为 ISDS 机制的"受害者"，频繁地作为被申请人被提请投资仲裁。因此今天，有关投资争端解决制度的对抗不再是发达国家与发展中国家，或资本输出国与资本输入国之间的对抗，而是"投资条约缔约国与投资者和 ISDS 仲裁庭"之间的对抗。缔约方通过加强对条约的控制，限制仲裁庭对投资条约的解释权、自由裁量空间，就是对这种对抗的反应。②

ISDS 机制与国际投资条约一样，正在遭遇一场正当性危机。我们应以可持续发展原则为导向，通过革新的手段来处理现有 ISDS 机制在实践中暴露出的缺陷和问题，不能因噎废食完全废弃这一争端解决机制。近年来，东道国胜诉的案件明显增多，在已公开的所有仲裁裁决中，有利于东道国的裁决比例逐渐超过有利于投资者的裁决比例。以涉间接征收的投资仲裁争端为例。仲裁庭在认定东道国行为是否构成间接征收时，其认定标准已经从"纯粹效果检验"、"单一目的检验"发展为"兼采效果和目的检验"。这意味着仲裁庭开始综合全面地考虑东道国政府行为对投资产生的影响，审慎裁决东道国行为构成间接征收，这不仅是因为相关投资条约中征收条款的不断细化、完善，也是由于投资仲裁实践意识到

---

① UNCTAD, World Investment Report 2020, 16 June 2020, p. 110.
② 参见林惠玲："再平衡视角下条约控制机制对国际投资争端解决的矫正——《投资者国家间争端解决重回母国主义：外交保护回来了吗？》述论"，载《政法论坛》2021 年第 1 期，第 150—151 页。

其在推进国际法治方面的作用，致力于实现东道国公共利益与保护外国投资者私人财产权之间的利益平衡。所以，尽管有个别国家不在其签订的某些投资条约中采用这一争端解决机制，但这些国家实际上仍然会根据缔约对象，灵活地决定是否在相关国际投资条约中纳入 ISDS 机制，而非绝对地排除在实践中适用 ISDS 机制。①

总体来看，国际社会为改革 ISDS 机制大致提出了三种类型的方案：即"渐进式改革""系统改革"和"范式转换"。美国和日本提倡对 ISDS 机制进行渐进式改革，他们主张投资仲裁仍为解决投资者与东道国间投资争议的最佳方案，对投资仲裁程序仅作出适当调整即可。如 2018 年 12 月 30 日生效的《全面与进步跨太平洋伙伴关系协定》（Comprehensive and Progressive Agreement for Trans-Pacific Partnership，以下简称 CPTPP）②总体上维持了投资仲裁的程序结构。欧盟主张对 ISDS 机制进行系统改革，欧盟认为投资仲裁机制存在根本缺陷，有必要建立投资争端解决的常设机构，并引入上诉机制。欧盟在与加拿大、越南、新加坡分别签订的贸易投资条约中就设置了双边上诉机制。巴西与南非等国提出 ISDS 机制的范式转换方案，他们完全否定 ISDS 机制的合理性，主张投资者应当通过当地救济、国家间争端解决机制等替代方案来解决投资争议。这些改革方案既反映出国际社会对投资仲裁在认识上的分歧，也反映出不同利益阵营对投资仲裁改革路径的领导权之争。事实上，这些改革方案并非是相互排斥、非此即彼的取代关系，而是呈现出多元共存的格局。缔约国谈判的结果可能是不同改革方案的弹性和动态组合，当缔约国对上述改革方案难达共识时，可通过选择性加入或退出、强制磋商等灵活性机制为进一步谈判预留空间。③ 有必要指出，无论哪种改革方案，完善现有 ISDS 机制以促进国际投资法制的可持续发展已经成为共识。

四、重视双边投资条约的主导和引领

出于保护本国对外直接投资以及其他经济利益的考虑，自 1959 年起，发达国家开始与众多发展中国家签订 BITs。伴随着经济全球化以及国际贸易的不断发展，BITs 的签订主体也由最初的发达国家和发展中国家开始扩展，发展中国家之间的 BITs 数量也逐渐增加，但是现有 BITs 缔结主体仍然以发达国家和发展中国家为主。

BITs 的发展可以归纳为四个阶段：第一，FCNs 阶段。FCNs 是指对于缔约

---

① 张光："论国际投资协定的可持续发展型改革"，载《法商研究》2017 年第 5 期，第 165 页。
② Comprehensive and Progressive Agreement for Trans-Pacific Partnership, 2018.
③ 徐树："国际投资条约下知识产权保护的困境及其应对"，载《法学》2019 年第 5 期，第 100—101 页。

国国民前往另一缔约国从事商业活动和航海运输给予保障的一种条约。这类条约中有投资保护条款，但其重点是保护贸易与航海，因为当时的国际经济活动以国际贸易为主，国际投资并未占据主要地位。第二，投资保护协定阶段。此类双边协议的核心在于缔约国双方承诺保护对方在本国投资的安全，并承诺由承保机构在政治风险发生后依约向投保的海外投资者理赔，承保机构享有向东道国政府索赔的代位求偿权和其他相关权利及地位。第三，投资促进与保护协定阶段。此类协定内容翔实，兼具保护和促进缔约国间相互投资的实体性规定和程序性规定，能够为资本输出国的海外投资提供切实有效的保护，得到了发达国家以及发展中国家的广泛接受。第四，投资自由化、促进与保护协定。这一阶段的 BITs 的内容更加丰富和全面，在促进和保护相互投资的基础上还增加了扩大产业开放与放宽投资准入条件的内容，较好地兼顾了产业开放与监管、保护投资者利益与东道国社会公共利益之间的平衡。与此同时，第四代 BITs 继续坚持准入前国民待遇原则，即在外资进入东道国之前就享有与该国国内投资同等的待遇；对于限制和禁止外资进入的部门则采用负面清单的形式。负面清单主要涉及 BITs 中的国民待遇、最惠国待遇、业绩要求、高层管理与董事会等四大条款，即在这四大条款方面东道国可以有保留和例外，但需要将例外项目以负面清单的形式一一列举出来。①

鉴于现有国际投资条约在很大比例上均是以 BITs 的形式存在，并且 BITs 的条款设计可以根据具体缔约国的情况进行灵活调整，谈判双方可以较为便利地、有针对性地细化、完善相关投资待遇标准和争端解决机制，加之受制于各国及国家集团的实力对比、利益博弈等现实因素，促成国际社会达成一项多边投资条约的前景不容乐观，我们还是有必要把目光聚焦于 BITs，从双边化路径来推进国际投资条约的改革。通过签订 BITs 促进和保护国际投资仍是当前各国投资条约缔约实践的主要努力方向。发达国家往往会花费大量的时间和精力起草本国 BIT 范本，将其作为与各个发展中国家谈判的基础。BIT 范本的功能不容小觑，一方面，起草 BIT 范本是各国提出海外投资保护立场的重要机会，可向缔约方传达其所追求的具体谈判目标及其所接纳的投资保护标准；另一方面，以 BIT 范本为基础商签投资条约，节约时间成本，可以加速谈判进程。所以，虽然进入 21 世纪以来，在 FTAs 中融合"投资"章节的做法逐渐兴盛，但 FTAs 投资章节的具体规则，无一例外地源自 BITs，BITs 在国际投资规则的制定与形成方面仍处于主导地位。除非出现某种特殊的契机或者多边化的收益明显超过 BITs，各国都更

---

① 卢进勇、邹赫等："新一代双边投资协定与中美和中欧 BIT 谈判"，载《国际贸易》2014 年第 5 期，第 18 页。

愿意通过修订 BITs 来推进国际投资条约的可持续发展型改革。①

第二节 可持续发展理念与投资待遇条款的结合

一、国民待遇条款

随着经济全球化的不断拓深，各国之间的贸易往来更加自由化，各国投资也应需要愈加自由化。两次变革性的工业革命，使得欧美等资本主义国家迅速发展，在世界经济领域雄踞前列，其国内的经济发展、产业结构和法律法规等现在都处于世界发展的前列，对外投资成为新的增长需求。而发展中国家国内经济发展较为滞后和缓慢，产业结构尚未成熟，各项法律法规尚不健全，其首要任务仍然是发展和完善本国经济和产业结构，推动国内体制改革，建立健全国内法律法规。这使得以美国为代表的发达国家不断尝试和努力打开其他国家的投资"大门"，主导制订新的国际投资规则。"准入前国民待遇＋负面清单"的新模式逐渐成为世界各国所关注的焦点。②

国民待遇的法理基础来源于古罗马私法所提出的"自由民形式上平等原则"，其意义在于保证一国领域内的内外国人拥有平等的民事权利地位，是一项古老的民商事法律制度。然而在国际投资领域，任何国家都没有义务给予外国投资者国民待遇。国民待遇是通过主权国家订立的 BITs 和 FTAs 投资章节所设立的双向义务。这一义务主要要求东道国保证其法律、法规的设定和执行对本国人和外国人一视同仁，而不论相关法律、法规的性质及其所涉及的经济领域为何。③ 显然，国民待遇已然对东道国国内法制定和适用造成限制。晚近，随着国际投资活动的繁荣发展，国际性条约诸如：OECD《多边投资协定》（Multilateral Agreement on Investment，以下简称 MAI）④、NAFTA、CPTPP 等扩展了国民待遇的适用范围，将这一待遇扩展至外资准入阶段。与此同时，发达国家为保证本国海外投资安全，亦尽可能在签订 BITs 时将国民待遇的时间边界扩展至外资的市场准入前。⑤

---

① 张光：" 论国际投资协定的可持续发展型改革"，载《法商研究》2017 年第 5 期，第 165 页。
② 陶燕兰、宾建成：" 准入前国民待遇和负面清单管理的国际投资新规则对我国利用外资的启示"，载《特区经济》2017 年第 6 期，第 87 页。
③ 王贵国：《国际投资法》，法律出版社 2008 年版，第 111 页。
④ OECD, Multilateral Agreement on Investment, DAFFE/MAI（98）7/REV1, 22 April 1998.
⑤ 刘笋："BITs 中准入前国民待遇——基于中国国际投资市场身份的转变"，载《河北法学》2014 年第 11 期，第 173 页。

所谓"准入前国民待遇"是指东道国给予外国投资者和投资行为在投资准入阶段即享有不低于本国投资者和投资行为的待遇。而根据WTO法律体系的相关概念,国际投资领域的国民待遇一般是指一国所给予外来投资及投资者的待遇,应以本国国民的待遇为最低标准。以投资是否已进入东道国为标准,通常将适用于投资的管理、运营、经营和销售或其他投资处置方面等投资已经进入一国投资领域后阶段的国民待遇,列入投资"准入后国民待遇"范畴。可见,准入前国民待遇表明了东道国充分接纳外资、吸引外资的态度和立场,在外资进入一国投资领域前的设立、取得(收购)、扩大阶段就给予国内外投资者同等外资待遇,在最大限度上实现投资自由化。美国率先在BIT范本中引入准入前国民待遇的内容,最新版美国BIT范本中的国民待遇条款规定,"每一缔约方应就投资设立、取得、扩大以及管理、运营、经营、销售或其他投资处置,缔约国另一方的投资或者投资者有类似情形的,拥有不低于本国投资或者投资者所享受的待遇。"美国在与世界其他国家签订投资条约时,均以BIT范本为蓝本,因此,在美国的主导和推动下,有关准入前国民待遇的BITs缔约实践不断增多。然而,我国BITs最初并没有接纳准入前国民待遇。

首先,我国在20世纪80年代签订的绝大多数中外BITs,没有规定国民待遇条款。自1982年中国和瑞典签订第一个BIT,直到1986年的《中国—英国BIT》第3条第3款才首次明确要求"缔约任何一方应尽量根据其法律和法规的规定给予缔约另一方的国民或公司的投资与其给予本国国民或公司以相同的待遇。"

其次,20世纪90年代开始,"准入后国民待遇"逐渐被纳入中外BITs。这一阶段又可以具体细分为两个时期:第一,20世纪90年代。这一时期中有10个中外BITs纳入了有限的准入后国民待遇。而签订中外BITs总数为57个,含有限的准入后国民待遇条款的BIT在其中占比约为18%。第二,21世纪始。这一时期中国共计签订32个BITs,除了2004年签订的《中国—突尼斯BIT》和2007年签订的《中国—古巴BIT》没有纳入国民待遇条款,其余所有BITs均包含了有限的准入后国民待遇条款,约占BIT总数的94%。这一阶段,中外BITs中开始逐步接受准入后国民待遇条款,并通过例外措辞对适用国民待遇进行不同程度的限制,如2001年签订的《中国—缅甸BIT》国民待遇条款规定,"在不损害其法律法规的前提下,缔约一方应给予缔约另一方投资者在其境内的投资及与投资有关活动不低于其给予本国投资者的投资及与投资有关活动的待遇。"

最后,21世纪10年代至今,中美宣布启动BIT谈判,在2013年第五轮中美战略与经济对话中,双方同意"将尽快进入双边投资协定的实质性谈判阶段""以准入前国民待遇和负面清单为基础开展中美双边投资协定的实质性谈判"。这是中国在国民待遇条款方面的重大突破。接纳准入前国民待遇模式也推动了中国和另外一些发达国家之间的BITs和FTAs谈判。2015年6月《中国—韩国

FTA》达成后,中韩双方承诺,在协定生效后将启动以"准入前国民待遇+负面清单"模式的投资议题后续谈判。2015年6月签订的《中国—澳大利亚FTA》也规定了给予外商投资及外商投资者准入前国民待遇,并就其例外的措施和领域制定了负面清单。该协定第9章(投资章节)第3条规定,"1.澳大利亚在其领土内投资的设立、获得、扩大、管理、经营、运营、出售或其他处置方面,应给予中国投资者不低于在同等条件下给予其本国投资者的待遇。2.中国在其领土内投资的扩大①、管理、经营、运营、出售或其他处置方面,应给予澳大利亚投资者不低于在同等条件下给予其本国投资者的待遇。3.澳大利亚在其领土内投资的设立、获得、扩大、管理、经营、运营、出售或其他处置方面,应给予涵盖投资不低于在同等条件下给予其本国投资者的投资的待遇。4.中国在其领土内投资的扩大、管理、经营、运营、出售或其他处置方面,应给予涵盖投资不低于在同等条件下给予其本国投资者的投资的待遇。"第9条第3款规定,"中国以负面清单方式做出投资承诺减让表。""准入前国民待遇+负面清单"管理模式很可能成为中国在国际投资条约中的"新常态"。②

可见,准入前国民待遇条款是一种高度自由化的投资准入规则,降低了外资进入东道国的门槛,但这绝不意味着东道国的国内市场对外资的完全开放,就连美国等外资管理制度较为成熟和完善的国家,在实行准入前国民待遇时,还附带着一些保留条款,这些保留条款主要以负面清单为主。根据该条款,除负面清单中列明的事项以外,东道国基本让出了对外资进入的审查权。因此,可持续发展型的国际投资条约确需规定此类条款,那么应防范该条款对国家外资监管权的过度侵蚀进而损害东道国可持续发展目标的实现。③ 由此,制定适当的负面清单就成为此类投资条约缔约谈判的重中之重。缔约国之间应审慎商议、拟定负面清单的具体内容,尽量将敏感的、与可持续发展有关的重要事项或措施列入保留范围。

二、最惠国待遇条款

最惠国待遇指缔约方有义务让缔约另一方的投资者享有该国给予任何第三方投资者的同等待遇,或者不低于该国给予任何第三方投资者的待遇。最惠国待遇是国际法中非歧视原则的进一步体现。④ 最惠国待遇最早在国际贸易领域发挥作用,是国际贸易体制的重要支柱。其萌芽可以追溯到11世纪地中海沿岸意大利

---

① "扩大"是指现有投资的扩大,不包括建立或获得新的、单独的投资。
② 张倩雯、王鹏:"双边投资协定国民待遇条款的中国实践:历史经验与未来演进",载《国际商务》2018年第5期,第120—122页。
③ 张光:"论国际投资协定的可持续发展型改革",载《法商研究》2017年第5期,第166页。
④ [德]沃尔夫刚·格拉夫·魏智通主编:《国际法》,吴越、毛晓飞译,法律出版社2002年版,第617页。

各城邦、法国以及西班牙等城市商人到北非各王国做生意的实践。随着 15 至 17 世纪大航海时代的来临，欧洲各国不断进行航海探险，寻找着新的贸易路线和贸易伙伴，以发展欧洲新生的资本主义，殖民主义与自由贸易主义也开始出现，国际贸易就此繁荣，市场全球化进程开始显现。在这种经济全球化的背景下，以英法《乌特勒支条约》为代表的最惠国法律条款开始出现。19 世纪，欧洲各国之间签订了一大批 FCNs，这些条约多包含"无条件的最惠国待遇"，如英法《科布登—舍维利尔条约》。这些条约的签订有力地促进了世界贸易的发展。[①] 第二次世界大战后，最惠国待遇标准被《哈瓦那宪章》和关贸总协定纳入多边贸易体制，成为国际贸易体制的基石。与此同时，战后的非殖民化运动、国际经济相互依赖关系的加强以及 BITs 的订立，使最惠国待遇标准成为国际投资法的原则之一。[②] 原本坚持卡沃尔主义的拉美国家，起初反对最惠国待遇，因为最惠国待遇可能会使外国投资者获得特权。但是到 20 世纪 80 年代中期，拉美国家开始在 BITs 中纳入最惠国待遇条款，并且规定最惠国待遇的各种例外情况，以消除相关消极影响。20 世纪 90 年代后，几乎所有的 BITs 都包含最惠国待遇条款。[③]

最惠国待遇的例外情况大致可以分为以下三类：其一，一般例外。一般例外主要针对公共健康、秩序、道德和国家安全例外。绝大多数投资条约均有类似规定，这些例外不仅适用于国民待遇和最惠国待遇，也适用于其他条款，例如《中国—哥伦比亚 BIT》第 12 条规定，"本协定的任何规定都不得被解释为阻止缔约方为维护公共秩序而采取或维持措施，其中包括保护国家重大安全利益的措施"。其二，特定领域的例外。有些领域通常由专门条约所调整，如税收常作为最惠国待遇的例外，包括双重征税条约和国内在税收方面给予第三国投资者待遇的立法。值得注意的是，国民待遇的特定领域的例外更多，如知识产权、金融、临时保障措施、投资激励措施、政府采购等。其三，区域经济安排的例外。区域经济安排包括 FTAs、关税同盟、劳动力市场一体化以及其他区域经济安排。这意味着缔约各方没有义务将其因参加 FTAs、关税同盟、劳动力市场一体化和其他区域经济安排，而给予这些国家投资者的优惠或特惠待遇扩展至投资条约另一缔约国的投资者。如 2007 年签订的《中国—法国 BIT》第 4 条规定，"在不损害其法律法规的前提下，缔约一方应在其境内和海域内给予缔约另一方投资者的投资及与投资有关的活动不低于其给予本国投资者的投资及与投资有关活动的待遇。获得许可在缔约一方境内和海域内工作的自然人应当可以享用与他们进行专业活动有关的主要设施。任一缔约方应在其境内和海域内给予缔约另一方投资者

[①] 刘帅：“近代不平等条约中最惠国法律条款之危害”，载《人民法院报》2018 年 3 月 30 日。
[②] 王贵国：《国际投资法》，法律出版社 2008 年版，第 161 页。
[③] 马迅：《〈能源宪章条约〉投资规则研究》，武汉大学出版社 2012 年版，第 74 页。

的投资及与投资有关的活动与其给予最惠国的投资者同样的待遇。此种待遇不应当包括缔约一方因其参加或参与自由贸易区、关税同盟、共同市场或任何其他形式的区域性经济组织而给予第三国投资者的特权。本条规定不得解释为缔约一方有义务给予缔约另一方的投资者因避免双重征税协定或其他与税收事项相关的协定而产生的待遇、优惠或特权。本条规定不得解释为阻止任一缔约方在为保护和促进文化和语言的多样性的政策框架内，采取任何措施来规范外国公司的投资和这些公司活动的条件。"

最惠国待遇条款将 BITs 的"双边承诺"转化为"多边承诺"，确保不同国籍的投资者在东道国享受同等待遇，在东道国国内市场拥有平等的竞争条件，协调了不同投资条约项下的投资保护标准。① 但是一些将最惠国待遇条款扩张至投资条约争端解决机制的仲裁案例的出现，使各国开始重视最惠国待遇条款的"隐藏"效用。如果东道国在第三方条约中所承诺的更为优惠的争端解决条款，也将自动适用于基础条约中的其他缔约国投资者。例如"Maffezini 诉西班牙案"，阿根廷公民 Maffezini 在西班牙加利西亚地区投资了一家生产、配送化学物品的工厂，后来与当地的政府发生争议将西班牙政府诉至国际投资争端解决中心（The International Center for Settlement of Investment Disputes，以下简称 ICSID）。根据 1991 年《西班牙—阿根廷 BIT》，发生国际投资争议时，争议方首先向东道国法院寻求司法救济，经过 18 个月无果才能向 ICSID 提起仲裁；而根据《西班牙—智利 BIT》，将争议提交 ICSID 解决仅需经过 6 个月的磋商期。于是，Maffezini 援引《西班牙—阿根廷 BIT》的最惠国待遇条款要求适用《西班牙—智利 BIT》，在未进行 18 个月前置司法程序之前，直接向 ICSID 提起仲裁。西班牙政府提出管辖权异议。ICSID 对该管辖权问题作出裁决，最终支持了 Maffezini 适用《西班牙—智利 BIT》的诉请。仲裁庭指出基础条约中的最惠国待遇条款使用了"所有事项"这一表述，因而其适用范围可以推定至争端解决事项，而且《西班牙—智利 BIT》相较于《西班牙—阿根廷 BIT》在是否要求国内诉讼期限的程序性事项上更加"优惠"，② 符合同类原则（ejusdem generis）且具有"可比性"。

此后，越来越多的投资者开始利用最惠国待遇条款，"挑选条约"以获得他们认为更加优惠的争端解决程序。一些仲裁庭采纳了"Maffezini 诉西班牙案"的观点，认为最惠国待遇条款适用于争端解决事项，也有一些仲裁庭对类似仲裁

---

① 徐树："最惠国待遇条款'失控'了吗？——论国际投资条约保护的'双边主义'与'多边化'"，载《武大国际法评论》2013 年第 6 期，第 256 页。

② Emilio Agustín Maffezini v. The Kingdom of Spain, ICSID Case No. ARB/97/7, Decision on Jurisdiction, 25 January 2000.

先例提出批判,例如"ICS 诉阿根廷案",仲裁庭认为申请人不能援引最惠国待遇条款绕开 18 个月的国内诉讼期限。仲裁庭的任务是发现条约的含义,而非创造性地推断缔约本意。如果最惠国待遇条款要适用于争端解决事项,就必须有清晰明确的表示。否则仅能裁定最惠国待遇条款所称的待遇只包括实体待遇,不包括国际仲裁程序。①

为了避免最惠国待遇条款扩大适用于争端解决事项可能带来的,限制东道国司法主权、挑选条约、过于偏重投资者利益而忽视东道国利益等负面影响,不少投资条约明确最惠国待遇条款不适用于争端解决机制。如《中国—加拿大 BIT》第 5 条规定:"1. 任一缔约方给予另一缔约方投资者在设立、购买、扩大、管理、经营、运营和销售或其他处置其领土内投资方面的待遇,不得低于在类似情形下给予非缔约方投资者的待遇。2. 任一缔约方给予涵盖投资在设立、购买、扩大、管理、经营、运营和销售或其他处置其领土内投资方面的待遇,不得低于在类似情形下给予非缔约方投资者投资的待遇。3. 为进一步明确,本条第一款和第二款提及的'待遇'不包括例如第三部分所述的,其他国际投资条约和其他贸易协定中的争端解决机制。"

三、公平公正待遇条款

公平公正待遇条款是国际投资条约中最具争议的条款。其简单、宽泛、模糊的表述导致仲裁庭在界定公平公正待遇的内涵方面有较大自由裁量权,东道国常被起诉违反公平公正待遇并且在投资仲裁中败诉。仲裁庭对公平公正待遇条款的解释莫衷一是,因而公平公正待遇条款饱受诟病,亟须澄清其确切含义或要素,以促进国际投资条约的可持续发展型改革。以下三个案例较为有代表性,能够体现当前仲裁庭对公平公正待遇条款的三种立场。②

第一个案例,2016 年"MNSS B. V. 诉黑山案"。③ 申请人是 MNSS B. V. 公司(依据荷兰法律成立,以下简称 MNSS 公司)和 Recupero Credito Acciaio N. V. 公司(依据库拉索岛法律成立,以下简称 RCA 公司)。MNSS 公司与 RCA 公司分别以股权和贷款的形式对 Zeljezara Niksic AD Niksic 公司进行投资。被申请人是黑山共和国。申请人称被申请人对其投资活动采取了歧视性的、不合理的、非法的和不合常规的行为(包括作为和不作为),这种行为直接或间接地产

---

① ICS Inspection and Control Services Limited (United Kingdom) v. The Republic of Argentina, PCA Case No. 2010-9, Award on Jurisdiction, 10 February 2012.

② 参见林燕萍、朱玥:"论国际投资协定中的公平公正待遇——以国际投资仲裁实践为视角",载《上海对外经贸大学学报》2020 年第 3 期,第 73—76 页。

③ MNSS BV and Recupero Credito Acciaio NV v. Montenegro, ICSID Case No. ARB (AF) /12/8, Award, 4 May 2016.

生了非法征收的效果并且违反了《荷兰—南斯拉夫BIT》① 第3（1）条，即"缔约一方应确保给予缔约他方的投资以公平与公正待遇，且不得采取不合理或歧视性措施损害投资者对其投资的经营、管理、维护、使用、收益或处分。缔约方应给予此种投资最持久的保护与安全。"

申请人认为《荷兰—南斯拉夫BIT》第3（1）条没有提及"国际法"，因此该条所包含的公平公正待遇应是一项独立自主的待遇标准。公平公正待遇不仅要求东道国给予投资者待遇的范围超出习惯国际法，适用门槛也更低。申请人还基于以往的仲裁庭裁决总结出公平公正待遇应当包括：保护合理期待、透明度要求、非专断与非歧视待遇、不得拒绝司法以及本着诚信行事。黑山政府未能在Prva Banka银行遭遇危机时警示MNSS公司导致其无法及时取出资金，这种行为是不合理的或歧视性的。被申请人则认为申请人对于公平公正待遇的解释过于宽泛，但没有具体说明其对公平公正待遇的理解。

本案仲裁庭于2016年5月4日作出裁决。仲裁庭认为东道国没有向投资者警示其金融体系或特定银行状况的义务，并且黑山政府没有干预申请人关于存款银行的选择，Prva Banka银行系申请人在自行尽职调查之后选择的，所以黑山政府未能警示投资者关于Prva Banka银行财务危机没有违反公平公正待遇条款。仲裁庭进一步表示同意Waste Management II案中仲裁庭的观点，② 即将公平公正待遇等同于国际最低待遇标准：如果国家行为是武断的、严重不公平或不公正的、不合常规的、歧视性的或使投资者遭受种族歧视，或涉及缺乏正当程序导致违背司法正当性（例如，在司法程序中自然正义明显缺失或在行政程序中完全缺乏透明度和公正性的情形），且对投资者造成了损害，那么该行为就违反了公平与公正待遇的最低标准。

第二个案例，2016年"Crystallex International Corporation 诉委内瑞拉案"。③ 申请人是Crystallex International Corporation公司（依据加拿大法律成立，以下简称Crystallex公司），被申请人是委内瑞拉玻利瓦尔共和国（以下简称委内瑞

---

① 20世纪90年代初，南斯拉夫联邦解体，黑山和塞尔维亚两共和国联合组成南斯拉夫联盟共和国；2002年荷兰与南斯拉夫联盟共和国签署双边投资协定，即《荷兰—南斯拉夫BIT》；2003年，南斯拉夫联盟共和国议会通过《塞尔维亚和黑山宪法宪章》，改国名为塞尔维亚和黑山；2006年5月，黑山就国家独立举行公民投票并获通过。同年6月3日，黑山正式宣布独立；2007年1月，黑山承接了《荷兰—南斯拉夫BIT》，故《荷兰—南斯拉夫BIT》仍适用于本案争议。

② Waste Management Inc. v. United Mexican States, ICSID Case No. ARB（AF）/00/3, Final Award, 30 April 2004.

③ Crystallex International Corporation v. Venezuela, ICSID Case No. ARB（AF）/11/12, Award, 4 April 2016.

拉）。申请人称被申请人无正当理由拒绝许可其开采 Las Cristinas 金矿，① 不仅损害了投资者的合理期待，而且拒绝许可的行为是专断的、缺乏透明度的，被申请人违反了《加拿大—委内瑞拉 BIT》第 II（2）条："任何一方应依据一般国际法原则给予缔约他方的投资或投资者以公平与公正待遇、充分的保护与安全。"

申请人认为公平公正待遇是一项独立自主的待遇标准，要求东道国秉持 BIT 的目标、宗旨以及诚信原则，积极保护投资。申请人依据国际仲裁庭的实践归纳出公平公正待遇包括：保护合理期待、非专断与非歧视待遇、透明度要求、正当程序以及诚信。被申请人则认为公平公正待遇就是国际最低待遇标准，而申请人未能证明被申请人的行为已经达到了暴行、恶意、故意漠视的程度，或者一个理性且公正的第三人认为该政府行为是无法容忍的，因此被申请人没有违反公平公正待遇条款（无论是作为最低待遇标准还是一项独立自主的待遇标准）。被申请人从未作出申请人可以开采 Las Cristinas 金矿的承诺，无论如何都没有损害申请人的合理期待，且被申请人拒绝给予申请人许可是有正当理由的，而非如申请人所说的那样缺乏正当程序、明显专断、完全缺乏透明度或恶意，或者不符合任何其他独立自主的待遇标准。

本案仲裁庭于 2016 年 4 月 4 日作出裁决。仲裁庭认为根据《加拿大—委内瑞拉 BIT》第 II（2）条的措辞，缔约双方没有在公平公正待遇条款中明确提及国际最低待遇标准，所以在本案中，不应将公平公正待遇等同于国际最低待遇标准，而应将其视作是一项独立自主的外资待遇标准。仲裁庭指出，虽然委内瑞拉不是《维也纳条约法公约》缔约国，但《维也纳条约法公约》所载的条约解释规则反映了习惯国际法，仲裁庭将依据条约解释规则来解释公平公正待遇。首先，仲裁庭援引了"MTD 诉智利案"②，依据通常含义解释"公平公正"，即不偏不倚、合法正当；为进一步明确公平公正待遇的含义，仲裁庭援引了"Rumeli 诉哈萨克斯坦案"③"Lemire 诉乌克兰案"④ 和 "Bayindir

---

① 2002 年 CVG 公司与委内瑞拉能源矿产部签订《Las Cristinas 金矿开采协议》，根据该协议 CVG 公司不仅有权勘探开采 Las Cristinas 金矿，还有权在通知能源矿产部之后与第三方签订合同，由第三方对金矿进行开采。同年，Crystallex 公司与 CVG 公司达成协议，由 Crystallex 公司负责开采 Las Cristinas 金矿、承担所有相关费用、向环境部申请采矿许可证等事宜。2003 年至 2007 年，按照环境部的要求，Crystallex 公司多次提交开采方案、环境影响评估报告等材料，环境部于 2007 年 5 月向 Crystallex 公司发函称项目已获得批准并且要求 Crystallex 公司支付保证金，确保其能够执行环境保护措施。Crystallex 公司随即支付了保证金和相关税款，并对外公示称即将获得金矿开采许可。2008 年 4 月，环境部通知 CVG 公司不能如期颁发许可证。
② MTD Equity Sdn Bhd and MTD Chile SA v. Chile, ICSID Case No. ARB/01/7, Award, 25 May 2004.
③ Rumeli Telekom A. S. and Telsim Mobil v. Kazakhstan, ICSID Case No. ARB/05/16, Award, 29 July 2008.
④ Lemire v. Ukraine, ICSID Case No. ARB/06/18, Decision on Jurisdiction and Liability, 14 January 2010.

诉巴基斯坦案"①，归纳出公平公正待遇的要素：不得拒绝司法、透明度要求、非专断与非歧视待遇、保护合理期待、提供稳定和可预见的法律框架以及免受东道国的胁迫和骚扰；最后，仲裁庭援引了"Mondev 诉美国案"②认为违反公平公正待遇不需要达到难以容忍或令人震惊的程度，必须具体情况具体分析。最终，仲裁庭认为委内瑞拉损害了 Crystallex 公司依其具体承诺产生的合理期待，并且委内瑞拉拒绝继续颁发许可证的行为缺乏透明度，判定委内瑞拉违反了公平公正待遇条款。

第三个案例，2016 年 "Allard 诉巴巴多斯案"。③ 申请人是 Peter A. Allard 先生（一名加拿大商人，以下简称 Allard），被申请人是巴巴多斯共和国（以下简称巴巴多斯）。申请人称在其收购和开发巴巴多斯生态旅游景点期间，被申请人未能提供合理的和必要的保护措施，间接导致该生态旅游景点遭受污染，损害了投资者的合理期待，违反了《加拿大—巴巴多斯 BIT》第 II（2）条，即"任何一方应对缔约他方的投资或投资者：a. 根据国际法原则给予公平与公正待遇；b. 给予充分的保护与安全。"申请人认为《加拿大—巴巴多斯 BIT》第 II（2）条没有提及国际最低待遇标准，因此不能将公平公正待遇等同于国际最低待遇标准。但即便如此，如果东道国行为损害了投资者的合理期待，那么东道国就违反了公平公正待遇条款。被申请人则认为公平公正待遇与国际最低待遇标准相同，并且违反公平公正待遇条款的门槛是很高的，巴巴多斯没有损害申请人的合理期待。

本案仲裁庭于 2016 年 6 月 27 日作出裁决。仲裁庭认为无须判断公平公正待遇是等同于国际最低待遇标准，还是一项独立自主的外资待遇标准，本案的关键在于从申请人的诉讼请求——"合理期待"入手，判定东道国是否违反公平公正待遇。仲裁庭指出，无论如何解释公平公正待遇条款，都应涵盖保护投资者的合理期待。而受公平公正待遇保护的合理期待有三个构成要件：具体的承诺、依赖东道国承诺作出投资决定以及此种依赖是合理的。最终，仲裁庭认为申请人无法证明被申请人作出过具体承诺并且依赖其承诺作出投资决定，所以巴巴多斯没有违反公平公正待遇条款。

从上述三起案例可以发现，对公平公正待遇的解释不尽相同，并且仲裁庭在解释公平公正待遇时都无一例外地提到了最低待遇标准，但对二者关系的理解存

---

① Bayindir Insaat Turizm Ticaret ve Sayani A. Ş. v. Pakistan, ICSID Case No. ARB/03/29, Award, 27 August 2009.

② Mondev International Ltd. v. United States, ICSID Case No. ARB（AF）/99/2, Final Award, 11 October 2002.

③ Allard v. The Government of Barbados, PCA Case No. 2012–06, Award, 27 June 2016.

在明显分歧。究其原因，BITs 中公平公正待遇条款的设置过于简单，仅规定东道国必须给予投资者公平公正待遇，却未能明确何为公平公正待遇，无法给予仲裁庭明确指导。

仲裁庭一般采取两种方法界定公平公正待遇的内涵：其一，根据仲裁先例，得出公平公正待遇等同于国际最低待遇标准的结论后，转而对国际最低待遇标准进行解释；其二，根据《维也纳条约法公约》第 31、32 条习惯国际法规则，从条约文本出发解释公平公正待遇，并且为进一步明确公平公正待遇的内容，根据仲裁先例归纳出公平公正待遇的构成要素。本书赞同第二种方法，理由如下：

首先，根据《国际法院规约》第 38 条，国际条约和国际习惯是国际法的主要渊源，司法判例仅是辅助性资料，不是国际法的渊源。仲裁庭不应脱离 BITs 本身，无视缔约双方的真实意愿。如果条约文本中未明确将公平公正待遇与国际最低待遇标准挂钩，仲裁庭不能一味地依赖最低待遇标准来界定公平公正待遇，将二者等同，而应当基于 BITs 文本适用已经形成习惯国际法规则的条约解释方法来解释公平公正待遇。其次，在国际投资仲裁实践中，仲裁先例对如何解释公平公正待遇有重要参考作用，有助于进一步明确公平公正待遇的具体内涵。但是，仲裁庭在援引仲裁先例时应注意：一方面，仲裁先例并无强制拘束力，对后案只有说服的效力；① 另一方面，仲裁庭有义务在考虑 BIT 特殊文本以及考量每个案件的特殊案情后，援引与本案具有相关性的仲裁先例，以促进法治发展，提高投资者和东道国对于裁决结果的可预测性。② 最后，鉴于 BITs 中已鲜少有将公平公正待遇与国际最低待遇标准挂钩，大量的新近国际投资仲裁实践表明公平公正待遇正逐渐成为一项独立自主的外资待遇标准，有的仲裁庭仍然将目光停留在十几年前，并且不加以区分地援引与案件具体案情有明显差异的仲裁先例，③ 进而将公平公正待遇等同于国际最低待遇标准的做法是不可取的。

公平公正待遇具有演进性的特点，它不会被赋予一个确定的、清晰的定义，需要遵循条约解释方法并且结合案件的具体情况对其进行灵活解释。这恰恰是公平公正待遇的优点，因为在实践中无法抽象地去预期投资者会遭受何种损害，独

---

① 参见徐崇利："公平与公正待遇标准：国际投资法中的'帝王条款'？"，载《现代法学》2008 年第 5 期，第 128 页；张建："国际投资仲裁中的公正公平待遇及其适用"，载《大连海事大学学报》（社会科学版）2016 年第 3 期，第 71 页。

② KT Asia Investment Group B. V. v. Republic of Kazakhstan, ICSID Case No. ARB/09/8, Award, 17 October 2013. 该案在 ICSID 仲裁庭适用仲裁先例时，最常被援引。

③ 如在 MNSS 案中，仲裁庭援引 Waste Management II 案支持公平公正待遇等同于国际最低待遇标准。但是 Waste Management II 案是基于 NAFTA 的仲裁实践，关于公平公正待遇条款的表述，NAFTA 与 MNSS 案中《荷兰—南斯拉夫 BIT》是不一致的：NAFTA 用国际最低待遇标准来限定公平公正待遇，《荷兰—南斯拉夫 BIT》则没有。

立自主的公平公正待遇有利于在个案中实现实体正义，进而平衡东道国和投资者的利益。近年来，大量的国际投资仲裁裁决已经大致勾勒出了公平公正待遇的具体适用情形。

（一）不得拒绝司法

不得拒绝司法是公平公正待遇的核心要素之一。第一，仲裁庭一般对拒绝司法作广义解释，认为拒绝司法不限于司法机关的作为和不作为，行政机关的行为也可能构成拒绝司法。具体判断标准是：如果东道国的行为没有给投资者留有进一步补救或上诉的空间，即投资者已经用尽当地救济，那么该行为构成拒绝司法。① 第二，不当拖延审理构成拒绝司法。例如，在"Pey Casado 诉智利案"中，仲裁庭认为投资者向东道国法院起诉后，法院无故拖延判决长达 7 年，导致投资者不能获得终局性裁决，构成拒绝司法。② 第三，东道国未给予投资者提起诉讼、行政复议、听证等正当程序，构成拒绝司法。例如，在"Metaclad 诉墨西哥案"中，仲裁庭认为东道国未履行通知义务剥夺投资者表明其立场的机会，该行为欠缺正当程序，违反公平公正待遇。③ 第四，不公正的判决结果构成拒绝司法。例如，在"Mondev 诉美国案"中，仲裁庭认为州法院撤销初审法院判决是不恰当的和有损信用的，导致投资者受到不公平和不公正的对待，构成拒绝司法。④

（二）保护合理期待

保护投资者合理期待在公平公正待遇中扮演了十分重要的角色，被仲裁庭认可次数最多。第一，这种期待建立于投资者作出投资决定之初，并且来源于东道国商业环境、立法与行政框架、东道国对投资者作出的具体承诺等。⑤ 第二，东道国经济政策的变化、东道国改变投资者在作出投资时所信赖的安排或具体承诺等都会损害投资者的合理期待。⑥ 除此之外，也有仲裁庭指出东道国实行专断与

---

① Corona Materials LLC v. Dominican Republic, ICSID Case No. ARB (AF) /14/3, Award, 31 May 2016.

② Pey Casado and Foundation President Allende v. Chile, ICSID Case No. ARB/98/2, Award, 13 September 2016.

③ Metalclad Corporation v. The United Mexican States, ICSID Case No. ARB (AF) /97/1, Award, 30 August 2000.

④ Mondev International Ltd. v. United States, ICSID Case No. ARB (AF) /99/2, Final Award, 11 October 2002.

⑤ Murphy Exploration & Production Company v. Ecuador, PCA Case No. 2012－16, Award, 6 May 2016; See also Termosolar B. V. v. Spain, ICSID Case No. ARB/13/31, Award, 15 June 2018.

⑥ Masdar Solar & Wind Cooperatief U. A. v. Kingdom of Spain, ICSID Case No. ARB/14/1, Award, 16 May 2018; ADF Group Inc. v. United States, ICSID Case No. ARB (AF) /00/1, Award, 9 January 2003.

歧视待遇、以缺乏透明度的方式改变投资者长期依赖的法律框架，同样构成损害投资者的合理期待，违反公平公正待遇，① 这体现出近年来仲裁庭在不断拓宽合理期待的内容，愈加重视保护投资者的合理期待。第三，仲裁庭对合理期待的认定提出了限制条件。如果投资者利益受损是由于普通商业风险，则此种情形不属于损害投资者合理期待。公平公正待遇所保护的投资者期待是在投资背景下合理、合法的期待。②

（三）非专断与非歧视待遇

首先，针对东道国专断行为的认定，仲裁庭认为专断意味着基于厌恶或偏好，无理由并且故意忽略事实进行个人裁量，或者漠视法律程序，缺乏司法正当性。③ 但是，专断行为和非法行为、违反协议的行为不能画等号。例如，在"LG&E 公司诉阿根廷案"中，仲裁庭认为东道国政府为了扭转经济崩溃的形势，经过理性的决策程序采取的一系列措施，不构成专断行为。④ 其次，与专断行为相比，东道国歧视行为相对容易认定。仲裁庭会选取在相似情况下东道国采取的行为作为"参照物"，判断投资者是否被区别对待，并且这种区别对待是否出于正当原因。⑤ 例如，在"Saluka 诉捷克案"中，仲裁庭认为如果在相似情况下投资者受到区别对待，并且东道国无法给出合理解释，那么东道国的行为将被认为是歧视性的。⑥

（四）透明度要求

仲裁庭在考察东道国行为是否满足透明度要求时，主要关注东道国在作出任何可能对投资者产生影响的决策之前，是否已经告知投资者，使其知晓决策背后的目的和理由。简言之，东道国政府与投资者之间的信息交换应当及时、充分并且透明。透明度要求与东道国对外投资法律框架紧密相关。例如，在首次将透明度要求纳入公平公正待遇的"Metalclad 诉墨西哥案"中，仲裁庭认为要满足透明度要求，东道国应当在投资者建立、开展、完成投资的过程中，公布所有与投资者投资活动相关的法律规定。此外，东道国提供的这些法律规定不能包含

---

① Saluka Investments BV v. Czech Republic, UNCITRAL, Partial Award, 17 March 2006.
② Georg Gavrilovic and Gavrilovic d. o. o. v. Republic of Croatia, ICSID Case No. ARB/12/39, Award, 26 July 2018; Allard v. The Government of Barbados, PCA Case No. 2012-06, Award, 27 June 2016.
③ UAB E energija (Lithuania) v. Republic of Latvia, ICSID Case No. ARB/12/33, Award, 22 December 2017.
④ LG & E Energy Corp., LG & E Capital Corp., and LG & E International, Inc. v. Argentine Republic, ICSID Case No. ARB/02/1, Decision on Liability, 3 October 2006.
⑤ Philip Morris Brands Sàrl and ors v. Uruguay, Award, ICSID Case No. ARB/10/7, 28th June 2016.
⑥ Saluka Investments BV v. Czech Republic, UNCITRAL, Partial Award, 17 March 2006.

任何令人疑惑或不确定的信息。① 可见，透明度要求有利于降低投资风险。东道国透明的法律体系、透明的决策程序，为投资者制定或改变投资规划提供参考依据。

（五）提供稳定和可预见的法律框架

提供稳定和可预见的法律框架与透明度要求有内在区别。透明度要求侧重于使投资者及时且充分地了解东道国法律政策的变化，而稳定和可预见的法律框架则要求东道国维持法律政策的稳定性。仲裁庭在认定东道国是否向投资者提供了稳定和可预见的法律框架时，经常援引"CMS 诉阿根廷案"。该案仲裁庭指出法律和监管环境的稳定性和可预见性是公平公正待遇的基本要素。东道国改变天然气管理框架的行为在事实上完全改变了投资者在作出投资决定时所依赖的法律和商业环境，破坏了东道国法律框架的稳定性和可预见性，违反公平公正待遇。② 但是，维持法律框架的稳定性和可预见性不影响东道国行使国家经济主权。公平公正待遇从未禁止东道国改变法律规范，除非该法律规范与东道国在吸引投资时作出的具体承诺和表示有关。③

（六）免受东道国的胁迫和骚扰

免受东道国的胁迫和骚扰指东道国政府不能以任何形式的胁迫或骚扰行为强迫投资者基于非真实意愿作出利益让渡，旨在保护投资者合法利益。例如，在"Pope & Talbot 诉加拿大案"中，东道国对投资者的投资施加挑衅的、咄咄逼人的"验证审查"，构成胁迫和骚扰；④ 在"TECMED 诉墨西哥案"中，东道国通过拒绝更新许可证的手段强迫投资者更换垃圾填埋场选址，构成胁迫和骚扰；⑤ 在"Desert 诉也门案"中，在法院判决投资者有权获得一定数额赔偿之后，东道国强迫投资者接受赔偿数额减半的调解协议，构成胁迫；⑥ 在"Total 诉阿根廷案"中，东道国以不公平的方式强制投资者进行以债换股交易，强迫投资者接受对己方更加不利的投资协议条款，构成胁迫。⑦

---

① Metalclad Corporation v. The United Mexican States, ICSID Case No. ARB（AF）/97/1, Award, 30 August 2000.

② CMS Gas Transmission Company v. The Republic of Argentina, ICSID Case No. ARB/01/8, Award, 12 May 2005.

③ Philip Morris Brands Sàrl and ors v. Uruguay, Award, ICSID Case No. ARB/10/7, 28th June 2016.

④ Pope & Talbot Inc. v. The Government of Canada, UNCITRAL, Damage Award, 31 May 2002.

⑤ Tecnicas Medwambientaks Tecmed SA v. United Mexican States, ICSID Case No. ARB（AF）/00/2, Award, 29 May 2003.

⑥ Desert Line Projects LLC v. The Republic of Yemen, ICSID Case No. ARB/05/17, Award, 6 February 2008.

⑦ Total S. A. v. The Argentine Republic, ICSID Case No. ARB/04/01, Award, 27 December 2010.

综上所述，国际投资仲裁庭已经认定了公平公正待遇的众多适用情形，并且形成了可供后续实践参考的判例。虽然仲裁庭所归纳的公平公正待遇的要素不是穷尽的，但我们仍然可以通过考察国际投资仲裁庭的实践，明确目前得到仲裁庭普遍认可的公平公正待遇的内容，有助于进一步思考如何科学地设计公平公正待遇条款，避免仲裁庭任意解释公平公正待遇的内涵，最终平衡东道国与投资者的利益。

四、间接征收条款

间接征收条款与东道国外资监管权有密切联系。间接征收是指东道国政府采取的干预外国投资者行使财产权的各种措施，迫使他们放弃自己的投资或使投资者的投资失去实质效用。有学者形容，没有征收的法令却出现了征收的结果，这就是典型的间接征收。[①]

美国 2012 年 BIT 范本第 6 条对间接征收规则作出规定："任何一方不得对涵盖投资进行直接或间接的征收或者国有化或采取与征收、国有化等同的措施，除非为了公共目的；以非歧视的方式进行；给予及时、充分、有效的补偿；根据正当法律程序和第 5 条（最低待遇标准）进行。" 2012 年 BIT 范本附件 B 规定："第 6 条第 1 款提出了两种情形，第一种情形是直接征收，投资被直接国有化或直接通过所有权的正式转让或完全没收；第二种情形是第 6 条第 1 款所规定的间接征收，缔约一方的一项行为或一系列行为与不通过所有权转让或完全没收的直接征收行为具有等同效果的方式。"关于间接征收的判断标准，该范本规定："关于缔约一方的一项行为或一系列行为的决定在具体情况下是否构成间接征收，需要在事实的基础上针对个案进行调查。"需要考虑的因素有：（1）政府行为的经济影响，即使缔约一方的一项行为或一系列行为对投资的经济价值有负面影响，其本身并不表明间接征收成立。（2）政府行为干预明显合理的投资期待的程度。（3）政府行为的性质。在少数情形下，缔约一方规划或适用的保护社会正当利益如公共健康、安全和环境的非歧视性行为不构成间接征收。美国 2012 年 BIT 范本采用概括式的方式阐述了间接征收规则，具有模糊性，给仲裁庭解释间接征收条款留下了较大自由裁量空间。在中国所签订的 BITs 中，间接征收条款的规定也大致与美国 BIT 范本相似，如 2006 年签订的《中国—俄罗斯 BIT》第 4 条规定，"1. 缔约任何一方对缔约另一方的投资者在其领土内的投资不得采取征收、国有化或其他类似措施，除非为了公共利益的需要，并符合下列所有条件：（1）依据国内法律程序；（2）非歧视性的；（3）给予补偿。2. 本条

---

① W. Michael Reisman, Robert D. Sloane, Indirect Expropriation and Its Valuation in the BIT Generation, 74 British Yearbook of International Law 115 (2003).

第一款所述的补偿,应等于采取征收或征收为公众所知的前一刻被征收投资的市场价值,并适用两者中更早者。该价值应根据普遍承认的估价原则确定。补偿包括自征收之日起到付款之日按6月期美元借贷的伦敦同业借贷利率计算的利息。补偿的支付不应迟延,并应以可自由兑换的货币进行。"

OECD起草的MAI最后谈判文本规定:"缔约方不得直接或间接征收或国有化其境内的投资,或采用任何征收或国有化措施或与征收或国有化具有同等效果的措施。"对于什么是"具有同等效果的措施",MAI没有任何解释。在MAI的谈判过程中,曾有一份工作组报告称,与征收具有同等效果的措包括:没收、充公、干涉、临时接收、使用和处分投资的方式、干扰、政府管理(即使这些措施并没有对投资的所有权造成影响)、强制销售。尽管MAI的谈判因多方原因以失败告终,但NAFTA对间接征收的规定与MAI如出一辙。① NAFTA第11条规定,"1. 任何一个成员国均不得直接或间接对另一成员国投资者在该地区的投资实行国有化或征收,或者采取相当于国有化或征收该投资的措施,除非(a)为了公共目的;(b)以非歧视为基础;(c)根据法定程序和第1105条(1);和(d)根据第2款,通过第6款支付补偿。2. 补偿应与征收发生时(征收日)前被征收投资的市场公平价值相当,并且不应反映因为企图征收被更早知道而发生的任何价值变化,估价标准应包括相关价值,包括有形财产报税价值的资产价值和别的由于征收决定公平市场价值的标准。3. 补偿应毫无迟延地支付和充分实现。"

从上述缔约实践可以看到,间接征收多数被笼统地表述为相当于征收效果的政府措施或行为。间接征收概念的不确定性及认定标准的缺乏导致不少国际投资仲裁庭以效果作为认定间接征收的唯一标准,认为只要东道国措施对外资产生负面效果,无论出于何种目的或动机,都构成间接征收,从而严重限制了东道国为实现可持续发展目标而采取相关措施的主权权利。为了避免这一负面影响,已经出现新的缔约实践,即在间接征收条款中体现公共利益优先于投资者利益的缔约意图,符合可持续发展理念。可惜的是,间接征收条款没有解释什么是公共利益,什么事项属于公共利益,这成为仲裁实践中的争议问题。近来发生的"Philip Morris公司诉乌拉圭案"②就是一例。本案申请人是"Philip Morris品牌有限公司(瑞士)"、"Philip Morris产品有限公司(瑞士)"以及"Abal公司(乌拉圭,Philip Morris品牌有限公司全资子公司)"(以下统称为"申请人")。本案被申请人是乌拉圭政府。

---

① 寇顺萍、徐泉:"国际投资领域'间接征收'扩大化的成因与法律应对",载《现代法学》2014年第1期,第137页。

② Philip Morris Brands Sàrl and ors v. Uruguay, Award, ICSID Case No. ARB/10/7, 28th June 2016.

2008年8月18日,乌拉圭公共卫生部颁布第514号法令,该法令第3条要求一个注册烟草品牌在乌拉圭国内市场中只能使用一种外观,禁止烟草企业将同一商标品牌下投放市场销售的烟草制品有不同包装或外观变化,即"单一外观要求"。在第514号法令颁布前,申请人在乌拉圭销售的"万宝路"品牌香烟有多种外包装,例如"万宝路—红"、"万宝路—金"、"万宝路—蓝"和"万宝路—薄荷绿"。但是,在法令生效后,申请人不能再继续销售上述不同外包装的万宝路香烟,否则将违反被申请人提出的单一外观要求。申请人认为这一措施极大地影响了公司的价值和利益。2009年6月15日,乌拉圭政府颁布第287/009号法令,该法令要求烟草制品外包装的正面和背面"健康警告标识"的面积占比必须从50%增加到80%,剩下20%用于展示商标、标识和其他信息,以下简称"80/80规则"。申请人认为这一措施剥夺了其展示、使用合法注册商标的权利(知识产权),进一步损害了其投资利益。

被申请人认为无论是单一外观要求还是80/80规则,均未违背乌拉圭承担的国际义务,包括《瑞士—乌拉圭BIT》。乌拉圭严格履行世界卫生组织(World Health Organization,以下简称WHO)FCTC第11条和第13条项下条约义务,致力于保护公共健康。被申请人指出,乌拉圭是拉丁美洲吸烟率最高的国家之一,每年约有5000人死于吸烟引起的各项疾病,包括心血管疾病和癌症,每年消耗约1.5亿美元的社会公共成本。被申请人实施的这两项控烟措施均以非歧视的方式适用于所有烟草企业,属于乌拉圭合理行使国家主权的范围。单一外观要求是为了减少烟草制品促销带来的持续不利影响,如标注本品牌香烟比其他品牌更安全,或者标注"轻型"、"柔和型"及"超轻型"等,进行虚假营销,使消费者对烟草制品的危害产生误认。80/80规则是为了提高消费者对烟草制品可能导致的健康风险的认知,尽可能促使人们(尤其是年轻人)戒烟或不吸烟。80/80规则并没有阻止烟草商使用商标,他们仍然可以在占烟草制品外包装面积20%的区域使用注册商标。因此,本案关涉公共健康保护,而非外国投资保护问题。

聚焦本案涉及的间接征收问题。申请人认为,乌拉圭政府实施的单一外观要求和80/80规则,是对其在乌拉圭投资的征收行为,违反了《瑞士—乌拉圭BIT》第5(1)条。在单一外观要求生效以后,申请人注册商标下的13个子品牌中的7个被迫退出市场,损害其知识产权和商誉价值。而80/80规则对剩余的6个子品牌造成了两种短期影响:其一,两种自主品牌于2009年在市场上中断销售;其二,对申请人品牌权益和定价能力造成侵蚀。这两种短期影响损害了品牌的权益。申请人声称,香烟包装外观的恶化导致Abal公司被迫在维持市场份额和维持过去的价格受益之间作出选择。这又实质性地影响了申请人基于投资可能获得的利润,因为吸烟者为申请人旗下产品支付溢价的意愿降低。申请人承认仍然在盈利，但是其认为每个品牌系，包括每个子品牌和每个品牌本身就是其合法拥有的独立投资。因此，子品牌的销售中断以及对剩余品牌的干扰构成了征收。在此情形下，乌拉圭政府没有给予申请人充分、有效的补偿，构成非法征收。

被申请人认为，无论是单一外观要求还是80/80规则均不构成征收，也无须补偿，这两项控烟措施是乌拉圭政府为保护国民健康，善意、非歧视地行使具有主权性质的"警察权"的行为。首先，Abal公司仍然在盈利，控烟措施没有对申请人在乌拉圭的投资造成严重经济影响，以至于变得毫无价值。其次，申请人在乌拉圭的知识产权投资必须符合乌拉圭国内法。根据乌拉圭《商标法》第14条，商标权是一种消极权利，即排除他人未经许可使用商标权的权利，而非可以由商标权人积极行使的权利。最后，申请人未在乌拉圭注册其商标下的13个子品牌，即并未合法拥有这些子品牌的所有权。

仲裁庭认为，根据《瑞士—乌拉圭BIT》第1（2）（d）条，商标权以及与商标使用有关的商誉属于"受保护的投资"，为确定申请人的投资是否被征收，仲裁庭将依次解决以下三个问题：

第一，申请人是否拥有被禁止使用的商标。仲裁庭认为，根据《保护工业产权的巴黎公约》（Paris Convention for The Protection of Industrial Property，以下简称PC）第5（C）（2）条之规定，商标所有人使用的商标，在形式上与其在本联盟国家之一所注册的商标的形式只有细节的不同，而并未改变其显著性的，不应导致注册无效，也不应减少对商标所给予的保护。与之相关的是，PC第6（1）条规定商标的申请和注册条件，由本联盟各国的国内法律决定。仲裁庭指出乌拉圭的国内法关于商标的规定与PC实际上是一致的。根据乌拉圭《商标法》第13条，"任何对已注册商标的调整均需新注册商标，但法律同时不拒绝为已注册商标的调整进行保护"。由此，无论申请人是否拥有对案涉商标的所有权，这些商标都应受到法律保护，也就构成了可能被征收的"合法权益"，所以无须确定申请人对案涉商标的所有权，这与是否构成征收的讨论无关。

第二，商标权是一种使用权还是排除他人妨害的权利。仲裁庭认为，其一，PC对商标未作出详细规定，仅规定由各成员国国内法调整商标的注册和申请。唯一的例外是成员国对于在其他成员国已经注册的商标必须接受其商标注册申请，除非已经声明保留；仲裁庭不能确定烟草公司与WIPO的交流具备何等法律效力，但是PC中没有任何条款表明，商标权是一种积极的使用权。相反，如果一个商标在一段合理的时间内没有得到使用，将被注销。其二，如果TRIPS意在设定一种使用权，那么TRIPS应当增设一条"使用权"条款，而不是仅禁止成员国对商标的使用造成无理妨碍。相反，TRIPS第16条规定"注册商标的所有权人享有专有权,以阻止所有第三方未经该所有权人同意在贸易过程中对与已注册商标的货物或服务的相同或类似货物或服务使用相同或类似标记,如此类使用会导致混淆的可能性。"这明显表明商标权是一种专有权、排除权。其三,《南方共同体市场协定》(MERCOSUR Protocol)第 11 条规定,"商标的注册应当授予商标所有权人一项排他性的使用权,即防止任何人在未经商标所有权人同意的情况下使用商标的权利……"《南方共同体市场协定》亦没有授予申请人诉称的使用权。因此,仲裁庭认为商标权是一种相对于其他人而言排除性的使用权,是相对的。它不是一种可以用于对抗作为管理者的国家的一种绝对的使用权,须服从国家的监管。

第三,被申请人的两项控烟措施是否征收了申请人的投资。被申请人认为,申请人不享有对商标的使用权,也就不存在可被征收的权利。仲裁庭不同意被申请人的上述观点,认为商标权不是一种使用权并不意味着商标权不属于乌拉圭法律规定的"财产权"。仲裁庭指出,商标是财产,法律应当保护商标所有权人对商标的使用。作为一种智力财产,商标与贸易之间具有天然的内在联系,因为商标是生产者和消费者之间的桥梁,消费者依靠商标来辨认商品提供者。必须假定商标一经注册就应投入使用,尽管有时只是为了排除他人未经许可非法使用。因此,申请人有可被征收的财产性权利。

就 80/80 规则而言。申请人认为 80/80 规则使品牌价值降低,直接影响了 Abal 公司赚取溢价的能力,构成间接征收。仲裁庭认为,申请人的这一主张缺乏证据。申请人销售的香烟盒上仍然可以使用万宝路商标及其他具有独特性的元素,以供消费者识别、区分本企业与其他企业的香烟产品。在 80/80 规则下,香烟盒仍有 20% 的部分可供申请人使用,不会对申请人的经营活动产生实质性影响,因此乌拉圭实施 80/80 规则不构成征收,没有违反《瑞士—乌拉圭 BIT》第 5 条。

就单一外观要求而言。仲裁庭认为,为解决实施单一外观要求是否构成征收行为,应当将申请人的经营活动视为一个整体,对其整体投资价值是否受到"实质性"影响进行评估。而对投资价值造成何种程度的影响将构成征收?仲裁庭认为,就间接征收而言,如果被申请人的两项控烟措施实施后,申请人的投资仍然保留了显著价值,则不构成征收。根据大量仲裁先例,仅存在潜在利润损失不构成间接征收。例如"LG&E 公司诉阿根廷"案中,仲裁庭指出当投资继续运营时,对于投资继续经营能力的干扰不构成征收,即使这一干扰已经导致投资者利润的消失。换言之,间接征收的影响必须是实质性的。在本案中,虽然申请人指出,如果没有这两项控烟措施,Abal 公司将有机会赚取更多利润,但申请人也承认被申请人实施两项控烟措施后,2011 年 Abal 公司的盈利能力有所回升。

因此，被申请人的两项控烟措施没有对申请人的投资造成实质影响，不构成征收。

此外，具有永久主权性质的警察权（police power）① 是否可以对抗《瑞士—乌拉圭BIT》第5（1）条项下义务。申请人认为，即使被申请人出于保护公共健康的目的征收投资，也应给予申请人赔偿。国家行使警察权不构成对于征收的抗辩理由。仲裁庭不同意申请人的上述观点，指出应当依据《维也纳条约法公约》第31（1）（C）条解释《瑞士—乌拉圭BIT》第5（1）条，即考虑适用于当事国间关系之任何有关国际法规则，包括习惯国际法规则。

仲裁庭援引了1961年《国家对外国人损害之国际责任公约草案》、1987年《美国对外关系法第三次重述》、2004年经济合作与发展组织研究报告，认定一国善意、非歧视行使警察权而对外国人财产造成的损害不构成征收且无须赔偿。进而，仲裁庭援引了一系列涉及公共健康和其他公共利益领域的投资条约仲裁判例指出，尽管一国善意、非歧视行使警察权作为间接征收的例外并没有得到投资条约仲裁庭的立即承认，但是自2000年以来投资条约仲裁实践出现的一致趋势是认为一项措施是否构成征收取决于国家行为的性质和目的，进而将善意、非歧视地行使警察权的措施排除在了间接征收之外。②

仲裁庭最终驳回了申请人的诉请，认为乌拉圭基于公共健康目的采取的控烟措施不构成间接征收。可以说，该案具有进步意义，肯定了间接征收中的"警察权例外"，尊重东道国基于善意、非歧视原则而行使的外资监管权。此外，兼采效果和目的标准试图在保护投资者和维护东道国监管权之间找到平衡点，这种做法开始为更多的仲裁庭所采纳。相较于以往仲裁庭认定间接征收的标准，即单一效果标准和单一目的标准，兼采效果和目的标准更加合理。

鉴于国际投资法未对间接征收作出明确的定义，国际投资仲裁一直存在对间接征收作出扩大解释的情况。③ 因此，在设计间接征收条款时应当明确"警察权例外"，维护东道国为实现可持续发展目标而采取相关措施的主权权利。

首先，这种例外应该包括两类管制措施：保护环境与公共健康的管制措施；促进和维护国家利益、公共利益的管制措施。与此同时，东道国政府措施还应符合善意、非歧视、正当程序和比例原则的要求。"善意"要求应该包含以下含

---

① 也有学者将police power翻译为"治安权"。
② 参见全小莲："Philip Morris 诉乌拉圭国际投资仲裁案解读（上）"，载《仲裁研究》2019年第1期，第127—141页；参见全小莲："Philip Morris 诉乌拉圭国际投资仲裁案解读（下）"，载《仲裁研究》2019年第2期，第124—135页
③ 杨丽艳、张新新："再论国际投资仲裁中间接征收的认定及扩大适用"，载《时代法学》2017年第1期，第112页。

义：（1）公共利益应该是真实存在的公共利益。投资条约的公共利益要求应该存在某种真实的公共利益。如果仅仅是提及公共利益就能魔法般地使这样的利益存在并且据此满足了这一要求，那将会使这一要求没有意义。（2）国家应该出于正当目的善意地行使警察权，不能故意损害投资者利益，不能滥用警察权。非歧视和正当程序要求东道国的管制同等对待投资者，遵循正当程序，与国际投资条约规定的"合法征收"条件中的非歧视和正当程序要求一样。比例原则要求采用的手段和其试图实现的目的之间成适当的比例，是均衡的；或者说，在能实现管制目的和效果的前提下，国家应该以给投资者造成最小影响的方式行使警察权。①

第三节 可持续发展理念在投资者责任条款中的直接体现

一、环境保护条款

可持续发展的重要支柱之一就是环境的可持续。而国际投资与环境之间的问题是一个动态变化的问题，在投资的不同阶段，二者的互动关系也存在差异。比如，在投资初期，东道国积极吸引外资，提供便利化条件和政策支持，外国资本在当地投资建厂。此时二者处于一个相对和谐的状态。然而，随着投资的不断深入，或者外国投资无法满足东道国的期待，或者初始的便利政策导致环境负担，外国投资与环境之间便会产生冲突。例如，国际投资活动中一些发达国家通过国际投资的方式转嫁污染密集型企业，一些发展中国家为了引进外资促进本国经济的发展，降低环境标准，从而带来严重的环境问题。

环境保护条款是指 BITs 或 FTAs 中涉及环境保护内容的条款，包含不降低环境标准义务的条款、例外条款、环境保护的程序性条款、处理投资条约与环境条约彼此关系的条款。② 国际投资条约的核心目的在于促进和保护投资，因此最初国际投资条约并不包含环境保护条款。环境保护条款是伴随着全球生态危机和环境保护意识的增强而逐渐出现在投资条约文本中的。NAFTA 中设置的环境保护义务是早期将投资问题与环境问题挂钩的典范，被称为是最"绿色环保"的 FTA。虽然 NAFTA 没有以单独章节的形式规定环境问题，但其与环境相关的条款散落在协定的各个部分。主要包括八个方面（如表 3–1 所示）：

---

① 王小林："可持续发展投资政策框架下间接征收的'治安权例外'"，载《学术论坛》2018 年第 6 期，第 47 页。

② 马迅："国际投资协定中的环境条款述评"，载《生态经济》2012 年第 7 期，第 39 页。

图 3-1 NAFTA 与环境保护有关的条款

NAFTA 与环境保护相关的内容	
1	《濒危野生动植物种国际贸易公约》《关于消耗臭氧层物质的蒙特利尔议定书》《控制危险废物越境转移及其处置巴塞尔公约》中的义务优先于 NAFTA，但需要尽量减少与 NAFTA 规定的不一致，以保证 NAFTA 不会削弱缔约国根据上述环境协议采取措施的权利
2	缔约方可根据 NAFTA 采用，维持或实施任何其认为适当的，与保护人类，动植物生命或健康，环境或消费者有关的任何措施，并可以为实现此目标确定其认为适当的保护水平
3	NAFTA 要求缔约方根据协定规定共同努力提高对人类、动植物生命和健康，环境和消费者的安全水平和保护水平
4	保护人类、动植物生命或健康所必需的或者保护生物或非生物不可再生自然资源所必需的措施，如果不以任意或者不合理的方式采取，或者未构成对国际贸易或投资的变相限制，则1106 条 1（b）（c）、第 1106 条 3（a）（b）不得解释为阻止缔约方采取或者维持措施，包括环境措施
5	任何 NAFTA 缔约国都不应为了吸引投资而降低其健康、安全或环境标准
6	缔约一方投资者可以因另一方违反投资实体性义务，并由此造成投资者的损失或者损害，可以诉诸仲裁
7	当有关国家标准的争议引发有关的环境实施问题时，该缔约方可以选择将争议提交 NAFTA 争端解决程序
8	仲裁庭可以指定一名或多名专家就争议方在诉讼程序中提出的有关环境，健康，安全或其他科学问题的任何事实问题，提出书面意见

上述以上八项与环境相关的条款与 NAFTA 第 1114 条第 2 款规定的"不降低措施"紧密相关。根据 NAFTA 第 1114 条，不能通过放松、减损国内环境措施的方式来鼓励投资，如果一方认为另一缔约方提供这种放松环境措施方式的鼓励，可以要求磋商程序，以避免任何此类鼓励。这一规则也是美式 BIT 范本被纳入 NAFTA 的体现。

NAFTA 的升级版本 USMCA，同样重视环境保护。首先，USMCA 序言部分指出本协定旨在促进高水平的环境保护，包括通过缔约方有效执行其环境法律，加强环境合作，实施互助贸易和环境政策等措施，实现可持续发展的目标，并且缔约方认识到需要保护合法的公共福利，如健康、安全、环境以及生物或非生物可耗尽的自然资源。这是条约目标和宗旨的直接体现。其次，USMCA 投资章节回应了投资与环境保护的关系。USMCA 第十四章第 14.2 条规定，本章适用于缔约方采取或者维持的涉及与第 14.16 条（投资和环境、健康、安全和其他管制对象）有关的在该方领土内的所有投资的措施。第 14.16 条规定，本章的任何内容均不得解释为阻止缔约方采取、维持或执行其认为适当的任何与本章一致的措施，以确保管辖范围内的投资活动不是以对环境、健康、安全或其他监管对象敏感的方式进行。USMCA 附件 14－B.3（b）规定了征收的环境例外，缔约方以保护健康，安全和环境等合法公共福利为目标制定和实施的非歧视规制措施，不构成间接征收，除非有特定情况。再次，USMCA 专设环境章节，即第二十四章。USMCA 第 24.2 条第 1 项指出，良好的环境是可持续发展的重要组成部分。第 24.2 条第 5 项明确，缔约方制定环境法或者采取其他措施对双方之间的贸易或者投资构成变相限制是不恰当的。第 24.4 条第 3 项规定，东道国不得通过削弱环境保护法提供的保护的方式来鼓励双方之间的贸易或者投资。第 24.25 条提出，缔约方认识到以合作机制来增强缔约各方利益，加强缔约方共同及个体的环境保护能力和促进投资和贸易可持续发展能力的重要性。最后，因第二十四章环境发生争议时，根据第 24.29 条至第 24.32 条，争议方可以发起环境磋商、高级代表磋商、部长级磋商三级磋商程序。若磋商程序不能在规定时间内解决问题，可以根据第 31.6 条成立专家小组解决争议。这些专家必须具备环境法知识或实践方面的经验，体现缔约方对环境问题的重视。

通过对比 NAFTA 和 USMCA 中与环境有关的内容，我们可以发现 USMCA 环境保护条款更为完善，是代表了 21 世纪世界高标准的新协议。为新时期国际投资协定的条约开阔视野，将投资自由化与环境保护目标挂钩，共同推进可持续发展的全球目标。

与此同时，美国 BIT 范本中的环境保护条款也在不断发展、更新。有学者指出，如果说美国 1994 年 BIT 范本只给环境保护一丝微光———重要性在于其具有肇始引入的意义，真正的环境政策内容及其演变则主要体现在 2004 年范本和 2012 年范本之中。前者确立了美国 BIT 环境政策的框架，后者强化、细化和完善了这一框架。[①]

美国 2012 年 BIT 范本有关环境保护的内容主要有以下几个方面：首先，序言部分提出，希望以与保护健康、安全和环境以及促进国际公认的劳工权利相一致的方式实现条约目标，表达对环境问题的关注。其次，第 12 条"投资与环境"条款，对缔约双方各自的环境法规和政策以及双方均参加的多边环境条约

---

① 王艳冰："美国 BIT 范本的环境政策考量与变迁及其对中国的启示"，载《理论与现代化》2014 年第 6 期，第 37—39 页。

的效力予以认可。第12.2条确定了缔约方不得降低环境标准的义务，即缔约各方都应保证不会为了鼓励一项内投资的设立、取得、扩大或保留，而通过削弱或减少环境法规提供的保护，或者放弃以某种持续的或重复的作为或不作为来有效实施环境法规的方式，来放弃或减损，或者允诺放弃或减损国内环境法规的规定。这样的条款也被称为"污染避难所"条款。关于"污染避难所"的定义学界存在分歧，其核心是投资者选择从环境管理方面看廉价而有效率的投资，通过比较优势获取最大利润。在现实中也确实存在这种问题，发达国家在国内实行严格的环境标准，利用产业转移进行"污染避难"。同时，第12.3条中认可了各方行使自由裁量的权利以及分配有关资源，执行环境事项的权利，即缔约各方有权采取合理的环境措施来限制外国投资，但以不违反其他规定为限。再次，BIT范本分别在第8条和附件B中规定履行要求的例外和征收的例外，即缔约方可以实施为保护有生命或无生命的可枯竭的自然资源所必需的措施；缔约方为保护合法的公共福利如公共健康、安全或环境的目的而设计并适用的非歧视性的规范行为，不构成间接征收。最后，程序性规定方面，BIT范本第32条规定，允许以"专家报告"的形式来探讨环境问题：在不影响由可适用的仲裁规则授权任命其他类型专家的情况下，仲裁庭可以应争端一方的要求任命，或在争端双方不赞成时，主动任命一名或多名专家就争端一方在仲裁程序中提出的与环境、健康、安全或其他科学事项有关的问题作出书面报告。但是BIT范本第12.6条规定，如果缔约方违反了环境保护条款，缔约一方可以通过书面请求的方式要求缔约另一方就本条款产生的任何问题进行磋商。缔约另一方应当在收到该通知的30日内回复磋商要求。缔约双方应当进行磋商并且尽力达成双方满意的解决方案。这意味着投资者不能将环境保护条款（第12条）相关争议提交ISDS机制解决。

由此可见，美国关于在投资条约中纳入环境保护规则的实践走在世界前列，USMCA包含的专门环境条款更加凸显环境保护在国际投资中的重要性，代表了现代国际投资条约在环境保护方面的新发展动向。当前，在推进投资自由化、便利化的过程中，环境保护已经成为各国关注的重点。各国认识到一味地追求经济效益，不顾环境成本，只会带来投资的恶性循环，对投资者和东道国都无益。因此，现有的大多数国际投资条约都订有环境保护条款，并且日臻丰富和完善，主要体现为四种表现形式，即序言条款、例外条款、专门条款和程序性条款。

首先，序言条款是指国际投资条约在序言部分概括性地提及环境保护，其表述通常为：在不放松健康安全和环境标准的情况下促进和保护投资，有利于促进可持续发展；承认环境保护或环境合作的目标；尊重社会公共利益。其次，例外条款是指确保东道国因环境保护需要而管理某些领域不受投资条款限制的规定。

例外条款为保护东道国基于本国公共利益而实施环境保护措施的权利保留了一定的空间,避免了国际投资条约中权利义务的不对称性。但是,例外条款的适用必须满足一定的条件,不能以随意或不合理的方式对国际投资构成明显限制,必须是非歧视性的措施,因而这些例外条款是有条件的例外,其目的在于避免东道国滥用环境规制权,防止形成国际投资的"绿色壁垒"。再次,专门条款是直接以调整投资与环境保护关系为主要内容的条款。专门条款应当涵盖权利与义务两个方面。在权利方面,缔约方承认各方建立自己国内环境保护水平或管理自身环境优先事项的主权权利。缔约方有权通过、制定或修改环境法律和政策。在义务方面,缔约方应确保不会通过豁免、宽松或其他违背国内健康、安全或环保措施来鼓励投资。最后,程序性条款是缔约国约定就投资过程中发生的环境争议进行磋商,并且常常伴有专家报告制度。争端方可以指定一名或多名专家就案涉环境、健康、安全或其他问题提出书面意见,但须遵守各方可能同意的条款和条件。但也有投资条约明确将环境问题排除在 ISDS 程序之外,如美国 2012 年 BIT 范本。此外,美国近年来签署的 FTAs,如《美国—秘鲁 FTA》《美国—巴拿马 FTA》《美国—哥伦比亚 FTA》中的投资章节均允许投资者母国援引条约中有关国家间争端解决的条款来解决环境保护争议,这又是一种新类型的程序性规定。①

二、劳工及人权保护条款

新自由主义的国际投资法律制度侧重赋予投资者各项权利,以确保其投资免受东道国侵害。但是可持续发展理念指导下的国际投资条约,要求投资者承担可持续发展的义务和责任。劳工和人权保护就是一个重要方面。传统上,国际人权法没有对投资者施加直接义务,而是要求缔约国采取措施确保其管辖范围内的私人主体,不得侵犯人权。这类私人主体虽然包含投资者,但是投资行为导致的人权损害争议只能诉诸东道国国内救济。国际劳工公约对于跨国公司承担人权领域中的责任具有重要意义。这些公约广泛地涉及人权问题,如禁止使用童工、强迫劳动、保护结社自由包括组织工会的权利和集体谈判的权利、消除就业和职业方面的歧视、实施男女工人同工同酬、公平和安全的工作条件、最低工资、工时等。尽管公约的缔约方是国家,但国家负责把其承担的国际人权法律义务转化成国内法律并加以执行,跨国公司有义务在其经营活动中遵守这些公约所规定的劳工标准。②

企业在发展和追求利润的过程中,可能会对人权造成不利的影响。例如,侵犯劳工获得公平和适当报酬的权利、组织和参与集体谈判的权利,侵害土著民族

---

① 黄洁:《TPP 视野下的中国自由贸易区战略研究》,上海人民出版社 2016 年版,第 189 页。
② 迟德强:"从国际法论跨国公司的人权责任",载《东岳论丛》2016 年第 2 期,第 174 页。

等当地社区民众生存和发展的权利，等等。自 20 世纪 90 年代以来，企业、特别是跨国企业在全球迅速扩张，引起了人权领域对于企业与人权问题的广泛关注。2011 年 6 月，联合国人权理事会一致通过了《工商企业与人权：实施联合国"保护、尊重和补救"框架的指导原则》（Guiding Principles for Business and Human Rights: Implementing the United Nations "Protect, Respect and Remedy" Framework，以下简称《指导原则》），① 为预防和应对工商企业侵犯人权问题提供了全球标准。《指导原则》明确规定了为了确保工商企业在尊重人权的基础上经营业务，国家需要承担的义务和企业需要承担的责任。《指导原则》建立在三大支柱的基础上：（1）国家负有义务，通过合适的政策、法律、条例和裁定，保护人权免遭第三方，包括工商企业侵犯；（2）企业负有尊重人权的责任，这意味着它们应进行尽职调查以避免侵犯其他人的人权，并应在自身卷入时，消除负面影响；（3）需要为企业相关人权损害的受害人提供更广泛有效的司法补救和非司法补救。自《指导原则》获得联合国人权理事会通过以来，《指导原则》推动了国际上企业与人权标准的统一，巩固了它作为企业与人权方面全球权威标准的地位。

在国际投资法领域，鉴于劳工权是一项国际公认的基本人权，近年来国际投资条约中开始出现劳工及人权保护条款，强化东道国劳工法的执行效力，并且直接要求投资者遵守国际上认可的国际人权标准和国际核心劳工标准等，回应了保障东道国社会公共利益的现实需求。UNCTAD 指出，越来越多的东道国在新签署的投资条约中纳入保护劳工权益的条款，以免出现过度维护投资者权益而压缩东道国可持续发展空间的现象，协调国际投资与劳工保护之间的冲突，呈现人本化趋势。②

美国 2004 年 BIT 范本是尝试将劳工标准纳入投资条约的早期实践代表。2004 年 BIT 范本第 13 条规定了投资与劳工的关系，提出缔约方应认识到通过降低或削弱国内劳工法律提供的保护来吸引外资是不恰当的，并要求每一方应尽力确保不以任何方式减损国内法以吸引外资。具体而言，劳工权利的保护范围包括结社权、组织及集体谈判权、禁止使用任何形式的强迫或强制劳动、对儿童及青少年提供劳动保护以及关于最低工资、工作时间、职工安全和健康的可接受的工作条件。与前述环境义务一样，在美国 2012 年 BIT 范本中同样进一步强化了劳工权益，规定缔约方应确保不以任何方式减损国内法来吸引外资（这与第 12 条

---

① Guiding Principles for Business and Human Rights: Implementing the United Nations "Protect, Respect and Remedy" Framework, U. N. Doc. HR/PUB/11/04, 2011.

② 任芳奇："'一带一路'投资协定中劳工权保护问题研究"，载《特区经济》2020 年第 9 期，第 44 页。

的环境条款的措施变化一致),并在权利保护范围中增加了消除歧视。可以看到,美国 BIT 范本的措辞从"尽力确保"(strive to ensure)的软性规定改为语气更为强烈的确保(ensure),东道国劳工法将得到更为有效地执行,其外资监管权也得以强化。类似的劳工条款在加拿大、墨西哥、比利时、挪威等国所签订的一些投资条约中存在,2006 年《日本—菲律宾经济合作协定》、《韩国—日本 BIT》中也有类似的劳工条款。其他国家所签订的投资条约则大多数在序言部分提及劳工和人权保护的内容。①

美国不仅在 BIT 范本中不断完善对投资与劳工规定,强调劳工及人权保护,而且在同期的 FTAs 缔约实践中也体现了这一发展趋势。有学者指出,将劳工问题纳入美式 FTAs 是美国对 NAFTA 的事后思考。NAFTA 本身几乎未涉及劳工问题,仅在序言中提及了创造就业机会,提高工作条件和工人权利问题。美国政府在 NAFTA 项下频频被诉,促使其反思过高的投资保护标准可能会对国家利益造成损害。虽然 NAFTA 的侧面协议——《北美劳工合作协定》(North American Agreement on Labor Cooperation,以下简称 NAALC),包含有关劳工保护的具体内容,但是 NAALC 不是为了建立一套国际劳工权利和标准,主要是通过签署此协议而去执行国家劳动法,即每一方应通过适当的政府行为促进遵守和有效地执行其劳动法。以 2000 年《美国—约旦 FTA》为例,该 FTA 第 6 条对劳工问题做了专门规定,重申其作为联合国国际劳工组织成员的义务,以及对《国际劳工组织工作基本原则与权利宣言》及其后续行动中的承诺。各缔约方应努力确保在国内法中认可和保护上述劳工原则以及国际公认的劳工权利。与劳工条款有关的投资争端交由根据 FTA 第 15 条成立的"联合委员会"管辖。应任何一方要求,联合委员会均可以考虑"提供更多机会以提高劳工标准"。②

此外,国际投资法领域还出现了直接规定投资者劳工权利等人权保护义务的缔约实践,旨在确保负责任的投资。2005 年,国际可持续发展研究所发布《关于为可持续发展进行投资的国际协定范本》在第 14 条规定,投资者及其投资应当在工作场所及其所在的国家和社区维护人权;投资者不得采取或导致采取违反人权的行为;投资者及其投资不得串通或协助他人在东道国违反人权,包括由公共当局所从事或在内战期间的行为;投资者及其投资应当遵守《国际劳工组织工作基本原则与权利宣言》中所要求的核心劳动标准;投资者及其投资不得以规避东道国或母国作为缔约方的国际环境、劳工和人权义务的方式进行管理和经

---

① 漆彤、吴放:"论国际投资条约价值多元化之发展趋势",载《福建江夏学院学报》2014 年第 2 期,第 32 页。

② 梁咏:"2012 年美国 BIT 范本中劳工条款的新发展与中国对策研究——以投资利益与劳工保护平衡为视角",载《上海商学院学报》2013 年第 4 期,第 18 页。

营。2012年,由南部非洲发展共同体发布的《BIT范本与评注》第15条参照了前述范本第14条关于投资者人权义务的规定。2012年,UNCTAD发布的IPFSD也明确提出国际投资条约应当增设"投资者的义务和责任"条款,以鼓励投资者遵守普遍原则和可适用的企业社会责任标准。[1]

三、企业社会责任条款

可持续发展是新一代国际投资条约体系改革中的基本框架式内容,而企业社会责任条款就是实现投资者和东道国共赢的重要规则之一。企业社会责任条款为企业在促进东道国社会发展方面规定了积极义务,既有利于东道国的可持续发展,也能为投资者自身营造优良营商环境,间接地实现投资保护与促进。

企业社会责任的概念最早源于西方发达国家,而后逐渐传播至发展中国家。企业社会责任问题是一个动态发展且内容丰富的概念,其核心内容和外延随着经济社会的进步和社会观念的更新,特别是随着企业社会活动范围和产业类型的持续更新而不断扩展。以前人们从来没有注意过的一些事件和现象,现在也逐渐发展成为影响和阻碍人类社会进步的社会问题,如跨国公司利用其优势地位进行垄断、打压所在国民族工业、使用童工、阻止工会的建立、对产品质量采取双重标准侵害消费者权益、工作条件恶劣对工人的安全和健康造成损害、破坏环境、逃税漏税、在商业交易中对政府官员行贿等。

1971年,美国经济发展委员会发表了《商事企业应承担的企业社会责任》报告(Social Responsibilities of Business Corporations),[2] 在这份报告中,委员会将企业社会责任描述为"三个同心圆"(如图3-1所示):最里面一圈,要求企业承担具体的有效履行促进社会经济发展的基础性责任,比如生产、促进就业、促进经济发展等基础性责任,履行企业经济职能;中间一圈,要求企业在执行内圈基础责任时,应针对政府政策和社会利益的优先属性的变化采取积极、有效应对的责任,比如尊重劳动权利、改善劳工用工环境、保护自然环境、节约自然资源以及对消费者负责、保证所提供的产品质量等;最外面一圈,要求企业承担对还未出现但将会出现的社会公益方面的责任,即要求企业更多、更积极地参与改善整体社会环境的社会活动,以营造适合自身生存和发展的外部环境。美国经济发展委员会还发布了一份有关企业社会责任内容的调查报告,总结出了十大类企业社会责任应当披露的信息:(1)经济增长与效率;(2)促进就业与培训;(3)社

---

[1] 隽薪:"将人权纳入投资规则:国际投资体制改革中的机遇与挑战",载《环球法律评论》2016年第5期,第183页。

[2] Committee for Economic Development. Social Responsibilities of Business Corporations, 1 June, 1971.

会服务进步与发展；(4) 自然资源的保护与再利用；(5) 医疗卫生；(6) 促进教育事业发展；(7) 保护人权与维护平等；(8) 防止污染与治理；(9) 保护文化产业和保护艺术作品；(10) 对政府的影响。①

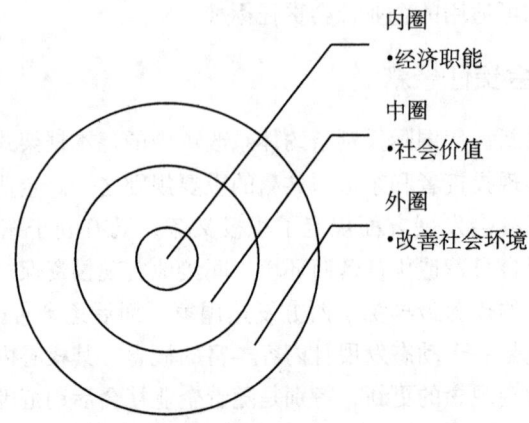

图3-1　美国经济发展委员会企业社会责任"同心圆"模型

1999年世界经济论坛在瑞士达沃斯召开，时任联合国秘书长安南提出一项"全球契约"（Global Compat），② 对世界各国企业提出了履行社会责任的要求，如在企业内部要保障员工的尊严和福利待遇；在企业外部要发挥企业在社会环境中的良好作用。这对克服全球化带来的消极影响，促进商界参与国际经济可持续发展和社会进步具有积极意义。此外，世界商业可持续发展委员会指出，企业社会责任是企业对可持续发展经济、员工及其家庭、当地社区和社会作出贡献，从而提高他们的生活质量。加拿大会议局认为，企业社会责任是企业同所有利益相关者之间的关系，这些利益相关者包括客户、员工、团体、企业所有者（投资者）、政府、供应商和竞争者。

可见，企业社会责任的内涵丰富，并且可以大致归纳为以下几个方面：第一，对员工及投资者的责任。保障员工合法权益，为员工创造安全的生产条件、良好的工作环境。努力提高员工福利待遇，完善社会保险。加强员工培训，提升员工职业能力。与此同时，企业应采取有效手段为投资者创造效益，及时准确地向投资者提供有关企业财务状况的资料。第二，对消费者的责任。保证产品质量，使消费者获得质量可靠的产品或服务。保证交易过程公平合理，不得采取高压推销和垄断政策，向消费者提供全面、透明、真实的信息，避免误导消费者作

---

① 参见迟德强："论跨国公司的社会责任"，载《学术界》2007年第4期，第223—224页。
② UN Global Compact, World Economic Forum, Davos, 31 January 1999.

出错误的购买决定。建立完善的客户服务体系和投诉处理机制，做好售后服务工作。第三，对社会生态平衡的责任。生产符合可持续发展要求的绿色、节能产品，遵循环保原则，积极参与环境治理，避免或减少对自然环境的污染和破坏。第四，对社会发展的责任。为社会创造物质和精神财富，依法纳税，积极参与反腐败行动、参与社会公益事业，努力创造就业机会。

国际社会对企业社会责任问题的关注与热烈讨论，影响了国际投资条约的演进与革新。新近少数国际投资条约已经将企业社会责任条款纳入条约文本。2018年签署的CPTPP是典型缔约实践。一方面，CPTPP在序言部分明确，各方确认促进企业承担社会责任的重要性。另一方面，CPTPP第九章"投资"章节第9.17条"企业社会责任条款"规定，缔约各方重申，鼓励在其领土内或受其管辖的企业自愿将缔约国认可或支持的、国际公认的企业社会责任标准、准则和原则纳入企业内部政策的重要性。此种规定看似不够具体，实则扩大了投资者责任的依据范围，使得东道国国内法律得以适用，维护东道国社会公共利益。企业承担社会责任也更具灵活性。

在BITs相关实践方面，加拿大2014年BIT范本中有关企业社会责任的规定比CPTPP更为翔实。该范本第16条规定，任一当事方必须鼓励在其领土范围内经营的企业，包括本国的与跨国投资的企业，能够自觉地将国际社会公认的、被当事国认可的企业社会责任标准，引入企业的日常营业和内部规章。这些标准主要涉及劳工、环境、人权、社团关系和反腐败。加拿大在后续缔约实践中，也秉持了这一立场和态度。如2014年《加拿大—韩国FTA》第8.16条、2015年《加拿大—圭亚那BIT》第16条均规定，缔约各方鼓励外国投资者在其运营中或内部政策中自愿纳入有关劳工、环境、人权、社团关系或反腐败方面国际公认的公司社会责任标准。可见，保护劳工、环境、人权、社团关系以及反腐败始终是企业社会责任的重要组成部分。

虽然目前国际投资条约多以宣示性的方式规定企业社会责任，但是这种强调外国投资者应遵守东道国法律以及普遍承认的公司社会责任，以平衡外国投资者的权利和责任、促进负责任投资的做法，是推进国际投资条约可持续发展型改革的有益尝试。或者说，至少现代国际投资条约表现出了对社会公益的关切态度。国际投资条约不再仅以促进投资自由化和投资者利益保护为价值取向，开始重视对国家利益、社会利益等非投资价值的保护，追求多元价值平衡。

第四节　实现可持续发展目标的程序性保障

一、投资者与国家间争端解决机制的正当性危机

国际投资条约中的ISDS争端解决条款，是投资者手中维护自身投资利益的一项有力工具。投资者拥有仲裁程序发起权，而东道国没有。投资者无须东道国同意，即可直接以东道国作为被申请人将争议提交投资仲裁，不必依赖其本国政府对东道国提起仲裁程序，也没有其本国政府的外交和政策顾虑，获得了寻求东道国国内救济、诉诸国家间争端解决机制和投资者母国行使外交保护权无法实现的效果，极大地提升了投资者进行海外投资的信心。

自20世纪90年代以来，利用ISDS机制的国际投资仲裁争端案件数量剧增。绝大多数投资争端案例都是针对2010年以前缔结的国际投资条约，并且有20%的案涉条约系20世纪90年代初缔结的区域协定，如《能源宪章》和NAFTA等，这些投资条约往往采用宽泛而模糊的表述，很少包括例外条款或保障措施。因为传统国际投资条约中投资待遇条款本身的宽泛的表述，加之ISDS机制先天性地偏向投资者，使得投资者更易通过ISDS机制直接挑战东道国国内政策而获利。① 可是，这些政策大多与东道国社会公共利益有关，涉及环境、金融、能源、知识产权和公共健康等众多领域。这引起主权国家对ISDS机制侵蚀本国利益和外资监管权的担忧。在近年来备受瞩目的"Apotex公司诉美国案"、"Philip Morris公司诉乌拉圭案"、"Philip Morris亚洲公司（香港）诉澳大利亚案"和"Eli Lily公司诉加拿大案"等投资仲裁案例中，投资者试图利用ISDS机制迫使东道国修改或放弃基于社会公共利益而采取的措施、政策等，更是引发国际社会对ISDS机制正当性问题的热烈讨论。

2021年1月，UNCTAD发布了《回顾2019年ISDS裁决：国际投资条约改革问题》的报告。根据UNCTAD统计，截至2019年年底，至少674起ISDS案件已经审结。在已决案件中，约37%的案件支持了东道国的主张，约29%的案件支持了投资者的诉请并且裁决金钱赔偿，约21%的案件当事人和解，其余13%的案件或被终止审理，或裁定东道国违反条约但未裁定金钱赔偿。在东道国胜诉的案件中，多半是因为仲裁庭裁决其不具有管辖权，而进入实体审理阶段的仲裁争

---

① 黄琳琳："论国际投资条约的可持续发展转变及其困境"，载《上海对外经贸大学学报》2019年第4期，第74页。

端,约 60% 的仲裁庭支持了投资者的主张。在 2019 年已决案件中,仲裁庭最常认定东道国违反了公平公正待遇条款,其裁定的赔偿额从 1 千万美元到 84 亿美元不等。①

总的来说,现有 ISDS 机制所表现出的"先天性"偏向保护投资者利益、仲裁程序透明度不足、任意扩大解释国际投资条约、仲裁裁决缺乏一致性等问题,使该机制正在遭遇"正当性危机",② 重新确立国际投资仲裁的权威,完善与改革国际投资仲裁机制已刻不容缓。

(一) 忽视东道国公共利益

国际投资仲裁深受商事仲裁的影响,呈现商事化的特征。这种商事化不仅静态地体现于相关投资条约与仲裁规则,而且动态地体现于投资争端解决过程。③

从静态方面看,第一,争端方在投资仲裁庭的组成、法律适用、仲裁程序等方面拥有充分的意思自治空间;第二,仲裁程序具有保密性,非经争端方同意,除了争端方及其代理人、律师、专家证人和仲裁庭秘书等其他工作人员,任何人不得旁听仲裁庭审;第三,根据《华盛顿公约》第 53 条,仲裁裁决对双方具有拘束力,并且一裁终局,没有上诉机制;第四,根据《华盛顿公约》第 54 条,ICSID 仲裁裁决作为裁决执行地国家的终审判决而获得承认和执行。

从动态方面看,一些仲裁庭有意或无意地将投资者与国家间的投资争端视为平等主体之间的争端。在这方面,"Amco 诉印度尼西亚案"④ 仲裁庭的阐述具有代表性。该案仲裁庭认为,与其他条约一样,案涉含有 ISDS 争端解决条款的条约并未被限制性地解释,事实上也没有被广义地或任意地解释。我们应从促使人们发现并且尊重当事方共同意思的角度解释投资条约。这一解释方法是有约必守原则的适用,而有约必守原则是所有国内法制度以及国际法制度所共有的。这一阐述被后续仲裁案例广泛援引,表明许多仲裁庭至少是潜意识地认为,在投资争端解决方面,投资者与国家是平等的。

投资仲裁的商事化总体上有利于投资者,保护投资者的权益无形中被认为与维护国家主权具有同等重要性,甚至具有优先性。正如商事仲裁不处理涉及公共利益的商事争议,在投资仲裁中,国家的公法人身份在投资仲裁中被大大弱化,随之而来的是东道国为维护本国社会公共利益而采取措施、颁布国内政策的

---

① UNCTAD, Review of ISDS Decisions in 2019: Selected IIA Reform Issues, 27 Jan 2021.

② Susan D. Franck, The Legitimacy Crisis in Investment Treaty Arbitration: Privatizing Public International Law Through Inconsistent Decisions, 73 Fordham Law Review 1521 (2005).

③ 蔡从燕:"国际投资仲裁的商事化与'去商事化'",载《现代法学》2011 年第 1 期,第 153—154 页。

④ Amco Asia Corp v. Indonesia, ICSID Case No. ARB /81 /1, Award, September 1983.

"特权"遭到否定,如 2000 年"Metalclad 公司诉墨西哥案"。1993 年 1 月,墨西哥 COTERIN 公司经审批机构许可,获准在 San Luis Potosi 州(以下简称 SLP 州)Guadalcazar 城建造有毒废物垃圾填埋场。同年 5 月,SLP 州政府签发了项目的土地使用许可证。不久后,美国 Metalclad 公司与 COTERIN 公司签订了收购 COTERIN 公司的选择权协议。COTERIN 公司提醒 Metalclad 公司尚需获得一份墨西哥联邦经营许可,即可在 1993 年 9 月行使并购 COTERIN 的选择权。由于有毒废物垃圾填埋场的选址处于蓄水层上方,而该地多发地震,Guadalcazar 政府官员、市民及非政府组织极力反对在该地建造填埋场。Metalclad 公司不顾反对呼声,开始建造填埋场。五个月后,Guadalcazar 当局政府命令 Metalclad 公司停止工程建设,并且告知其不能获得市政建设许可。为了能够顺利营业并且回应公众对环境的关切,Metalclad 公司与联邦政府签订协议,承诺拿出一部分资金保护当地物种和从事其他环境、社区服务。尽管如此,Guadalcazar 市议会仍然拒绝了 Metalclad 公司的市政建设申请。1997 年,SLP 州颁布了《生态法令》,禁止在原垃圾填埋场项目区域内的所有工业活动。于是,Metalclad 公司诉至 ICSID,指控墨西哥政府违反公平公正待遇,其以保护环境为名拒绝建设与经营此前获得批准的填埋场的行为构成间接征收。经过长达 3 年在加拿大大不列颠哥伦比亚进行的仲裁程序,ICSID 仲裁庭于 2000 年 8 月发布裁决,认定墨西哥政府的行为违反公平公正待遇,并且构成间接征收,应当向 Metalclad 公司支付 1670 万美元的赔偿。① 该案是一系列仲裁裁决忽视东道国社会公共利益的缩影,这种不利后果促使主权国家反思投资仲裁商事化模式的固有缺陷,呼吁 ISDS 机制"去商事化",关注东道国的可持续发展。

(二)仲裁程序缺乏透明度

受商事仲裁保密性的影响,国际投资仲裁亦在一定程度上具有秘密性。动辄涉及上亿美元金钱赔偿,而且事关东道国社会公共利益的仲裁裁决,实际上由东道国公众以税收形式承担,而东道国公众却对完整的仲裁程序安排和实体审理结果知之甚少,甚至对于正在进行的与其自身利益密切相关的案件一无所知,加重了人们对国际投资仲裁合法性的质疑。因此,欲提升国际投资仲裁公信力,必须增强国际投资仲裁的透明度。学术界对何为国际投资仲裁透明度尚无统一的界定,本部分所探讨的国际投资仲裁透明度是一个宽泛的概念,主要包括四个方面的内容:仲裁程序启动信息的公开、仲裁文件的公开、庭审公开以及第三方参与仲裁。

第一,关于仲裁程序启动信息的公开。在 ICSID 管理的国际投资仲裁案件中,根据 ICSID 仲裁规则,对于与仲裁程序启动有关的信息应当予以公开,但是

---

① 参见金慧华:"国际投资与环境保护——从 Metalclad 公司诉墨西哥政府案想起的",载《海峡法学》2005 年第 3 期,第 33 页。

其他管理国际投资仲裁案件的投资仲裁机构,如国际商会仲裁院和斯德哥尔摩商会仲裁院等,其仲裁规则并未明确是否公开与仲裁程序启动有关的信息。第二,关于仲裁文件的公开。从 ICSID、斯德哥尔摩商会仲裁院、国际商会仲裁院、伦敦国际仲裁院、海牙国际常设仲裁院的仲裁规则来看,仲裁裁决的公开需要经过当事人的同意。然而,联合国国际贸易法委员会(United Nations Commission on International Trade Law,以下简称 UNCITRAL)仲裁规则是除 ICSID 仲裁规则外最常被适用的投资仲裁规则,其对透明度问题进行了全面的规定,其中就涉及包含裁决结果在内的仲裁文件的公开,这主要是因为 UNCITRAL 专门制定了《投资者与国家间基于条约仲裁透明度规则》(以下简称《透明度规则》),该规则对透明度问题进行了全面而系统的规定,被 UNCITRAL 直接纳入了仲裁规则。第三,关于庭审公开。与仲裁文件公开的规定相类似,除 UNCITRAL《透明度规则》规定庭审公开是一般原则外,其他投资仲裁机构的仲裁规则大都规定只有在当事方同意的情况下,庭审才能公开。因此一般庭审不予公开,公开是例外。第四,关于第三方参与仲裁。第三方参与仲裁包括两个方面,分别为既不是争端方又不是非争端方缔约方的第三人,以及非争端方缔约方。但是这两个方面的内容并没有体现在所有与投资仲裁透明度问题相关的规则中,有的规则可能只规定了其中的一个方面,而且第三方的主体范围、参与形式以及参与标准在不同的规则中也有不同的规定。①

(三)仲裁裁决不一致

第一,互为关联的申请人基于相同事实、仲裁请求起诉同一东道国的案件,裁决结果却不一致。代表性案件是"Lauder 诉捷克案"②和"CME 公司诉捷克案"③。在这两个仲裁案中,Lauder 先生与 CME 公司分别对捷克提起了两项仲裁,仲裁地分别位于伦敦与斯德哥尔摩,所适用的仲裁规则皆为 UNCITRAL 仲裁规则。两个仲裁案涉及几乎完全相同的事实及仲裁请求,涉及互为关联的仲裁请求人,仲裁请求针对同一对象——捷克。然而,两仲裁庭针对相关事实的认定及其所作出的裁决却完全不同,一时间引发了极大争议。有学者甚至将这两起仲裁裁决的冲突形容为"投资仲裁的终极惨败"(ultimate fiasco in investment arbitration)。④ Lauder 是美国公民,持有 CME 公司大多数股份。1992 年,捷克 CET 21 公司、

---

① 吴辉:"国际投资仲裁透明度问题研究",载《北京仲裁》2019 年第 4 期,第 237 页。
② Ronald S. Lauder v. The Czech Republic, UNCITRAL, Award, 3 September 2001.
③ CME Czech Republic B. V. v. The Czech Republic, UNCITRAL, Award, 14 March 2003.
④ August Reinisch, The Proliferation of International Dispute Settlement Mechanisms: The Threat of Fragmentation vs. the Promise of a More Effective System? Some Reflections From the Perspective of Investment Arbitration, in Isabelle Buffard et al. eds., International Law Between Universalism and Fragmentation, Brill Nijhoff, 2008, pp. 107 – 126.

CME 公司旗下 CEDC 公司以及一家捷克银行，在捷克共同创立了 CNTS 公司，经营电视台业务。1995 年捷克修订《媒体法》，CNTS 公司涉嫌无权广播，直接导致 CME 公司在捷克的投资利益受损。1999 年，Lauder 首先以美国公民身份根据《美国—捷克 BIT》在伦敦仲裁院提起国际投资仲裁，而后又以其控股的荷兰 CME 公司身份根据《荷兰—捷克 BIT》在斯德哥尔摩商会仲裁院提起国际投资仲裁。两个仲裁庭较一致的意见是：Lauder 和 CME 公司，在取得电视经营许可权问题上遭受歧视性待遇。但两个仲裁庭在其他问题上的结论却几乎相反：斯德哥尔摩商会仲裁庭认为，捷克的管理行为构成征收、没有为外国投资者提供充分的保护、没有为投资者提供公平公正待遇、违反了最低待遇标准；但伦敦仲裁庭却驳回了投资者的上述指控，认为捷克并未违反公平公正待遇，其行为也不构成征收。①

第二，同一申请人基于高度相似的事实、投资权利起诉不同东道国的案件，裁决结果却不一致。代表性案件是"SGS 公司诉巴基斯坦案"和"SGS 公司诉菲律宾案"。在前一个案件中，瑞士 SGS 公司与巴基斯坦政府签订了一份装船前海关验关服务协议，规定由 SGS 公司对某些国家向巴基斯坦出口的货物提供检验服务。此后，巴基斯坦政府发现在该交易中，SGS 公司涉嫌行贿，遂取消了该协议。SGS 公司依据《巴基斯坦—瑞士 BIT》第 11 条第 1 款保护伞条款，即缔约任何一方必须持续地保证遵守就缔约另一方投资者的投资所做的承诺，向 ICSID 提起投资仲裁。仲裁庭认为纯合同请求不违反保护伞条款，未产生可以诉诸 ISDS 解决的争议，驳回了 SGS 公司的申请，裁定仲裁庭无管辖权。半年后，SGS 公司与菲律宾政府同样发生了装船前海关验关服务协议争议。SGS 公司依据《菲律宾—瑞士 BIT》第 10 条第 2 款保护伞条款，即缔约任何一方必须遵守就缔约另一方投资者在其境内特定投资所承担的任何义务，向 ICSID 提起投资仲裁。该案仲裁庭批评了"SGS 公司诉巴基斯坦案"的裁决，认为只要菲律宾政府违反了与瑞士投资者签订的合同，就违反了 BIT 中的保护伞条款。

第三，涉及同一投资条约中的相同投资待遇条款的案件，仲裁庭的解释却不一致。如上文所述，不同仲裁庭对公平公正待遇条款的解释莫衷一是。以 NAFTA 中的公平公正待遇条款为例。NAFTA 第 1105 条规定，每一个成员方应当给予其他成员方投资者的投资以符合国际法的待遇，包括公正与公平待遇以及充分保护与安全。在 NAFTA 体系下的多个案件中，不同案件的仲裁庭对 NAFTA 第 1105 所做的解释差异很大。在"S. D. Myers 公司诉加拿大案"②中，仲裁庭认为公正与公平待遇条款不能单独理解，应该参考其他国际条约，如 WTO 协议和

---

① 傅攀峰："国际投资仲裁中既判力原则的适用标准——从形式主义走向实质主义"，载《比较法研究》2016 年第 4 期，第 152—153 页。

② S. D. Myers, Inc. v. The Government of Canada, UNCITRAL, Partial Award, 13 November 2000.

其他双 BIT 中的相关规定来判断一国的行为是否违反了 NAFTA 第 1105 条的规定。在"Metalclad 公司诉墨西哥案"中，仲裁庭认为公正与公平待遇条款独立于习惯国际法，第 1105 条规定的"包括公正与公平待遇以及充分保护与安全"意味着额外给予公正与公平待遇。在"Eli Lily 公司诉加拿大案"[①] 中，仲裁庭认为对待外资的行为需达到"十分令人震惊"的程度，如严重拒绝司法、任意专断、公然不公正、完全缺乏正当程序、明显歧视或明显缺乏理由，以至于低于公认的国际标准，才构成违反 NAFTA 第 1105 条习惯国际法下的最低待遇标准。可见，对于同一条约项下的同一投资待遇条款，三个仲裁庭作出的解释却不尽相同，无怪乎人们会质疑 ISDS 机制的正当性。[②]

二、投资者与国家间争端解决机制的改革方案

IPFSD 指出主权国家在缔结投资条约时可以考虑抛弃 ISDS 机制。《美国—澳大利亚 FTA》投资章节就废除了 ISDS 争端解决条款。澳大利亚政府指出，之所以排除 ISDS 机制的适用，是因为美澳两国法制健全，足以妥善解决外国投资者与东道国之间的争议。本书却认为，直接抛弃 ISDS 机制不是实现国际投资可持续性的最佳路径。如果一项投资条约不包含 ISDS 争端解决条款，投资者与东道国间投资争议要么诉诸东道国国内司法程序，要么投资者请求其母国行使外交保护权。这两种争端解决途径都不可避免地受到政治因素的影响，将会在很大程度上降低投资者的投资信心，减损投资条约促进和保护投资的目标和宗旨。因为对投资者而言，投资条约的重要价值之一是其能够提供独立于东道国国内法的投资保护标准，独立于东道国国内司法系统的裁判制度。鉴于此，本部分聚焦讨论如何改革现有 ISDS 机制，使国际投资条约中体现可持续发展的实体性规则得到正确的解释和适用，进而为实现可持续发展目标提供程序性保障。

（一）强化仲裁员选任要求

国际投资仲裁不仅涉及私人主体的利益，还会涉及东道国社会公共利益，这对仲裁员的素质、专业水平、业务能力等提出了比一般商事仲裁更高的要求。一方面，必须确保仲裁员的独立性和公正性。独立性和公正性是两个相关的概念，独立性是实现公正性的条件。独立性是指仲裁员不与任何一方当事人具有可能影响最终裁决结果的关系，诸如利益关系。而公正性是指仲裁员不偏袒任何一方当事人，居中裁判。[③] 公正性比独立性更强调主观因素，要求仲裁员在主观上不偏

[①] Eli Lilly and Company v. The Government of Canada, ICSID Case No. UNCT/14/2, Award, 16 March 2017.

[②] 沈志韬："论国际投资仲裁正当性危机"，载《时代法学》2010 年第 2 期，第 115 页。

[③] Suez, Sociedad General de Aguas de Barcelona, S. A. and Vivendi Universal, S. A. v. Argentine Republic, ICSID Case No. ARB/03/19, Decision on the Proposal for the Disqualification of a Member of the Arbitral Tribunal, 22 October 2007.

不倚地作出公正裁决。① 各仲裁机构都为确保仲裁员的公正性采取了一系列措施，如仲裁员应该向仲裁机构报告其在专业和业务上与案件当事人有关联的信息，为保证仲裁员的公正性提出了"身份要求"。国际律师协会《关于国际仲裁中利益冲突问题指南》（IBA Guidelines on Conflicts of Interest in International Arbitration）② 中已有相关规定（如表3-2所示），可以作为仲裁庭裁定是否取消相关仲裁员资格的参考依据。

图3-2 国际律师协会指南中的四种清单

清单类型	典型情形	结果
不可弃权的红色清单	仲裁员与本案当事人身份合一；仲裁员是一方当事人的经理、董事或监事会成员，或对一方当事人有相似的控制性影响；仲裁员对一方当事人或案件结果有实质的经济利益等	取消仲裁员资格
可弃权的红色清单	仲裁员已经就争议向当事人或当事人的关联机构提供法律建议或专家意见；仲裁员在先前已接触过案件；仲裁员目前正代表一方当事人或其关联机构，或为其提供建议；仲裁员目前正担任一方当事人的代理人；仲裁员与一方当事人的代理人供职于同一律师事务所；仲裁员所在律师事务所与一方当事人或其关联机构有实质性商业关系等	取消仲裁员资格，但是当事人可以放弃请求撤销仲裁员资格的权利。
橙色清单	仲裁员在过去三年内就与争议无关的事项担任过一方当事人或其关联机构的代理人；仲裁员目前或在过去三年内，在另一起涉及本案一方当事人或其关联机构，且与本案争议相关的仲裁中的担任仲裁员；仲裁员与另一仲裁员或一方当事人的代理人在同一出庭律师办公室；仲裁员所在律师事务所的某一律师在涉及本案当事人或其关联机构的另一争议中，担任仲裁员；仲裁员在过去三年内受到同一代理人或同一律师事务所三次以上任命；仲裁员公开发表关于正在仲裁案件的具体观点，包括文章、口头言论等方式	可能取消仲裁员资格

---

① National Grid plc v. The Argentine Republic, UNCITRAL, Decision on the Challenge to Mr. Judd L. Kessler, 3 December 2007.

② IBA Council, IBA Guidelines on Conflicts of Interest in International Arbitration, 23 October 2014.

续表

清单类型	典型情形	结果
绿色清单	仲裁员先前就仲裁中同样出现的问题公开发表过一般观点,但不针对正在仲裁案件;仲裁员与一方当事人或其关联机构的经理、董事或监事会成员,以及任何有相似控制性影响的人,曾作为共同专家共事,或在其他专业领域共事,包括在同一案件中担任仲裁员等	不取消仲裁员资格

此外,ICSID 仲裁规则①第 6 条指出,仲裁员除了应当披露以前或现时的有关信息外,还应当在仲裁期间持续地报告可能损害其公正独立裁断案件的关系和情况,为保证仲裁员的公正性,仲裁员提出了"行为要求",要求其在仲裁程序中能够公平公正地对待当事人。具体的仲裁程序中,仲裁员某些行为可能被认为缺乏公正性。如出于倾向一方的目的而颁布程序命令、在一方当事人不在场的情况下与另一方当事人讨论案件;在庭审过程中,与当事人进行单方面的交流;仅仅允许一方当事人而拒绝另一方当事人进行口头陈述;在案外与当事人单独接触等。这些行为都被认为会减损仲裁员的公正性。②

值得注意的是,2020 年 5 月 1 日,ICSID 和 UNCITRAL 共同发布了《ISDS 审裁员行为守则(草案)》(Draft Code of Conduct for Adjudicators In Investor-State Dispute Settlement)。③ 该草案是在 UNCITRAL 第三工作小组(ISDS 机制改革)和 ICSID 第四轮规则修订工作基础上制定的。其对投资条约、可适用于国际投资争端解决的仲裁规则和国际法庭中的行为准则进行了比较考察,为仲裁员(属于审裁员范畴④)保持独立性、公正性,并且诚信、高效地审理案件制定了详细规则。如根据草案第 3 条的规定,仲裁员应始终:(1)具有独立性和公正性,应避免任何直接或间接的利益冲突、不当行为、偏见和表面偏见;(2)表现出最高标准的廉正、公平和能力标准;(3)具有可用性,且勤勉、文明和高效地行事;(4)遵守任何保密和非披露义务。

另外,可以考虑要求仲裁员具有公法的专业背景。一方面,ISDS 机制是在

---

① ICSID Convention, Regulations and Rules, ICSID/15 April 2006.
② 丁夏:"国际投资仲裁案件中"客观行为标准"的适用——以质疑仲裁员公正性为视角",载《国际经贸探索》2016 年第 3 期,第 90—91 页。
③ ICSID and UNCITRAL, Draft Code of Conduct for Adjudicators In Investor-State Dispute Settlement, 1 May 2020.
④ 《审裁员行为守则(草案)》第 1 条第 1 款规定,"审裁员"是指仲裁员、国际临时、撤销或上诉委员会成员以及负责解决投资者与国家之间争端的常设机制的法官。

国际公法框架下运行的争端解决程序；另一方面，具备国际公法的专业知识，有利于仲裁员在涉及东道国社会公共利益的案件中，全面、充分、合理地考虑东道国为实现可持续发展目标而采取的措施，如颁布控烟法令、施行提高社会福利的公共政策、推行新的环保标准等，以平衡投资者权益和东道国外资监管权。在涉及特定类型投资争端时，还可以具体要求仲裁员具有相应专业知识。如与环境保护条款有关的投资争议，可以明确要求仲裁员应当具有投资法、环境法等专业背景，以便仲裁员妥善处理案涉争议，更有能力协调好投资者与东道国之间的利益冲突。

（二）提升仲裁透明度

提升 ISDS 机制透明度主要面向两个方面：其一，社会公众、非政府组织、非争端方国家等利益相关方应当知晓投资争端的存在；其二，利益相关方应当充分参与投资争端并且知晓实体审理结果。当然，这种参与应以不干涉争端方的正当程序权利以及尽量减少对仲裁程序正常进行的妨碍为原则。① 在以往投资条约缔约实践和仲裁实践中，除了少数国际投资条约将透明度确定为强制性义务，其他投资条约及主流仲裁规则往往不会对争端方施加过多的透明度义务。如 ICSID 仲裁规则仅规定秘书长应当公布争端解决的宏观数据，在争端方同意的情况下公布仲裁裁决。但是，透明度以及公众参与对提升投资仲裁公信力至关重要。UNCITRAL《透明度规则》指出，除非披露的信息会导致国家安全利益受损，争端方负有强制公开义务，并且应当建立和完善第三方参与制度。

就强制公开机制而言，主要包括两种类型：第一类是应当公开的文件，包括仲裁通知、对仲裁通知的答复、仲裁申请书和答辩书、任何争端方提交的进一步书面陈述、证物清单、非争端方缔约方及第三人提交的书面材料、仲裁庭审理笔录、命令、决定和仲裁裁决等。第二类是依申请公开的文件，包括专家报告和证人证言。② 就第三方参与制度而言，也分为两种类型：第一类是法庭之友制度。法庭之友是指对案件中的疑难法律问题陈述意见并善意提醒裁判者注意某些法律问题的临时法律顾问，或者协助裁判者解决问题的人。近年来国际投资仲裁实践逐渐认可了法庭之友制度，有越来越多的个人、国际组织、非政府组织等第三人以不同于当事方的立场、专业的知识技能或敏锐的洞察力作出意见，帮助仲裁庭解决案件中的事实或法律问题。③ 第二类是非争端方缔约方意见制度。UNCITRAL《透明度规则》指出，仲裁庭应确保任何提交材料不对仲裁程序造成

---

① 梁丹妮："国际投资争端仲裁程序透明度研究"，载《国际经济法学刊》2010 年第 1 期，第 226 页。
② 孙英哲：《新一代国际投资协定 ISDS 改革研究》，武汉大学 2018 年博士论文，第 57 页。
③ 周园："国际投资仲裁中法庭之友制度的新发展"，载《东方法学》2015 年第 4 期，第 94 页。

干扰或不适当负担,或对争议方造成不公正的损害。在这样的前提下,允许非争端缔约方就条约解释问题提交材料,或与争议方协商后,允许非争端缔约方就争议范围内的事项提交材料。争议方有权对非争端缔约方提交的任何材料发表意见。这可以加强缔约国对条约解释的控制权,防止出现仲裁庭任意扩大解释投资条约,以至于出现不同仲裁庭对同一条约中同一投资待遇条款解释不一致的情形,尽可能使仲裁庭明晰缔约意图以作出合理、公正裁决。

(三) 探索建立上诉机制

国际投资仲裁一裁终局。在现有 ISDS 机制下,只有两条途径可以对投资仲裁裁决提出质疑,可能会导致裁决无效、被撤销:一是根据《华盛顿公约》第 52 条第 1 款关于"裁决撤销机制"的规定,即 (1) 仲裁庭组成不当;(2) 仲裁庭明显越权;(3) 仲裁员受贿;(4) 仲裁员严重违背程序规则;(5) 仲裁裁决未阐明裁决理由。二是根据《纽约公约》,向仲裁地法院对仲裁裁决提起司法审查程序。这两种途径各有局限性。ICSID 裁决撤销机制是"临时仲裁"性质的程序,即便申请成功也仅能使裁决无效,而不是修改或者作出裁决。裁决地法院的司法审查对于国际仲裁的救济通常仅限于程序性事项,对法律错误的审查范围十分有限,同样无法实现纠正错误裁决的目的。

鉴于此,美国和 ICSID 秘书处先后提出建立 ISDS 上诉机制的设想,主要为了修正个案裁决错误,解决投资仲裁裁决不一致的问题。2002 年,美国国会通过的《两党贸易促进授权法案》① 第一次正式提出建立 ISDS 上诉机制的想法。该法案确定"美国就外国投资的首要谈判目标是……通过建立上诉实体或类似的机制……保证投资者享有美国法律和司法实践所赋予的重要权利。"这一改革目标在 2003 年《美国—智利 FTA》以及《美国—新加坡 FTA》中均有体现。这些协定规定在其生效后 3 年内,缔约双方考虑是否建立一个双边的上诉机构或类似的机制用以审查投资者与东道国间的投资仲裁裁决。随后《美国—摩洛哥 FTA》《美国—乌拉圭 BIT》《美国—秘鲁 FTA》和《中美洲 FTA》中也有类似的规定。2004 年 ICSID 秘书处发布了一份设立上诉机构的建议报告。② 报告建议在 ICSID 内建立一个上诉机构审查已经作出的仲裁裁决,用以保证投资仲裁裁决的一致性和准确性,并且维护各东道国公共利益。③ 但是,该建议一经提出,就遭到许多学者的批评和国家的反对。反对者认为上诉机制违背了国际仲裁监督制度以程序审查作为切入点的惯例,并且有损仲裁裁决的终局性,影响争端解决效

---

① Bipartisan Trade Promotion Authority Act, 19 U.S.C. §3802, 2002.
② ICSID Secretariat, Possible Improvements of the Framework for ICSID Arbitration, 22 October 2004.
③ 谢宝朝:"投资仲裁上诉机制不是正当性危机的唯一解药",载《世界贸易组织动态与研究》2009 年第 4 期,第 24 页。

率。此后，ICSID 秘书处于 2005 年 5 月提出了新的修改建议稿并表示：鉴于目前构建上诉机制的时机还不成熟，很多政策和技术问题不能得到有效解决，这一问题留待以后继续研究。因此截至目前，考虑到政治因素和实施难度，以上改革提案均因时机不成熟而被搁置。在 ICSID 体系内建立上诉机制仍然属于构想，没有付诸实践。[1]

值得注意的是，自 2015 年以来，欧盟致力于更加彻底的改革模式，即构建附带上诉程序的常设双边投资法院，其与加拿大、新加坡、越南和墨西哥所缔结的 FTAs 投资章节中均包含这种新的投资法院制度（Investment Court System，以下简称 ICS），并试图将该制度推广至更多的缔约实践中。[2]

以《欧盟与加拿大全面经济贸易协定》（Comprehensive Economic and Trade Agreement between Canada, of the one part, and the European Union and its Member States, of the other part, 以下简称 CETA）[3] 为例。第一，上诉庭的组成。ICS 包含初审庭和上诉庭。CETA 第 8.27 条第 3 款规定，由 CETA 联合委员会选任上诉庭法官，且这些法官分别来自欧盟、加拿大和第三方。投资者将丧失选任裁判者的权利，有评论指出东道国开始对法庭组建产生主导性影响，可能产生偏袒本国利益的情况。第二，法官任职资格。CETA 第 8.27 条第 4 款和第 8.28 条第 4 款规定，ICS 上诉庭法官必须具备各自国家司法职位任命所需的资格，或者是公认的法学家；拥有国际公法方面的专业知识，特别是具有国际投资法、国际贸易法以及解决国际投资或国际贸易条约下产生的争端的特别专业知识。第三，法官道德要求。CETA 第 8.30 条规定，法官应当遵守国际律师协会《关于国际仲裁中利益冲突问题指南》，或者 CETA 联合委员会通过的任何补充规则。必须具有独立性，不隶属于任何政府，也不得就任何争议事项接受任何组织或政府的指示。一经任命，不得在其他任何未审结或新的投资争端中担任律师或当事方指定的专家或证人。如果争端方认为法官存在利益冲突，可以邀请国际法院院长就对任命该法官的质疑作出裁决。第四，上诉范围。CETA 第 8.28 条第 2 款规定，ICS 上诉庭可以基于以下三种理由维持、修改或者撤销投资法庭的裁决：（1）法律适用或解释上的错误；（2）案件事实认定上的明显错误；（3）《华盛顿公约》第 52 条第 1 款规定的五种情形。可见，ICS 上诉机制采取法律审和事实审相结合的方式，纠正错误裁决，以实现公正审判的目的。第五，上诉庭权限。CETA 第

---

[1] 汪梅清、吴岚：''欧盟主导的投资法庭上诉机制及其对中欧投资争端解决机制的借鉴意义''，载《国际商务研究》2019 年第 6 期，第 72 页。

[2] 刘瑛、朱竹露：''ISDS 变革之常设上诉机制：困境、价值与路径选择''，载《法治社会》2020 年第 5 期，第 23 页。

[3] Comprehensive Economic and Trade Agreement (CETA) between Canada, of the one part, and the European Union and its Member States, of the other part, OJ L 11, 14.1, 2017.

8.28 条第 7 款规定，上诉庭在其审查范围内对初审庭的裁判进行审查后，可以对尚未正式生效的裁判行使维持原判、部分或全部改判、发回重审的权利。但是可发回重审的案件类型尚不明确。

由此可见，欧盟主导的 ICS 上诉机制尚处于初始阶段，在设计上虽有不尽如人意的地方，与现有国际投资仲裁规则的兼容性问题也尚待解决，但是欧盟的改革方案仍然是现阶段提升国际投资仲裁公信力，缓和公平与效率司法价值冲突，协调投资者与东道国利益平衡的有益尝试。我国也应当抓住国际投资争议法律规则和制度变革的时机，积极参与其中，成为新制度与新规则制定的主导者和参与者，为 ISDS 机制改革作出贡献。

第四章

可持续发展理念指导下的
典型国际投资缔约实践

随着可持续发展理念不断渗入国际投资法制，国际投资法迎来第三波发展浪潮，新一代国际投资条约，如 CETA、《中欧全面投资协定》（China-EU Comprehensive Agreement on Investment，以下简称中欧 CAI)、《区域全面经济伙伴关系协定》（Regional Comprehensive Economic Partnership Agreement，以下简称 RCEP）等，更加重视平衡投资者利益和东道国监管权、保障东道国社会公共利益，为投资者及其母国增设责任、缩小东道国义务范围，完善程序性规则使其与实体性规则相配套、共同助力实现可持续发展目标。虽然西方发达国家因其经济体量和传统上具有的规则话语权，在国际投资变革中仍然占据主导地位，但是中国作为双向投资大国，在"一带一路"倡议和新时代国家对外开放战略的推动下，中国也要深度参与投资规则的制定与变革历程，注重实现国内法治与国际法治的良性互动，在国际投资治理中谋求更多话语权。

第一节 《欧盟与加拿大全面经济贸易协定》（CETA）达成

CETA 是欧盟和加拿大签订的第一个 FTA，已于 2017 年 9 月临时生效。欧盟委员会主席容克称，该协定设立了国际高标准，值得其他意欲缔结 FTA 的国家效仿。① CETA 旨在增加双边贸易与投资的流动性，促进欧盟与加拿大双方在世界经济不稳定的情形下继续保持相对稳定的经济增长。该目标源于欧盟 2010 年制定的"欧洲 2020 战略"，即通过外部竞争和参与公平开放的国际市场促进经

---

① 中华人民共和国驻法兰西共和国大使馆经济商务处："欧盟与加拿大正式签署《全面经济与贸易协定》"，载驻法国经济商务处官网：http://fr.mofcom.gov.cn/article/jmxw/201611/20161101587808.shtml，2021 年 1 月 17 日访问。

济发展。CETA 包含 30 章内容和数十个附件，其中第八章为"投资"，共有六部分内容 45 个条款，另有两个附件及声明。CETA 投资章节内容广泛，涵盖投资范围及定义、非歧视待遇、投资保护、保留及例外以及投资者与东道国间的争议解决等内容。①

一、CETA 投资章节的基本内容

第一，投资的定义及范围。第 8.1 条规定，投资是指投资者直接或间接拥有或控制的各种资产，具有投资的特征，包括存续期间、资产投入、预期收益以及承担风险等。投资可能采取的形式包括设立企业、并购、购买企业债券、对企业贷款、在企业中的任何其他权益、根据东道国法律获得的特许经营权的收益、知识产权以及其他有形或无形资产。对比传统欧式投资条约，通常不界定投资的特征而仅规定投资可以采取的形式，CETA 不仅从投资特征、资产形式和所有或控制三要素界定投资，而且投资应根据东道国法律作出，体现对东道国外资监管权的尊重。

第二，市场准入。CETA 第 8.4 条规定，禁止缔约方通过数量配额、经济需求测试、业绩要求、限制外国股权比例、特定部门雇员数量、限制或要求投资者采取特定企业形式等 6 种手段限制投资。传统欧式投资条约一般不涉及市场准入，但是 CETA 在"准入前国民待遇＋负面清单"的基础上，规定了市场准入的绝对待遇，进一步强化投资自由化、便利化。

第三，投资待遇。CETA 第 8.6 条"国民待遇条款"规定，每一缔约方应给予另一缔约方投资者及涵盖投资，在设立、收购、扩大、操作、经营、管理、维护、使用、享有和出售或处置等方面，不低于在类似情形下给予其本国投资者及其投资的待遇。这种待遇是指另一方的投资者或其投资在欧盟成员国内的待遇，应不低于该地区或该成员国政府在类似情形下给予欧盟投资者及其投资的最优待遇。CETA 第 8.7 条"最惠国待遇条款"规定，每一缔约方应给予另一缔约方投资者及涵盖投资，在设立、收购、扩大、操作、经营、管理、维护、使用、享有和出售或处置等方面，不低于在类似情形下给予非缔约方投资者及其投资的待遇。但是，最惠国待遇条款不适用于争端解决条款，待遇的内涵也不包括在其他国际投资条约和其他贸易协定中的实体义务。CETA 第 8.10 条"公平公正待遇条款"规定，每一缔约方应给予另一缔约方投资者及涵盖投资，公平公正待遇和充分保护与安全。违反公平公正待遇义务的情形包括：在刑事、民事或行政诉讼中拒绝司法；根本违反正当程序；明显任意专断；基于明显不当理由的针对性

---

① 石静霞、孙英哲："国际投资协定的新发展及中国借鉴——基于 CETA 投资章节的分析"，载《国际法研究》2018 年第 2 期，第 21—22 页。

歧视；虐待投资者，包括胁迫、强制和骚扰。缔约方应当定期审查公平公正待遇义务的内容。此外，法庭在判断东道国是否违反公平公正待遇义务时，可以考虑缔约方是否向投资者作出特定陈述以诱使投资者产生合理期待，并且投资者据此决定作出或维持其投资。充分的保护与安全是指保障投资者及涵盖投资的人身和财产安全。CETA 第 8.12 条"征收条款"规定，缔约方不得直接国有化或征收涵盖投资，或通过与国有化和征收具有同等效果的措施间接征收涵盖投资，但以下情况除外，为了公共目的、基于正当程序、以非歧视的方式和给予充分及时有效的赔偿。赔偿的数额应等于公允市场价值。投资者有权要求征收国的司法机构或其他独立机构依照本条规定的原则对投资者的诉请和投资估价进行审议。本条不适用于符合 TRIPS 的强制许可以及对知识产权的撤销、限制或创设。如果缔约国前述行为不符合 TRIPS，也不意味着构成征收。

第四，争端解决。如上文所述，CETA 建立了 ICS 制度，区别于传统投资仲裁的常设仲裁庭机制和架构，被视为回应 ISDS 机制正当性危机的革新方案。CETA 第 8.18 条至第 8.45 条主要围绕仲裁庭成员选任、酬劳机制和管理机制对投资仲裁进行了机构化改革，为投资争端的公正解决提供了重要思路。而 CETA 投资争端解决在审判辅助事项上仍借助外部机构服务，保留了一些传统仲裁的习惯，具有明显的混合特征。CETA 在规定上诉机制的同时，建立了常设上诉庭。CETA 上诉机制的主要内容包括：上诉庭随机任命三名成员组成裁判小组，对法律适用与法律解释错误、程序不当或明显事实认定错误的初审裁决进行审理。上诉庭可以维持、修改或者推翻初审庭的裁决，同时还可根据 CETA 联合委员会相关决议将案件发回初审庭重审。争端方对初审庭裁决的救济仅限于向上诉庭进行上诉，而不得寻求其他类似程序审查、撤销或修改初审庭裁决。东道国和投资者均可上诉，上诉期为初审裁决发布之日起 90 日内，上诉庭裁决是最终裁决。①

二、CETA 包含的可持续发展规则

首先，CETA 在序言中明确，本条约保留缔约方在其领土内享有的监管权，以及为实现正当政策目标，如公共健康、环境、社会公益、保护和促进文化多样性，而采取措施的自主空间。本条约既旨在保护和促进投资，又不侵犯东道国的外资监管权。本条约重申缔约各方有关促进可持续发展的承诺，发展国际贸易以实现经济、社会和环境的可持续发展。本条约鼓励投资者遵守国际公认的企业社会责任准则，包括 OECD 跨国企业准则，鼓励投资者根据相关劳动法、环境法提高其劳工保护和环境保护标准。

---

① 石静霞、孙英哲："国际投资协定的新发展及中国借鉴——基于 CETA 投资章节的分析"，载《国际法研究》2018 年第 2 期，第 30 页。

其次，在 CETA 正文部分。CETA 投资章节的投资待遇条款有意识地限制了投资者的权利，通过保留和例外条款缩小东道国义务范围，强化东道国外资监管权。如明确最惠国待遇条款不适用于争端解决，明确出于公共目的的非歧视性措施不构成间接征收。此外，投资待遇条款还有效约束了法庭对具体条款的解释，防止其任意扩大解释，造成裁决的错误或不一致。如公平公正待遇条款采用封闭式列举，附加兜底条款的方式，澄清了公平公正待遇的内涵。CETA 第二十三章专设"贸易与劳工"一章。为了维护"人权保障原则"这个西方核心价值的重要组成部分，缔约方同意将继续尊重、推进和实现国际劳工组织给所有成员国设定的义务，包括承认结社自由和集体谈判权、消除强制劳动和职业歧视、禁止雇佣童工。此外，缔约方承诺会鼓励公众和非国家行为者就劳工标准进行讨论，并充分考虑来自工人、雇主、社会组织代表的意见。CETA 第二十四章专设"贸易与环境"一章。一方面缔约方承诺加强科学评估与技术分析，确保发展经济时不破坏环境；另一方面缔约方均同意推动各自在环保商品和服务方面的贸易和投资。这些专门章节涵盖了经济、社会和环境三方面，全方位促进可持续发展目标的实现。[①]

最后，CETA 力求打造高效、公正和透明的投资者与国家投资争端解决制度，并使用精确而详细的条文语言增强协定的约束力并限定其解释空间，妥善平衡了缔约主体与投资法庭、投资者与东道国、ICS 制度与整体争端解决效率这三大矛盾，并且直接吸收了 UNCITRAL 在透明度方面的最新成果。[②] 如 CETA 第 8.18 条规定，投资者仅能就投资利益受损向法庭索赔，并且指明东道国措施违反了特定条约义务，这种义务限于投资章节 C 节"非歧视性待遇"和 D 节"投资保护"规定的义务范围。CETA 第 8.20 条规定，鼓励争端方通过调解的方式解决争议。CETA 第 8.31 条规定，法庭应当根据《维也纳条约法公约》以及缔约方之间适用的其他国际法规则和原则解释本协定。

三、CETA 对促进可持续发展的示范作用

在实体待遇标准方面，国际投资条约常因宽泛模糊的投资待遇标准而引起投资者与东道国间的投资争端，尤其是公平公正待遇条款，最易导致纠纷。现有投资仲裁实践表明，仲裁庭如何解释公平公正待遇义务、如何适用公平公正待遇标准、如何厘定公平公正待遇的具体内容，仍存在较大的不确定性。而公平公正待

---

① 王玫黎、陈雨："论欧盟的可持续发展条款——基于《欧加全面经贸协定》"，载《西北民族大学学报》（哲学社会科学版）2019 年第 4 期，第 98—99 页。

② 孙英哲："国际投资协定规则发展趋势研究——以 CETA 投资章节为视角"，载《经济问题》2018 年第 4 期，第 112 页。

遇极可能限制东道国的监管权和政策制定空间，不利于东道国公共利益保护。CETA 投资章节改变以往条约中对公平公正待遇义务进行概括表述的缔约实践，对公平公正待遇条款进行了特征显著的重要改革。其一，CETA 对公平公正待遇的外延进行封闭式列举，同时使用"根本""明显"等修饰语进一步约束仲裁庭对这一投资待遇标准的解释；其二，在列举违反公平公正待遇义务的具体情形的基础上，CETA 设置了兜底性条款，充分考虑到公平公正待遇标准的演进性特征，为将来扩宽公平公正待遇的内涵提供机制保障；其三，合理期待是公平公正待遇的重要因素之一，CETA 单独针对投资者的合理期待进行说明，明确合理期待标准的三个层次，即东道国向投资者作出特定陈述，投资者基于此决定进行或维持投资，东道国后续行为使投资者合理期待落空；其四，CETA 不再将公平公正待遇与国际最低待遇标准相联系，正确认识到公平公正待遇已经成为一项独立自主的外资待遇标准。我们知道，违反国际最低待遇标准需要达到难以容忍或令人震惊的程度。所谓"难以容忍"和"令人震惊"这种标准是很难量化的。依赖最低待遇标准界定公平公正待遇不能达到澄清公平公正待遇内涵的目的，因为最低待遇标准尚无一个明确、严格的表达方式，发达国家与发展中国家对最低待遇标准的理解也不一致。① 国际最低待遇标准已经无法满足现代国际投资法的需求，而活跃在 BITs 条文中的公平公正待遇在国际投资领域正发挥着更加重要的作用。因此，CETA 的做法具有合理性并且具有借鉴意义。

在程序救济机制方面，传统欧式投资条约通常仅用一个条款简要规定 ISDS 机制。CETA 对 ISDS 机制进行司法化改革，建立 ICS 体系并且包含上诉机制，明确规定东道国的监管权并设立高标准的法官行为准则，是现阶段完善 ISDS 机制的可行方案之一。欧盟已经将 ICS 引入其他缔约实践，如《欧盟—越南 FTA》、《欧盟—新加坡 FTA》，为促进 ISDS 的改革，实现国际投资法制的可持续发展，发挥了先锋引领作用。但是，ICS 在具体实施过程中，仍然遭遇了阻碍。2017 年 7 月，比利时请求欧盟法院对 ICS 与欧盟基本法律的兼容性问题出具法律意见。比利时提出了四点质疑：第一，ICS 是否影响欧盟法院在解释欧盟法方面享有的专属管辖权；第二，ICS 是否符合平等待遇的一般原则；第三，ICS 是否符合有效性原则；第四，ICS 是否影响当事人获得独立法庭救济的权利。

对此，欧盟法院于 2019 年 4 月出具第 1/17 号意见，② ——回应了上述质疑。

---

① Stephen Vasciannie, The Fair and Equitable Treatment Standard in International Investment Law and Practice, 70 The British Book of International law 99 (1999).

② Opinion of the Court (Full Court) of 30 April 2019 — Kingdom of Belgium, Opinion 1/17, OJ C 369, 2017.

第一，ICS 不影响欧盟法的自治原则。一项国际条约建立了一个负责解释该条约的法院，其判决对欧盟具有拘束力，这在原则上不与欧盟法相抵触，未减损欧盟及其法律秩序的自主性。只有当 CETA 投资法庭解释和适用除 CETA 条款以外的欧盟法律，或者投资法庭作出妨碍欧盟机构按照欧盟宪法框架正常运行的裁决时，才违反欧盟法的自治原则。第二，ICS 不存在区别待遇的情况。CETA 赋予前往欧盟投资的加拿大企业和自然人在投资法庭挑战欧盟措施的权利，也同样赋予前往加拿大投资的欧盟企业和自然人同等权利。欧盟企业和自然人在欧盟范围内的投资不能与前述投资活动相提并论。第三，ICS 不违反有效性原则。即便 CETA 投资法庭的裁决可能导致欧盟委员会或成员国竞争主管机关所作处罚决定归于无效，也不影响欧盟法的有效性。如果出现可能被 CETA 投资法庭认为构成瑕疵而使罚款无效的相同情形，欧盟法律本身也允许撤销相关处罚决定。第四，ICS 保障了利益相关方获得司法救济的权利。欧盟委员会和理事会已经就保证中小型企业和自然人能够借助投资法庭维护自身权益作出了承诺。CETA 也已经为投资法庭具有独立性提供了程序性保障，如法官资格、道德要求、薪酬制度等。

在为 CETA 获得各成员国批准扫清法律障碍后，2021 年 1 月，欧盟和加拿大正式通过 ICS 配套实施规则，即投资法庭成员行为准则、上诉庭运作规则、有约束力的联合解释规则以及调解规则，以使 ICS 进一步落地。

第一，关于投资法庭成员行为准则。投资法庭成员候选人、投资法庭成员和前投资法庭成员均应避免不当行为，遵守较高的行为标准，以维护争端解决机制的完整性和公正性；均应及时披露影响其公正性和独立性的利益关系，不得单方联系争端方，在整个诉讼过程中保持公正、尽职、勤勉。投资法庭成员和前投资法庭成员不得通过披露非公开信息谋利。投资法庭成员行为准则比照适用于调解员。[①] 第二，关于上诉庭运作规则。上诉庭法官一共 6 名，由 CETA 联合委员会任命，分别从加拿大提名的人选中选择两名法官，从欧盟提名的人选中选择两名法官，以及从加拿大或欧盟提名的人选中选择两名具有第三国国籍的法官。CETA 联合委员会也可以决定将上诉庭法官数量按 3 的倍数予以增加。法官的一般任期为 9 年，不可连任。但是根据 CETA 第 8.28 条第 3 款任命的首批 6 位法官，其中 3 人的任期不超过 6 年，这 3 人以抽签的方式确定。欧盟和加拿大应定

[①] Proposal for a COUNCIL DECISION on the position to be taken on behalf of the European Union in the Committee on Services and Investment established under the Comprehensive Economic and Trade Agreement (CETA) between Canada, of the one part, and the European Union and its Member States, of the other part of the other part as regards the adoption of a code of conduct for Members of the Tribunal, the Appellate Tribunal and mediators, COM (2019) 459 final, 2019/0216 (NLE).

期向 ICSID 秘书处账户缴纳一定费用，以维持上诉庭的可用性。具体数额由 CETA 联合委员会确定。ICSID 秘书处是上诉庭的秘书处，为其提供适当支持，由此产生的相关费用由欧加双方平均分摊。争端方应在 90 天内向上诉庭提起上诉，上诉程序自争端方正式提起上诉之日起直至上诉庭发布裁决，不得超过 180 天，确需延长也不得超过 270 天。上诉方应为上诉费用提供担保。CETA 中关于调解、第三方资助、临时保护措施、透明度等规则比照适用于上诉机制。① 第三，关于联合解释规则。服务和投资委员会有权建议 CETA 联合委员会通过欧盟和加拿大对 CETA 作出的联合解释，一经通过即对投资法庭产生约束力。重申欧盟和加拿大为实现公共利益目的而拥有监管权，如保护公众健康与安全、环境（包括气候变化和生物多样性）、公共秩序、道德、社会及消费者保护、促进和保护文化多样性。② 第四，关于调解规则。争端方可以随时请求启动调解程序，并且应当书面通知另一方。如果争端双方同意调解，应在 15 天内就调解员人选达成协议。可以从上诉庭成员中指定调解员，但是调解员不得具有欧盟或加拿大国籍，除非争端方另有协议。争端方应努力在 60 天内达成调解协议。在调解程序中一方作出的自认、表明的立场和意见等均不能作为证据在其他程序中使用。争端方共同分摊调解费用。③

综上所述，CETA 无论是在实体待遇条款还是程序救济机制方面，都为国际投资条约及其仲裁机制的可持续发展型改革，提供了新的视角和方案，具有创新性。CETA 致力于实现可持续发展目标的意图已经十分清楚且明确，可以反映新一代国际投资规则发展的最新趋势，值得予以高度重视和借鉴。

---

① Proposal for a COUNCIL DECISION on the position to be taken on behalf of the European Union in the CETA Joint Committee established under the Comprehensive Economic and Trade Agreement (CETA) between Canada, of the one part, and the European Union and its Member States, of the other part as regards the adoption of a decision setting out the administrative and organisational matters regarding the functioning of the Appellate Tribunal, COM (2019) 457 final, 2019/0217 (NLE).

② Proposal for a COUNCIL DECISION on the position to be taken on behalf of the European Union in the CETA Joint Committee established under the Comprehensive Economic and Trade Agreement (CETA) between Canada, of the one part, and the European Union and its Member States, of the other part as regards the adoption of a decision on the procedure for the adoption of interpretations in accordance with Articles 8.31.3 and 8.44.3 (a) of CETA as Annex to its Rules of Procedure, COM/2019/458 final, 2019/0218 (NLE).

③ Proposal for a COUNCIL DECISION on the position to be taken on behalf of the European Union in the Committee on Services and Investment established under the Comprehensive Economic and Trade Agreement (CETA) between Canada, of the one part, and the European Union and its Member States, of the other part as regards the adoption of rules for mediation for use by disputing parties in investment disputes, COM/2019/460 final, 2019/0219 (NLE).

第二节 《中欧全面投资协定》（中欧 CAI）谈判完成

2020 年 12 月 30 日，中国国家主席习近平、欧盟轮值主席国德国总理默克尔、法国总统马克龙、欧洲理事会主席米歇尔和欧盟委员会主席冯德莱恩，通过视频会晤共同宣布如期完成中欧 CAI 的谈判工作。据报道，在此次视频会晤中，习近平强调，"中欧作为全球两大力量、两大市场、两大文明，应该展现担当，积极作为，加强对话，增进互信，深化合作，妥处分歧，携手育新机、开新局。协调抗疫行动，共促经济复苏，对接发展战略，加快绿色发展，推动多边合作。中欧投资协定将有力拉动后疫情时期世界经济复苏，促进全球贸易和投资自由化便利化，增强国际社会对经济全球化和自由贸易的信心，为构建开放型世界经济作出中欧两大市场的重要贡献。"[①] 商务部条法司司长李咏箑表示，"中欧投资协定致力于制度型开放，协定的一个主要方面就是市场准入的承诺，通过市场准入的承诺，将为中欧双方企业带来更多的投资机会。此外协定还包括公平竞争规则，可以为双方企业提供更好的营商环境。"[②]

一、中欧 CAI 的谈判历程

中欧 CAI 是欧盟在 2009 年《里斯本条约》生效后，代表成员国对外开展的第一份投资协定，且首次在贸易投资保护的框架内讨论市场准入问题。这份投资协定在关注投资保护的同时，更多涉及市场准入和开放内容，是中国与欧盟签订的首份全面投资协定。中欧 CAI 谈判的倡议最早可以追溯到 2012 年 2 月中欧峰会，双方达成尽快开启中欧投资协定谈判的共识。之后，欧盟于 2012 年 5 月 23 日正式向成员国提出与中国谈判投资协定的建议。直到 2013 年 11 月 21 日，在北京举行的第十六次中欧领导人会晤后，中国国务院总理李克强与时任欧洲理事会主席范龙佩、时任欧盟委员会主席巴罗佐才共同宣布，正式启动中欧 CAI 谈判，并表示双方将积极探讨自贸区建设的可行性。这是一场马拉松式的谈判，中欧 CAI 谈判从达成共识到成功签署历时八年多，从首轮谈判到协定横空出世历时近七年，35 轮谈判，地点跨及比利时布鲁塞尔和中国北京、青岛三地，新冠

---

① 习近平："2021 年中欧要担当作为开新局"，载新华网官网：http://www.xinhuanet.com/politics/leaders/2020-12/30/c_1126929023.htm，2021 年 2 月 4 日访问。

② 王砚峰、王山："中欧全面投资协定的基本信息"，载中国社会科学院经济研究所官网：http://ie.cass.cn/academics/economic_trends/202101/t20210111_5243669.html，2021 年 2 月 4 日访问。

肺炎疫情期间仍然采用线上视频方式继续推进谈判。①

第一阶段，达成共识，宣布启动谈判。2012 年 2 月 14 日，第十四次中欧领导人会晤在中国北京举行。双方领导人积极评价中欧关系各领域取得的重要进展，认为中欧全面战略伙伴关系的内涵得到了拓展和提升。双方一致认为，在当前不断变化和相互依存日益深化的世界里，各国利益交融更加紧密，中欧应加强互动与合作，以便更好地在新的双边、多边和全球框架内把握机遇，迎接挑战。中欧战略合作有利于促进各自经济社会可持续发展，也有利于解决当今世界面临的共同挑战。中欧全面战略伙伴关系正进入一个新的重要发展阶段。双方决心将中欧合作打造成 21 世纪国际合作的典范，为推动 21 世纪成为和平、合作、发展的世纪作出新的贡献。会后发布联合新闻公报，对启动中欧投资协定谈判达成共识：双方强调双边贸易和投资关系作为中欧战略伙伴关系的基础取得了积极发展。作为双方众多互利合作内容之一，双边贸易规模空前，相互经济融合也经受住了国际金融危机的压力，欧洲仍是中国第一大出口目的地，而中国也是欧盟增长最快的出口市场。双方认识到继续反对贸易和投资保护主义的重要性。双方欢迎中欧企业有意加强贸易和双边投资。双方领导人同意，一项内容丰富的中欧投资协定将促进和便利相互投资。该协定谈判将包括双方关注的所有事项，不预判最终结果。双方同意尽早启动谈判进程。② 2013 年 11 月 20 日至 21 日，第十六次中欧领导人会晤在中国北京举行，会议期间双方发表了《中欧合作 2020 战略规划》，中欧决心本着互利的精神，进一步深化面向 2020 年的贸易与投资关系，促进开放、透明的市场和公平的竞争环境。特别重视为中小企业提供更多机会。双方倡议商谈并达成一份全面的中欧投资协定，涵盖双方各自关心的问题，包括投资保护和市场准入。中欧投资协定有助于逐步提升投资自由化水平并为双方投资者进入各自市场消除投资限制，通过确保双方长期可预见性的市场准入，为双方投资者提供更为简单、安全的法律环境，并为投资者及其投资提供有力保护。这一涵盖所有欧盟成员国的全面投资协定将取代中国与欧盟成员国之间现有的双边投资协定。商谈并完成这一全面的中欧投资协定将传递双方致力于加强合作并实现更远大雄心的愿景，包括从长远看，在条件成熟时签订全面深入的自贸协定。③ 双方共同宣布启动中欧投资协定谈判。

第二阶段，真正开启谈判。2014 年 1 月 21 日至 23 日，中欧投资协定首轮谈

---

① "中欧投资协定谈判如期完成"，载商务部官网：http://topic.mofcom.gov.cn/article/i/jyjl/m/202012/20201203027802.shtml，2021 年 2 月 4 日访问。

② "第十四次中欧领导人会晤联合新闻公报（全文）"，载外交部官网：https://www.fmprc.gov.cn/web/ziliao_674904/1179_674909/t904825.shtml，2021 年 2 月 4 日访问。

③ "中欧合作 2020 战略规划"，载商务部欧洲司官网：http://ozs.mofcom.gov.cn/article/hzcg/201601/20160101233963.shtml，2021 年 2 月 4 日访问。

判在北京举行，中欧双方就谈判安排、谈判可能涉及的议题等内容展开充分磋商。欧盟方面表示，在谈判中，其关注点之一是消除欧盟投资者进入中国市场的壁垒。同时，中国在欧洲的投资增长很快，同样需要稳定的、公平的、透明的竞争环境。此外，中国还会关注欧盟的标准、管理机制等方面，以及产品检验等方面的便利化、公平待遇。① 2014年3月24日至25日，第二轮中欧投资协定谈判在比利时布鲁塞尔举行，双方就投资协定的概念性问题进一步交换意见。②

第三阶段，正式文本谈判。2015年1月20日至23日，第四轮中欧投资协定谈判在比利时布鲁塞尔举行，鉴于中欧双方分别于2014年4月和12月提交了各自建议文本，从本轮起双方开始正式的文本谈判。在2015年11月30日至12月4日第八轮谈判中，双方就制作合并文本作出了安排。从2016年1月开始，双方将以合并文本为基础，推进实质性的文本谈判。2018年7月16日上午，第二十次中欧领导人会晤宣布，双方视正在进行的《中欧投资协定》谈判为最优先事务，是为双方投资者建立和维护一个开放、可预期、公平和透明商业环境的关键。双方对交换清单出价表示欢迎，这将推动谈判进入一个新阶段。双方将致力于加快讨论合并文本和清单出价。2018年11月，经过十九轮磋商，谈判双方对文本中投资自由化和投资保护的部分重要条款达成一致，对投资市场准入方面的清单出价进行实质性谈判。③

第四阶段，取得决定性进展。2019年4月9日，第二十一次中欧领导人会晤在比利时布鲁塞尔举行，《第二十一次中国－欧盟领导人会晤联合声明》明确，中国和欧盟致力于在开放、非歧视、公平竞争、透明和互利基础上打造双方经贸关系。双方承诺2019年将在谈判中，特别是投资自由化承诺方面，取得结束谈判所必需的决定性进展，以便在2020年达成高水平的中欧投资协定。协定的高水平将体现在实质性改善市场准入、消除影响外国投资者的歧视性要求和做法、建立平衡的投资保护框架以及纳入投资和可持续发展方面的条款。双方同意建立高层沟通机制负责持续督导谈判，并于2019年年底前向领导人汇报进展。中国和欧盟承诺在双边贸易和投资中确保平等、互利合作。双方重申愿加强双边经济合作、贸易及投资，愿相互给予更加广泛、更为便利、非歧视的市场准入。为此，双方将加大努力，为双方确认的一些关键壁垒寻找双方认同的解决方案，并在下一次中欧领导人会晤进行盘点。在此背景下，双方将尽快举行会议并加快工

---

① "中欧投资协定首轮谈判开启"，载人民网官网：http://politics.people.com.cn/n/2014/0122/c70731-24187571.html，2021年2月4日访问。

② "第2轮中欧投资协定谈判在比利时布鲁塞尔举行"，载国务院官网：http://www.gov.cn/xinwen/2014-03/24/content_2644874.htm，2021年2月4日访问。

③ "中欧投资协定谈判大事记"，载中国商务新闻网官网：http://www.comnews.cn/article/ibdnews/202012/20201200067566.shtml，2021年2月4日访问。

作，通过既有渠道取得具体成果。双方重申坚持国际科学标准的重要性。①

第五阶段，最后冲刺。2020 年 9 月 14 日晚，国家主席习近平在北京同欧盟轮值主席国德国总理默克尔、欧洲理事会主席米歇尔、欧盟委员会主席冯德莱恩共同举行会晤，会晤以视频方式举行。中欧领导人确认，加快中欧投资协定谈判，实现年内完成谈判的目标。2020 年 12 月 6 日至 11 日第三十五轮投资协定谈判，双方围绕文本和清单剩余问题展开谈判，取得积极进展。

最终，2020 年 12 月 30 日晚，中欧领导人共同宣布中欧完成了投资协定谈判，达成中欧 CAI。习近平指出，2020 年对世界和中欧双方来说都是十分特殊的一年，新冠肺炎疫情全球大流行和世界百年未有之大变局深刻交织，不稳定不确定因素越来越多。在这样的背景下，中欧迎难而上，携手努力，推动中欧关系取得丰硕成果。双方如期实现年内完成中欧投资协定谈判的预期目标，达成了一份平衡、高水平、互利共赢的投资协定，展现了中方推进高水平对外开放的决心和信心，将为中欧相互投资提供更大的市场准入、更高水平的营商环境、更有力的制度保障、更光明的合作前景，也将有力拉动后疫情时期世界经济复苏，增强国际社会对经济全球化和自由贸易的信心，为构建开放型世界经济作出中欧两大市场的重要贡献。欧方领导人表示，共同宣布结束欧中投资协定谈判，这对欧中关系发展具有重要里程碑意义，也将有利于推动世界经济复苏增长。这再次向世界表明，尽管欧中在有些问题上存在分歧，但双方都有政治意愿在相互尊重的基础上加强对话，深化合作，实现互利共赢。欧中投资协定是高水平的，欧方赞赏中方进一步扩大开放，积极促进贸易自由化、投资便利化。欧中都支持多边主义，一个强有力的欧中关系有益于解决当今世界面临的全球性挑战。②

二、中欧 CAI 涉及的可持续发展标准

在欧盟委员会官网公布的中欧 CAI 现行文本中，③ 中欧 CAI 一共包括序言及六大章节，分别是：第一章"目标和一般定义"、第二章"投资自由化"、第三章"监管框架"、第四章"投资和可持续发展"、第五章"争议解决"以及第六章"机制和最终条款"。除此之外，与之一同公布的还有第三章附件"补贴透明

---

① "第二十一次中国－欧盟领导人会晤联合声明（全文）"，载中央人民政府官网：http://www.gov.cn/xinwen/2019-04/09/content_5381013.htm，2021 年 2 月 4 日访问。

② "习近平同德国、法国、欧盟领导人举行视频会晤中欧领导人共同宣布如期完成中欧投资协定谈判"，载新华网官网：http://www.xinhuanet.com/politics/leaders/2020-12/30/c_1126929248.htm，2021 年 2 月 4 日访问。

③ 本部分的内容仅限于对目前（截至 2021 年 2 月）欧盟方面披露版本的论述，最终版本尚待双方签署及批准。EU-China Comprehensive Agreement on Investment, available at https://trade.ec.europa.eu/doclib/cfm/doclib_section.cfm?sec=120, accessed 5 February 2021.

度"、第五章附件一"国与国之间争端解决程序规则"与附件二"仲裁法庭成员和国与国之间争端调解员行为准则"。

首先，中欧 CAI 序言指出，尊重缔约方基于合法公共政策目标而采取措施的权利；重申缔约方将遵守其在《联合国宪章》《世界人权宣言》中作出的承诺；决心依据可持续发展目标加强双方经济、贸易和投资关系，并且通过倡行高水平的环境保护和劳工权利保护标准，包括共同应对气候变化、反对强迫劳动，来促进投资；承诺将促进跨国公司承担企业社会责任，开展负责任的投资。此外，中欧 CAI 第一章"目标和一般定义"第 1 条第 2 款明确，缔约方再次确认在其领土范围内享有监管权以实现合法政策目标，如保护公共健康、社会服务、公共教育、安全、环境（包括应对气候变化）、公共道德、社会安全或消费者保护、隐私及数据保护、保护文化多样性。

其次，中欧 CAI 第二章"投资自由化"，关于市场准入，采用"准入前国民待遇＋负面清单"模式，中方首次在包括服务业和非服务业在内的所有行业以负面清单形式作出承诺，实现与《外商投资法》确立的外资负面清单管理体制全面对接。欧方表示，中国在中欧协定中承诺欧盟投资者的市场准入将达到"前所未有的水平"，欧盟在华经贸活动的安全性以及可预见性将得到改善。欧方也在协定中对我国承诺其较高的市场准入水平。此外，针对本身不歧视外资、但对企业设立运营造成重大影响的市场准入限制，双方承诺在大多数经济领域不对企业数量、产量、营业额、董事高管、当地研发、出口实绩、总部设置等实施限制，并允许与投资有关的外汇转移及人员入境和停居留。关于国民待遇和最惠国待遇，条约明确国民待遇和最惠国待遇不适用于构成 TRIPS 第 3 条和第 4 条例外的任何措施。此外，最惠国待遇条款不适用于争端解决，缔约方与第三国所订条约中的实体性条款也不属于最惠国待遇范畴。

再次，中欧 CAI 第四章"投资与可持续发展"专门回应了国际投资与可持续发展的互动关系，具有创新性、引领性和示范意义。双方在第一条就明确，重申与可持续发展有关的国际法律文件，尤其是 1992 年里约环境与发展会议《二十一世纪议程》、2002 年世界可持续发展峰会《约翰内斯堡执行计划》、2006 年联合国经社理事会有关就业和体面工作的《部长宣言》、2008 年国际劳工组织《关于争取公平全球化的社会正义宣言》、2012 年联合国可持续发展会议《我们憧憬的未来》、联合国《2030 年可持续发展议程》和 2019 年国际劳工组织《关于劳动世界的未来百年宣言》等，促进投资以实现可持续发展目标，提升当代人和后代人的福祉，确保可持续发展理念已经嵌入双边投资关系。关于企业社会责任，双方承认企业社会责任和负责任的投资在可持续发展方面发挥的重要作用，同意促进负责任的投资，包括鼓励企业自愿承担相关义务，遵守相关指南和原则（如联合国《全球契约》、联合国《工商企业与人权指导原则》、国际劳工组织《关于多国企业和社会政策的三方原则宣言》以及 OECD《多国企业指导纲领》）。关于投资与环境，双方确认其拥有的决定可持续发展政策的主权权利，以建立本国环境保护标准，或为履行国际义务制定、修改相关法律。但是不得以歧视性的方式实施本国环境法律。双方认可 UNEP 等国际组织以及多边环境条约在应对全球环境挑战方面的价值和作用，同意以对话和合作的形式在现有双边、多边框架下增强投资政策与环境政策的互相支撑。双方鼓励和提倡在环境产品和服务、生态友好型产品和服务、可再生能源、低碳技术、节能产品和服务等方面的"绿色投资"。关于投资与劳工，双方强调不欢迎低于国内法律规定的劳工保护标准的投资。与此同时，双方应当尽力提升国内法律中的劳工保护标准，履行国际劳工组织成员义务，以非歧视的方式实施国内劳动法，尽可能使公民获得体面工作。关于争端解决，凡与"投资与可持续发展"章节相关的争议，争端方不可以诉诸第五章规定的国家间争端解决机制，只能依据本章中的争端解决条款处理争端。争端解决方式包括磋商、双方同意的解决方式。在启动磋商后的 120 天内仍然无法解决争议的，争端方可以要求组建专家组。专家人选从双方提交的专家组名单中产生，一共 3 名。这些专家必须具有国际劳动法律，国际环境法律和国际贸易、投资法律的专业知识。专家组必须依据《维也纳条约法公约》中有关条约解释的习惯国际法规则，解释相关条款，充分考虑条约所追求的可持续发展目标。专家组应当自组建之日 150 天内出具专家组中期报告，争端方有权在收到报告后的 10 天内发表意见，专家组应当自组建之日起 180 天内，发布最终裁定。在审理过程中，专家组的工作应当保持透明度，并且接纳第三方参与制度。

最后，中欧 CAI 第五章"争端解决"，既未采纳传统投资条约通常采用的 ISDS 机制，也未采纳 CETA 中的投资法庭模式，而是选择国家间争端解决机制。这可能是因为双方对 ISDS 机制改革问题存在分歧，欧方推行 ICS 并且意图建立多边投资法庭，中方支持在现有 ISDS 基础上完善其缺陷之处。中欧 CAI 第五章规定的争端解决方式包括，磋商、调解以及双方同意的其他解决方式。如果双方无法通过磋商解决争议，可以要求组建仲裁庭。仲裁员人选从双方提交的专家名单中产生，一共 3 名。这些专家必须具备国际贸易法、国际投资法相关专业知识。仲裁庭必须依据《维也纳条约法公约》中有关条约解释的习惯国际法规则，解释相关条款。经争端方申请，仲裁庭可以暂停工作，但暂停时间不得超过 12 个月，以便争端方就争议发表意见。仲裁庭应当自组建之日起 150 天内出具仲裁庭中期裁决，争端方有权在收到报告后的 10 天内发表意见，仲裁庭应当自组建之日起 180 天内，发布最终裁决。在审理过程中，仲裁庭的工作应当保持透明度，仲裁员具有独立性和公正性，接纳第三方参与制度。值得注意的是，中欧 CAI 还特别处理了本条约项下国家间争端解决机制，和诸如 WTO 框架下的国家间争端解决机制。条约指明如何投资争议系争端方违反其他国际条约义务引起的，包括 WTO 法律体系，争端方只能选择一种解决方式。一方一旦选定争端解决"场所"（forum），该机制即对争议拥有排他性管辖权，除非该机制裁定其本身不具有管辖权。

三、中欧 CAI 对促进可持续发展的愿景

欧盟委员会表示，中欧 CAI 具有重要的经济意义，并且将双方绑定到基于可持续发展原则的投资关系中。一旦生效，CAI 将有助于重新平衡中欧之间的贸易和投资关系。中国致力于为欧盟投资者提供前所未有的市场准入水平，使欧盟企业的业务具有确定性和可预测性。该协议将对中国国有企业规定明确的义务，禁止强迫技术转让和其他扭曲性行为，并增加补贴的透明度，从而大大改善欧盟投资者的竞争环境。此后，欧盟公司在中国市场竞争时将受益于更公平的待遇。该协定还包括对环境和气候的重要承诺，包括有效执行《巴黎协定》和国际劳工标准及相关国际条约。中欧 CAI 中有关可持续发展的规定都受制于专门量身定制的执行机制，包括一个独立的专家小组，以及高度透明和民间社会的参与。中国表示会争取批准尚未批准的国际劳工组织基本公约，并对尚未批准的两项国际劳工组织关于强迫劳动的基本公约作出具体承诺。欧盟表示将根据其法律规则和程序开展进一步工作，以签署、批准和缔结该协定。中欧双方的目标是在中欧 CAI 签署后的两年内结束投资保护谈判，努力设置现代化的投资保护标准和争端解决机制，同时考虑 UNCTAD 在多边投资法院方面开展的工作。①

总体来看，中欧 CAI 对标国际高水平经贸规则，着眼于制度型开放，是一项平衡、高水平、互利共赢的协定。"平衡"主要体现在，一是双方作出开放承诺的同时十分注重保留必要的监管权；二是双方既注重促进双边投资合作，也强调投资需有利于可持续发展。"高水平"主要体现在，双方致力于促进投资自由化便利化，达成了高水平的谈判成果。协定涉及领域远远超越传统双边投资协定，谈判成果涵盖市场准入承诺、公平竞争规则、可持续发展和争端解决四方面内容。"互利共赢"主要体现在，双方都作出了高水平和互惠的市场准入承诺，所有的规则也都是双向适用的，将为企业打造公平竞争的环境，惠及中欧双方企业乃至全球企业。

此外，中方一贯重视可持续发展问题，包括环境保护、劳动者权益保护，践行新发展理念和以人民为中心的发展思想，发展的根本目的就是满足人民对美好生活的向往。纳入与经贸有关的环保、劳工议题已成为近年来国际经贸协定的重

---

① 王砚峰、王山："中欧全面投资协定的基本信息"，载中国社会科学院经济研究所官网：http：//ie.cass.cn/academics/economic_trends/202101/t20210111_5243669.html，2021 年 2 月 6 日访问。

要特征。基于上述考虑，中欧 CAI 对与投资有关的环境、劳工问题作出专门规定，双方将促进有利于实现可持续发展目标的投资，处理好吸引投资与保护环境和劳动者权益的关系，并遵守相关国际承诺。①

在中欧 CAI 谈判完成当日，欧盟中国商会就发布声明表示，中欧如期在 2020 年完成全面、平衡和高水平投资协定谈判，这对中欧关系具有里程碑意义，释放出强烈的共克时艰、携手共赢的政治意涵。中欧 CAI 将深化互利共赢的中欧全面战略伙伴关系，推动双方提升经贸水平，为中国深化改革、扩大开放、构建开放型经济和"双循环"格局提供动力。协定谈判如期完成凝聚了中欧共识，标志双方在维护多边主义和促进开放合作上取得重大胜利，助力推动全球投资、经贸增长和可持续发展，在疫情肆虐和"保护主义"趋势抬头之际贡献了中欧智慧和中欧力量。声明呼吁双方尽快签署和批准协定，在协定生效后为中国企业对欧盟成员国投资提供统一法律文本，从而推动双边投资便利化和自由化，为中国企业对欧投资营造更加透明和可预期的营商环境和法律环境。据欧盟中国商会数据，截至 2019 年年末，中国共在欧盟设立直接投资企业 3200 余家，覆盖欧盟 27 个成员方及英国，雇佣外方员工逾 26 万人；2020 年前三季度，中国首次成为欧盟第一大贸易伙伴。②

第三节　《区域全面经济伙伴关系协定》（RCEP）签署

经过长达 8 年的艰苦谈判，2020 年 11 月 15 日，东盟十国和中国、日本、韩国、澳大利亚、新西兰等 15 国领导人达成协议，正式签署 RCEP。此间舆论认为，RCEP 签署是东亚区域经济一体化新的里程碑，成为史上最大的自由贸易协定，覆盖了全世界大约 30% 的人口。在新冠肺炎疫情冲击世界经济，贸易保护主义、单边主义暗流涌动的当下，RCEP 将有力提振区域贸易投资信心，加强产业链供应链，提升各方合作抗疫的能力，并促进本地区长期繁荣发展。RCEP 成员致力于推动自由贸易、多边主义和区域经济一体化发展进程，为全球经济复苏带来了新希望。③

RCEP 最早由东盟提出并主导推动。2012 年，东盟在与中国、日本、韩国、

---

① "商务部条法司负责人就如期完成中欧投资协定谈判答记者问"，载商务部官网：http://www.mofcom.gov.cn/article/ae/sjjd/202012/20201203027541.shtml，2021 年 2 月 6 日访问。

② 德永健："欧盟中国商会：中欧投资协定为全球经济发展注入信心和动能"，载中国新闻网：http://www.chinanews.com/cj/2020/12-31/9375357.shtml，2021 年 2 月 6 日访问。

③ 赵安妮、李栋："RCEP 签署是多边主义的胜利"，载《人民日报（海外版）》2020 年 11 月 19 日。

印度、澳大利亚和新西兰分别签署自贸协定的基础上，发起了区域全面经济伙伴关系谈判，邀请上述6国共同参加。这一协定旨在通过削减关税及非关税壁垒，建立16国的统一市场。此后，东盟始终坚定不移推动RCEP，不管哪个国家担任轮值主席国，都将其作为优先推进议题。2017年，轮值主席国菲律宾首次召开RCEP领导人峰会，提出尽快完成RCEP谈判的目标；2019年，轮值主席国泰国将签署RCEP作为目标成果之一，虽然最终因印度临时退出未能如愿，但完成了从第七章至二十章的文本协调工作，当年11月4日会议发表声明称"其中15个成员国已经结束谈判并启动了法律文本审核"，完成了事实上的15国谈判；越南接过轮值主席国后再接再厉，最终促成协议的圆满签署。中国作为东盟对话伙伴之一，一直是经济全球化和贸易自由化的坚定支持者，也是RCEP磋商的积极参与者和贡献者。中方坚定支持东盟在RCEP谈判中发挥核心作用，致力于同东盟成员一道推动谈判尽早完成。泰国商务部贸易谈判局局长阿若曼曾由衷地感慨，"完成RCEP谈判需要每一个国家的支持，而中国的支持特别重要"。由于日本的加入，中日和日韩之间的自贸自动实现，这也是RCEP协定的亮点之一。韩国、澳大利亚和新西兰则始终是RCEP的坚定支持者，这一立场即便在中美贸易战最激烈、反全球化浪潮兴起的情况下也从未动摇。

虽然各国都认为区域一体化带来的效益最大，但由于各国在政治制度、经济发展水平、文化甚至历史认知上差异巨大，在15国之间众多的双边自贸协定基础上寻求一个统一的自由贸易安排绝非易事。8年来，各国共进行了46次谈判会议和19场部长会议。特别是2020年以来，RCEP各成员方克服新冠肺炎疫情带来的困难，全面完成市场准入谈判，完成协定1.4万多页法律文本审核工作，最终在领导人会议期间如期签署协定，这一成果的取得来之不易。[①]

一、RCEP投资章节的基本内容

RCEP第十章"投资"章节，共有18条。第一，投资定义及范围。RCEP第1条规定，涵盖投资指对于一缔约方而言，在本协定生效之日，已在该方领土内存在的另一缔约方投资者的投资，或已为东道国所接受，并遵循其相关法律、法规和政策（如适用）所设立、获取或扩大的投资。投资指一个投资者直接或间接，拥有或控制的，具有投资特征的各种资产，此类特征包括承诺资本或其他资源的投入、收益或利润的期待或风险的承担。投资可以采取的形式包括：（1）法人中的股份、股票和其他形式的参股，包括由此派生的权利；（2）法人的债券、无担保债券、贷款及其他债务工具以及由此派生的权利；（3）合同项下的权利，

---

① 付志刚："RCEP签署：自由贸易之胜，地区繁荣之机"，载《光明日报》2020年11月17日。

包括交钥匙、建设、管理、生产或收入分享合同；（4）东道国法律和法规所认可的知识产权和商誉；（5）与业务相关且具有财务价值的金钱请求权或任何合同行为的给付请求权；（6）根据东道国法律法规或依合同授予的权利，如特许经营权、许可证、授权和许可，包括勘探和开采自然资源的权利；以及（7）动产、不动产及其他财产权利，如租赁、抵押、留置或质押。"投资"不包括司法、行政行为或仲裁程序中的命令或裁决。投资回报应当被视为投资。投资或再投资资产发生任何形式上的变化，不得影响其作为投资的性质。

第二，投资待遇。RCEP第3条"国民待遇条款"规定，在投资的设立、取得、扩大、管理、经营、运营、出售或其他处置方面，每一缔约方给予另一缔约方投资者和所涵盖投资的待遇应当不低于在类似情形下其给予本国投资者及其投资的待遇。为进一步明确，一缔约方根据第一款所给予的待遇，对于中央以外的政府层级而言，指不低于作为该缔约方一部分的该政府在类似情形下给予其投资者或投资的最优惠待遇。RCEP第4条"最惠国待遇条款"规定，在投资的设立、取得、扩大、管理、经营、运营、出售或其他处置方面，每一缔约方给予另一缔约方投资者及涵盖投资的待遇应当不低于其在类似情形下给予任何其他缔约方或非缔约方投资者的待遇。为进一步明确，这种待遇不包含其他现存或未来国际协定项下的任何国际争端解决程序或机制。RCEP第5条"公平公正待遇条款"规定，每一缔约方应当依照习惯国际法外国人最低待遇标准给予涵盖投资公平公正待遇以及充分保护和安全。为进一步明确：（1）公平公正待遇要求每一缔约方不得在任何司法程序或行政程序中拒绝司法；（2）充分保护和安全要求每一缔约方采取合理的必要措施确保涵盖投资的有形保护与安全；（3）公平公正待遇和充分保护和安全的概念不要求给予涵盖投资在习惯国际法关于外国人最低待遇标准之外或超出该标准的待遇，也不创造额外的实质性权利。认定一项措施违反本协定其他条款或另一单独的国际协定并不能证明该措施构成对本条的违反。RCEP第13条"征收条款"规定，缔约方不得对涵盖投资进行直接征收或国有化，或通过与之等效的措施进行征收或国有化，除非：（1）为了公共目的；（2）以非歧视的方式进行；（3）依照第二款和第三款支付补偿；以及（4）依照正当法律程序进行。第1款第3项提及的补偿应当：（1）无延迟支付；（2）相当于公开宣布征收时或者征收发生时被征收投资的公平市场价值，两个时间以较早者为准；（3）不反映任何因征收意图提前公开而引起的价值变化；以及（4）可有效实现和可自由转移。如发生迟延，支付的补偿应当包括依照实行征收的缔约方的法律、法规和政策规定的适当利息，只要此类法律、法规和政策在非歧视的基础上适用。本条不得适用于与知识产权有关的强制许可的颁发或知识产权的撤销、限制或创设，只要此类颁发、撤销、限制或创设符合第十一章（知识产权章节）和TRIPS。尽管有第1款至第3款的规定，任何与土地相关的征收措施应当由实行征收的缔约方现行的法律和法规界定，并且为补偿的目的以及在支付补偿款时，应当依据上述法律和法规。此类补偿还应当遵循上述与补偿金额有关的法律和法规此后任何的修订，只要此类修订遵循土地市场价值的一般趋势。

第三，关于争端解决。RCEP 第 18 条"工作计划"指明，缔约方在不损害其各自立场的前提下，讨论一缔约方与另一缔约方投资者之间投资争端的解决。在不迟于本协定生效之日后的两年进行讨论，在讨论开始后三年内结束讨论，讨论结果须经所有缔约方同意。

二、RCEP 包含的可持续发展规则

一方面，RCEP 在序言中明确，希望增强缔约方的经济伙伴关系，以创造新的就业机会，提高生活水平，改善各国人民的普遍福利。顾及缔约方间不同的发展水平，对适当形式的灵活性的需要，包括对特别是柬埔寨、老挝人民民主共和国、缅甸，以及在适当情况下，对越南，提供特殊和差别待遇，和对最不发达国家缔约方采取的额外的灵活性。重申每一缔约方为实现合法的公共福利目标而进行监管的权利。认识到可持续发展的三大支柱是相互依存、相互促进的，以及经济伙伴关系能够在促进可持续发展方面发挥重要作用。

另一方面，在 RCEP 正文部分。RCEP 投资章节区分了"投资"与"涵盖投资"，强调涵盖投资应当具有条款中列明投资的特征，并且符合东道国法律，有利于维护东道国的外资监管权。与此同时，缩小投资者的权利范围，明确最惠国待遇的范畴不包含其他现存或未来国际协定项下的任何国际争端解决程序或机制，避免投资者挑选条约，以获得更符合自身利益的争端解决机制；明确为了公共目的的非歧视性征收措施不构成间接征收，符合 TRIPS 的知识产权强制许可或知识产权的撤销、限制或创设也不构成征收，进一步确保了东道国为增进社会福祉而采取相应措施或政策的自主空间。有意思的是，RCEP 的公平公正待遇条款在将公平公正待遇标准与习惯国际法下的国际最低待遇标准相联系的同时，列举了公平公正待遇的一大要素"正当程序"，这与 NAFTA 相关实践较为类似，与近年来投资条约不再将两者相联系的普遍做法存在明显差异。为进一步明确，RCEP 第十章附件一规定，公平公正待遇条款中提及的"习惯国际法"包括与外国人待遇有关的习惯国际法最低待遇标准，是源于各国对法律义务的遵循而产生的普遍和一致的实践。可见，RCEP 对仲裁庭对解释条约提出了具体要求，即要求仲裁庭必须从"国家实践"和"法律确信"两个方面，界定公平公正待遇的内涵，从侧面反映 RCEP 正试图提高东道国违反公平公正待遇的门槛，只有当东道国政府行为对投资者权益造成的损害达到国际最低标准所要求的极限程度时，投资者才可以触发诉讼程序，要求东道国进行赔偿。国际最低待遇标准对投资者

的保护范围远小于公平公正待遇。①

此外，RCEP 采用"准入前国民待遇+负面清单"模式，各缔约方均以负面清单的方式对制造业、农业、林业、渔业、采矿业 5 个非服务业领域投资作出较高水平开放承诺，大大提高了各方政策透明度。中方投资负面清单反映了国内改革最新进展，这也是我国首次在自贸协定项下以负面清单形式对投资领域进行承诺，对完善国内准入前国民待遇加负面清单外商投资管理制度，锁定国内压缩外商投资负面清单改革成果，实现扩大外商投资市场准入具有重要意义。②

三、RCEP 对促进可持续发展的积极影响

RCEP 是目前全球体量最大的自贸区。2020 年 11 月 16 日，UNCTAD 发布《投资趋势监测报告（RCEP 特刊）》。报告指出，RCEP 的签署将显著促进投资。RCEP 投资章书将长期促进投资；RCEP 中涉及货物贸易、服务贸易、知识产权、电子商务的规则将在短期内提升投资数量。

一方面，RCEP 将促进区域投资整体增长。在对外投资上，RCEP 经济体是世界上主要的外国直接投资来源之一，RCEP 占 2019 年外向外国直接投资流量的 36%，主要对外投资国为日本、中国、新加坡和韩国。在吸引投资上，截至 2019 年，RCEP 经济体占有全球外国直接投资存量的 16%，占全球外国直接投资流量的 24%，吸收外资持续增长。2015 年至 2019 年，中国、新加坡、澳大利亚、印度尼西亚和越南吸收外国直接投资流量之和占 RCEP 所有成员国吸收外国直接投资流量的 84%。2020 年，新冠肺炎疫情虽然导致 RCEP 经济体吸收外国直接投资流量预计减少 15%，但较之于全球内向外国直接投资流量 30% 至 40% 的降幅，RCEP 经济体似将引领全球投资复苏。另一方面，RCEP 的签署将为区域内部投资增长注入新动力。当前，RCEP 经济体吸收的外国直接投资中，来自 RCEP 成员国的外国直接投资仅占 30%，主要源于中国、日本、韩国和新加坡。其中，日本、新加坡和泰国在 RCEP 成员国的海外投资存量占本国海外投资存量比重分别超过 30%、50% 和 40%。2000 年至 2019 年，东盟吸收的外国直接投资约 16% 来自东盟成员国，24% 来自其他 RCEP 成员国。尽管区域内部投资在 RCEP 经济体中已经发挥着重要作用，相较于欧盟、USMCA、CPTPP 等经济集团，RCEP 区域内部投资还有较大增长空间。③

---

① Francis Mann, British Treaties for the Promotion and Protection of Investments, 52 British Yearbook of International Law 241 (1981).

② "商务部国际司负责同志解读《区域全面经济伙伴关系协定》（RCEP）之二"，载商务部官网：http://www.mofcom.gov.cn/article/news/202011/20201103016087.shtml，2021 年 2 月 6 日访问。

③ UNCTAD, Global Investment Trend Monitor, No. 37 [Special RCEP Agreement Edition], 16 November 2020.

RCEP 是区域内经贸规则的"整合器"。RCEP 整合了东盟与中国、日本、韩国、澳大利亚、新西兰多个"10+1"自贸协定以及中、日、韩、澳、新西兰 5 国之间已有的多对自贸伙伴关系，还在中日和日韩间建立了新的自贸伙伴关系。RCEP 通过采用区域累积的原产地规则，深化了域内产业链价值链；利用新技术推动海关便利化，促进了新型跨境物流发展；采用负面清单推进投资自由化，提升了投资政策透明度，都将促进区域内经贸规则的优化和整合。

RCEP 实现了高质量和包容性的统一。货物贸易最终零关税产品数整体上将超过 90%，服务贸易和投资总体开放水平显著高于原有"10+1"自贸协定，还纳入了高水平的知识产权、电子商务、竞争政策、政府采购等现代化议题。同时，RCEP 还照顾到不同国家国情，给予最不发达国家特殊与差别待遇，通过规定加强经济技术合作，满足了发展中国家和最不发达国家的实际需求。可以说 RCEP 最大限度兼顾了各方诉求，将促进本地区的包容均衡发展，使各方都能充分共享 RCEP 成果。

对我国而言，RCEP 自贸区的建成是我国在习近平新时代中国特色社会主义思想指引下实施自由贸易区战略取得的重大进展，将为我国在新时期构建开放型经济新体制，形成以国内大循环为主体、国内国际双循环相互促进新发展格局提供巨大助力。其一，RCEP 将成为新时期我国扩大对外开放的重要平台。我国与 RCEP 成员贸易总额约占我国对外贸易总额的三分之一，来自 RCEP 成员实际投资占我国实际吸引外资总额比重超过 10%。RCEP 一体化大市场的形成将释放巨大的市场潜力，进一步促进区域内贸易和投资往来，这将有助于我国通过更全面、更深入、更多元的对外开放，进一步优化对外贸易和投资布局，不断与国际高标准贸易投资规则接轨，构建更高水平的开放型经济新体制。其二，RCEP 将助力我国形成国内国际双循环新发展格局。RCEP 将促进我国各产业更充分地参与市场竞争，提升在国际国内两个市场配置资源的能力。这将有利于我国以扩大开放带动国内创新、推动改革、促进发展，不断实现产业转型升级，巩固我国在区域产业链供应链中的地位，为国民经济良性循环提供有效支撑，加快形成国际经济竞争合作新优势，推动经济高质量发展。其三，RCEP 将显著提升我国自由贸易区网络"含金量"。加快实施自由贸易区战略是我国新一轮对外开放的重要内容。RCEP 签署后，我国对外签署的自贸协定将达到 19 个，自贸伙伴将达到 26 个。通过 RCEP，我国与日本建立了自贸关系，这是我国首次与世界前十的经济体签署自贸协定，是我国实施自由贸易区战略取得的重大突破，使我国与自贸伙伴贸易覆盖率增加至 35% 左右，大大提升我国自贸区网络的"含金量"。

对东亚区域而言，其一，RCEP 将有力提振各方对经济增长的信心。在当前全球经济面临困难的背景下，RCEP 自贸区的建成发出了反对单边主义和贸易保护主义、支持自由贸易和维护多边贸易体制的强烈信号，必将有力提振各方对经济增长的信心。据国际知名智库测算，到 2025 年，RCEP 可望带动成员国出口、对外投资存量、GDP 分别比基线多增长 10.4%、2.6%、1.8%。其二，RCEP 将显著提升东亚区域经济一体化水平。RCEP 自贸区的建成是东亚区域经济一体化新的里程碑，将显著优化域内整体营商环境，大幅降低企业利用自贸协定的制度性成本，进一步提升自贸协定带来的贸易创造效应。RCEP 还将通过加大对发展中和最不发达经济体的经济和技术援助，逐步弥合成员间发展水平差异，有力促进区域协调均衡发展，推动建立开放型区域经济一体化发展新格局。其三，RCEP 将促进区域产业链、供应链和价值链的融合。RCEP 成员之间经济结构高度互补，域内资本要素、技术要素、劳动力要素齐全。RCEP 使成员国间货物、服务、投资等领域市场准入进一步放宽，原产地规则、海关程序、检验检疫、技术标准等逐步统一，将促进域内经济要素自由流动，强化成员间生产分工合作，拉动区域内消费市场扩容升级，推动区域内产业链、供应链和价值链进一步发展。①

---

① "商务部国际司负责同志解读《区域全面经济伙伴关系协定》（RCEP）之一"，载商务部官网：http://www.mofcom.gov.cn/article/ae/sjjd/202011/20201103015927.shtml，2021 年 2 月 6 日访问。

第五章

国际投资法可持续发展型变革中的中国立场

2021年1月25日,国家主席习近平在北京以视频方式出席世界经济论坛"达沃斯议程"对话会,并发表题为《让多边主义的火炬照亮人类前行之路》的特别致辞。习近平强调,解决好这个时代面临的课题,出路是维护和践行多边主义,推动构建人类命运共同体。21世纪的多边主义要守正出新、面向未来,既要坚持多边主义的核心价值和基本原则,也要立足世界格局变化,着眼应对全球性挑战需要。要坚持开放包容,坚持以国际法则为基础,坚持协商合作,坚持与时俱进。中国将继续积极参与国际抗疫合作、实施互利共赢的开放战略、促进可持续发展、推进科技创新、推动构建新型国际关系,向着构建人类命运共同体不断迈进。①

在可持续发展理念和人类命运共同体理念的指导下,国际投资法焕发新的生机,朝着更加平衡的方向发展。中国作为兼具"资本输入国"和"资本输出国"双重身份的世界第二大经济体,理应积极参与并且引领21世纪国际投资法的可持续发展型变革进程。在国际投资法的第三波发展浪潮中,展现中国的大国担当,始终支持经济全球化,坚定实施对外开放基本国策。促进贸易和投资自由化便利化,维护全球产业链供应链顺畅稳定,推进高质量共建"一带一路",持续打造市场化、法治化、国际化营商环境,发挥超大市场优势和内需潜力,为世界经济复苏和增长注入更多动力。

---

① "习近平在世界经济论坛'达沃斯议程'对话会上的特别致辞",载新华网官网:http://www.xinhuanet.com/politics/leaders/2021-01/25/c_1127023884.htm,2021年2月7日访问。

第一节　可持续发展与中国《外商投资法》

一、《外商投资法》的立法背景及定位[①]

（一）立法背景

第一，制定《外商投资法》[②]，是贯彻落实党中央扩大对外开放、促进外商投资决策部署的重要举措。党的十八大以来，以习近平同志为核心的党中央在扩大对外开放、促进外商投资方面作出了一系列重要决策部署，强调中国开放的大门不会关闭，只会越开越大。习近平总书记在庆祝改革开放40周年大会上发表重要讲话，发出了新时代改革开放再出发、继续把改革开放推向前进的宣言书和动员令。在新的历史起点上，我们必须坚定贯彻新发展理念，坚持对外开放的基本国策，继续实行积极主动的开放政策，推动形成全面开放新格局。

积极吸引和利用外商投资，是我国扩大对外开放和构建开放型经济新体制的重要内容，必须有健全的法治保障。总结改革开放40多年我国外商投资法律制度的实践经验，适应新形势新要求，《外商投资法》确立了我国新型外商投资法律制度的基本框架，确定了我国对外开放、促进外商投资的基本国策和大政方针，对外商投资的准入、促进、保护、管理等作出了统一规定，是我国外商投资领域新的基础性法律，是对我国外商投资法律制度的完善和创新。通过制定和实施外商投资法，坚定实行高水平投资自由化便利化政策，保护外商投资合法权益，营造法治化、国际化、便利化营商环境，以高水平对外开放推动经济高质量发展，充分彰显了新时代我国进一步扩大对外开放、积极促进外商投资的决心和信心。

第二，制定《外商投资法》，是我国外商投资法律制度与时俱进、完善发展的客观要求。法治建设与改革开放紧密结合、协调推进、相互促进，是我国改革开放、社会主义现代化建设和法治建设取得成功的重要原因。中国的对外开放立法是从外商投资立法起步和发展起来的。1978年12月，邓小平同志就明确提出制定外国人投资法。1979年7月改革开放新时期第一批出台的7部法律，就包括1979年《中外合资经营企业法》，标志着中国打开大门引进外资、实行对外开

[①] 王晨：《关于〈中华人民共和国外商投资法（草案）〉的说明——2019年3月8日在第十三届全国人民代表大会第二次会议上》，载全国人民代表大会官网：http://www.npc.gov.cn/npc/c30834/201903/e167985f1a3a449b8815739326e3bd52.shtml，2021年2月8日访问。

[②] 《外商投资法》自2020年1月1日起施行。

放,具有重大政治和法律意义。1980年8月,全国人大常委会批准《广东省经济特区条例》。1986年和1988年,全国人民代表大会又先后制定了1986年《外资企业法》和1988年《中外合作经营企业法》,国务院、有关部门和地方陆续制定了一大批有关外商投资的实施性、配套性法规和规章。上述"外资三法",为外商投资企业在我国发展创造了良好法治环境,对推动改革开放伟大历史进程发挥了重要作用。

进入新世纪后,为适应加入世界贸易组织的需要,全国人大及其常委会对"外资三法"作出部分修改,删除了法律中要求外商投资企业在境内优先采购、实现外汇收支平衡、出口实绩等规定。2007年,全国人民代表大会通过《企业所得税法》,实现了内外资企业所得税制统一。党的十八大以后,根据全面深化改革、扩大对外开放的需要,全国人大常委会于2013年、2014年两次作出决定,授权在有关自由贸易试验区内暂时调整"外资三法"关于外商投资企业审批等规定,试行准入前国民待遇加负面清单管理方式。2016年,根据自由贸易试验区取得的可复制推广的经验,全国人大常委会对"外资三法"作出修改,在法律中确立外商投资企业实行准入前国民待遇加负面清单管理制度,将自由贸易试验区的改革试点经验推广到全国。

40多年来,外商投资企业对于促进经济持续发展、扩大对外贸易、优化产业结构、增加社会就业、培育市场主体、健全市场机制,都发挥了积极作用,"外资三法"为我国外商投资企业提供了有力的法治保障。同时,我们也要看到,在新的形势下,"外资三法"已难以适应新时代改革开放实践的需要。"外资三法"主要规范外商投资企业的组织形式、组织机构和生产经营活动准则,随着社会主义市场经济体制和中国特色社会主义法律体系的建立和不断完善,"外资三法"的相关规范已逐步为公司法、合伙企业法、民法典等市场主体和市场交易方面的法律所涵盖;同时,新形势下全面加强对外商投资的促进和保护、进一步规范外商投资管理的要求,也大大超出了"外资三法"的调整范围。适应新时代改革开放的需要,推动外商投资法律制度与时俱进、完善发展,迫切需要在总结我国吸引外商投资实践经验的基础上,制定一部新的外商投资基础性法律取代"外资三法",并配合制定相应的具体法规、规章,以更加全面完善的外商投资法律制度,促进、保障和规范外商投资活动,提高外资工作法治化水平,促进国家治理体系和治理能力现代化,推动全面依法治国战略深入实施。

第三,制定《外商投资法》,是促进社会主义市场经济健康发展、实现经济高质量发展的客观要求。中国特色社会主义进入新时代,我国经济已由高速增长阶段转向高质量发展阶段。过去40多年中国经济发展是在开放条件下取得的,未来中国经济实现高质量发展也必须在更加开放条件下进行。党的十九大明确提出,实行高水平的贸易和投资自由化便利化政策,全面实行准入前国民待遇加负面清单管理制度，大幅度放宽市场准入，扩大服务业对外开放，保护外商投资合法权益；凡是在我国境内注册的企业，都要一视同仁、平等对待。改革开放40多年给我们的重要启示就是：开放带来进步，封闭必然落后。我国发展仍处于并将长期处于重要战略机遇期，我国与其他国家开放合作、互利共赢的空间十分广阔。面向未来，我国经济要实现高质量发展，就必须抓住机遇、用好机遇，以扩大开放推动改革、带动创新、促进发展。

习近平总书记在阐述新发展理念时指出："开放发展注重的是解决发展内外联动问题。"《外商投资法》着眼于增强发展的内外联动性，明确规定了多项促进内外资企业规则统一、促进公平竞争方面的内容。一是外商投资企业依法平等适用国家支持企业发展的各项政策；二是国家保障外商投资企业依法平等参与标准制定工作，国家制定的强制性标准平等适用于外商投资企业；三是国家保障外商投资企业依法通过公平竞争参与政府采购活动，政府采购依法对外商投资企业在中国境内生产的产品平等对待；四是外商投资过程中技术合作的条件由投资各方遵循公平原则平等协商确定，行政机关及其工作人员不得利用行政手段强制转让技术；五是外商投资准入负面清单以外的领域，按照内外资一致的原则实施管理；六是有关主管部门应当按照与内资一致的条件和程序，审核外国投资者的许可申请，法律、行政法规另有规定的除外。这些促进内外资企业规则统一的规定，有利于贯彻一视同仁、平等对待的原则，营造稳定、透明、可预期和公平竞争的市场环境，也有利于我国各类企业平等参与，在全面开放新格局中实现更高水平、更高质量的发展。

（二）立法定位

外商投资立法着重遵循和体现以下重要原则：

第一，突出积极扩大对外开放和促进外商投资的主基调。制定《外商投资法》，就是要在新的历史条件下通过国家立法表明将改革开放进行到底的决心和意志，展现新时代中国积极的对外开放姿态，顺应时代发展潮流，体现推动新一轮高水平对外开放、营造国际一流营商环境的精神和要求，使这部法律成为一部外商投资的促进法、保护法。

第二，坚持外商投资基础性法律的定位。《外商投资法》是新形势下国家关于外商投资活动全面的、基本的法律规范，是外商投资领域起龙头作用、具有统领性质的法律。因此，这部法律重点是确立外商投资准入、促进、保护、管理等方面的基本制度框架和规则，建立起新时代我国外商投资法律制度的"四梁八柱"。

第三，坚持中国特色和国际规则相衔接。《外商投资法》立足于我国当前的发展阶段和利用外资工作的实际需要，对外商投资的准入、促进、保护、管理等作出有针对性的规定；同时注意与国际通行的经贸规则、营商环境相衔接，努力构建既符合我国基本国情和实际又顺应国际通行规则、惯常做法的外商投资法律制度。

第四，坚持内外资一致。外商投资在准入后享受国民待遇，国家对内资和外资的监督管理，适用相同的法律制度和规则。继续按照市场化、法治化、国际化的改革方向，在行政审批改革、加强产权平等保护等方面完善相关法律制度，努力打造内外资公平竞争的市场环境，依靠改善投资环境吸引更多外商投资。

二、我国外资准入负面清单制度

我国《外商投资法》第一章"总则"第4条规定，国家对外商投资实行准入前国民待遇加负面清单管理制度。前款所称准入前国民待遇，是指在投资准入阶段给予外国投资者及其投资不低于本国投资者及其投资的待遇；所称负面清单，是指国家规定在特定领域对外商投资实施的准入特别管理措施。国家对负面清单之外的外商投资，给予国民待遇。负面清单由国务院发布或者批准发布。中华人民共和国缔结或者参加的国际条约、协定对外国投资者准入待遇有更优惠规定的，可以按照相关规定执行。

2020年以来，新冠肺炎疫情给全球跨国投资带来巨大冲击，世界经济受到严重影响。发布2020年版外商投资准入负面清单（如表5-1所示），是贯彻落实党中央、国务院部署，实施更大范围、更宽领域、更深层次全面开放的重要举措，也是《外商投资法》施行后，推进负面清单管理制度的最新配套文件，展示了我国坚定不移支持经济全球化和跨国投资的决心，将进一步完善外商投资环境，以更高水平开放促进经济高质量发展。

表5-1 外商投资准入特别管理措施（负面清单）（2020年版）

序号	特别管理措施
一、农、林、牧、渔业	
1	小麦新品种选育和种子生产的中方股比不低于34%、玉米新品种选育和种子生产须由中方控股
2	禁止投资中国稀有和特有的珍贵优良品种的研发、养殖、种植以及相关繁殖材料的生产（包括种植业、畜牧业、水产业的优良基因）
3	禁止投资农作物、种畜禽、水产苗种转基因品种选育及其转基因种子（苗）生产
4	禁止投资中国管辖海域及内陆水域水产品捕捞

续表

序号	特别管理措施
二、采矿业	
5	禁止投资稀土、放射性矿产、钨勘查、开采及选矿
三、制造业	
6	出版物印刷须由中方控股
7	禁止投资中药饮片的蒸、炒、炙、煅等炮制技术的应用及中成药保密处方产品的生产
8	除专用车、新能源汽车、商用车外，汽车整车制造的中方股比不低于50%，同一家外商可在国内建立两家及两家以下生产同类整车产品的合资企业（2022年取消乘用车制造外资股比限制以及同一家外商可在国内建立两家及两家以下生产同类整车产品的合资企业的限制）
9	卫星电视广播地面接收设施及关键件生产
四、电力、热力、燃气及水生产和供应业	
10	核电站的建设、经营须由中方控股
五、批发和零售业	
11	禁止投资烟叶、卷烟、复烤烟叶及其他烟草制品的批发、零售
六、交通运输、仓储和邮政业	
12	国内水上运输公司须由中方控股
13	公共航空运输公司须由中方控股，且一家外商及其关联企业投资比例不得超过25%，法定代表人须由中国籍公民担任。通用航空公司的法定代表人须由中国籍公民担任，其中农、林、渔业通用航空公司限于合资，其他通用航空公司限于中方控股
14	民用机场的建设、经营须由中方相对控股。外方不得参与建设、运营机场塔台。
15	禁止投资邮政公司、信件的国内快递业务
七、信息传输、软件和信息技术服务业	

续表

序号	特别管理措施
16	电信公司：限于中国入世承诺开放的电信业务，增值电信业务的外资股比不超过50%（电子商务、国内多方通信、存储转发类、呼叫中心除外），基础电信业务须由中方控股
17	禁止投资互联网新闻信息服务、网络出版服务、网络视听节目服务、互联网文化经营（音乐除外）、互联网公众发布信息服务（上述服务中，中国入世承诺中已开放的内容除外）
八、租赁和商务服务业	
18	禁止投资中国法律事务（提供有关中国法律环境影响的信息除外），不得成为国内律师事务所合伙人
19	市场调查限于合资，其中广播电视收听、收视调查须由中方控股
20	禁止投资社会调查
九、科学研究和技术服务业	
21	禁止投资人体干细胞、基因诊断与治疗技术开发和应用
22	禁止投资人文社会科学研究机构
23	禁止投资大地测量、海洋测绘、测绘航空摄影、地面移动测量、行政区域界线测绘，地形图、世界政区地图、全国政区地图、省级及以下政区地图、全国性教学地图、地方性教学地图、真三维地图和导航电子地图编制，区域性的地质填图、矿产地质、地球物理、地球化学、水文地质、环境地质、地质灾害、遥感地质等调查（矿业权人在其矿业权范围内开展工作不受此特别管理措施限制）
十、教育	
24	学前、普通高中和高等教育机构限于中外合作办学，须由中方主导（校长或者主要行政负责人应当具有中国国籍，理事会、董事会或者联合管理委员会的中方组成人员不得少于1/2）
25	禁止投资义务教育机构、宗教教育机构
十一、卫生和社会工作	
26	医疗机构限于合资

续表

序号	特别管理措施
十二、文化、体育和娱乐业	
27	禁止投资新闻机构（包括但不限于通讯社）
28	禁止投资图书、报纸、期刊、音像制品和电子出版物的编辑、出版、制作业务
29	禁止投资各级广播电台（站）、电视台（站）、广播电视频道（率）、广播电视传输覆盖网（发射台、转播台、广播电视卫星、卫星上行站、卫星收转站、微波站、监测台及有线广播电视传输覆盖网等），禁止从事广播电视视频点播业务和卫星电视广播地面接收设施安鼓服务
30	禁止投资广播电视节目制作经营（含引进业务）公司
31	禁止投资电影制作公司、发行公司、院线公司以及电影引进业务
32	禁止投资文物拍卖的拍卖公司、文物商店和国有文物博物馆
33	禁止投资文艺表演团体

而与全国负面清单相比，自贸试验区负面清单通常对外资具有更大的开放力度。如在2019年，2019自贸区负面清单已允许外商投资于中国管辖海域及内陆水域之水产品捕捞、不再要求出版物印刷企业须由中方控股；然而，针对以上这些领域的禁止与限制，在2020全国负面清单中仍然未被放宽。

《外商投资准入特别管理措施（负面清单）（2020年版）》和《自由贸易试验区外商投资准入特别管理措施（负面清单）（2020年版）》（如表5-2所示），自2020年7月23日起施行。《外商投资准入特别管理措施（负面清单）（2019年版）》和《自由贸易试验区外商投资准入特别管理措施（负面清单）（2019年版）》同时废止。此次修订按照只减不增的原则，进一步缩减外商投资准入负面清单。其中全国外商投资准入负面清单由40条减至33条，自贸试验区外商投资准入负面清单由37条减至30条。总体来看，2020年版外商投资准入负面清单相较于2019年版外商投资准入负面清单的主要变化有：一是加快服务业重点领域开放进程。金融领域，取消证券公司、证券投资基金管理公司、期货公司、寿险公司外资股比限制。基础设施领域，取消50万人口以上城市供排水管网的建设、经营须由中方控股的规定。二是放宽制造业、农业准入。制造业领域，放开商用车制造外资股比限制，取消禁止外商投资放射性矿产冶炼、加工和核燃料生产的规定。农业领域，将小麦新品种选育和种子生产须由中方控股放宽为中方股比不低于34%。三是继续在自贸试验区进行开放试点。在全国开放措施基础上，自贸试验区继续先行先试。医药领域，取消禁止外商投资中药饮片的规定。教育领域，允许外商独资设立学制类职业教育机构。①

表5－2　自由贸易试验区外商投资准入特别管理措施（负面清单）（2020年版）

序号	特别管理措施
一、农、林、牧、渔业	
1	小麦、玉米新品种选育和种子生产的中方股比不低于34%
2	禁止投资中国稀有和特有的珍贵优良品种的研发、养殖、种植以及相关繁殖材料的生产（包括种植业、畜牧业、水产业的优良基因）
3	禁止投资农作物、种畜禽、水产苗种转基因品种选育及其转基因种子（苗）生产
二、采矿业	
4	禁止投资稀土、放射性矿产、钨勘查、开采及选矿（未经允许，禁止进入稀土矿区或取得矿山地质资料、矿石样品及生产工艺技术）
三、制造业	
5	除专用车、新能源汽车、商用车外，汽车整车制造的中方股比不低于50%，同一家外商可在国内建立两家及两家以下生产同类整车产品的合资企业（2022年取消乘用车制造外资股比限制以及同一家外商可在国内建立两家及两家以下生产同类整车产品的合资企业的限制）
6	卫星电视广播地面接收设施及关键件生产
四、电力、热力、燃气及水生产和供应业	
7	核电站的建设、经营须由中方控股
五、批发和零售业	
8	禁止投资烟叶、卷烟、复烤烟叶及其他烟草制品的批发、零售
六、交通运输、仓储和邮政业	

---

① "国家发展改革委、商务部发布2020年版外商投资准入负面清单"，载商务部官网：http：//www.mofcom.gov.cn/article/ae/ai/202006/20200602977244.shtml，2021年2月8日访问。

续表

序号	特别管理措施
9	国内水上运输公司须由中方控股（且不得经营或租用中国籍船舶或者舱位等方式变相经营国内水路运输业务及其辅助业务；水路运输经营者不得使用外国籍船舶经营国内水路运输业务，但经中国政府批准，在国内没有能够满足所申请运输要求的中国籍船舶，并且船舶停靠的港口或者水城为对外开放的港口或者水域的情况下，水路运输经营者可以在中国政府规定的期限或者航次内，临时使用外国籍船舶经营中国港口之间的海上运输和拖航）
10	公共航空运输公司须由中方控股，且一家外商及其关联企业投资比例不得超过25%，法定代表人须由中国籍公民担任。通用航空公司的法定代表人须由中国籍公民担任，其中农、林、渔业通用航空公司限于合资，其他通用航空公司限于中方控股（只有中国公共航空运输企业才能经营国内航空服务，并作为中国指定承运人提供定期和不定期国际航空服务）
11	民用机场的建设、经营须由中方相对控股。外方不得参与建设、运营机场塔台
12	禁止投资邮政公司（和经营邮政服务）、信件的国内快递业务
七、信息传输、软件和信息技术服务业	
13	电信公司：限于中国入世承诺开放的电信业务，增值电信业务的外资股比不超过50%（电子商务、国内多方通信、存储转发类、呼叫中心除外），基础电信业务须由中方控股（且经营者须为依法设立的专门从事基础电信业务的公司）。上海自贸试验区原有区域（28.8平方公里）试点政策推广至所有自贸试验区执行
14	禁止投资互联网新闻信息服务、网络出版服务、网络视听节目服务、互联网文化经营（音乐除外）、互联网公众发布信息服务（上述服务中，中国入世承诺中已开放的内容除外）
八、租赁和商务服务业	
15	禁止投资中国法律事务（提供有关中国法律环境影响的信息除外），不得成为国内律师事务所合伙人（外国律师事务所只能以代表机构的方式进入中国，且不得聘用中国执业律师，聘用的辅助人员不得为当事人提供法律服务；如在华设立代表机构、派驻代表，须经中国司法行政部门许可）
16	市场调查限于合资，其中广播电视收听、收视调查须由中方控股
17	禁止投资社会调查

续表

序号	特别管理措施
九、科学研究和技术服务业	
18	禁止投资人体干细胞、基因诊断与治疗技术开发和应用
19	禁止投资人文社会科学研究机构
20	禁止投资大地测量、海洋测绘、测绘航空摄影、地面移动测量、行政区域界线测绘，地形图、世界政区地图、全国政区地图、省级及以下政区地图、全国性教学地图、地方性教学地图、真三维地图和导航电子地图编制，区域性的地质填图、矿产地质、地球物理、地球化学、水文地质、环境地质、地质灾害、遥感地质等调查（矿业权人在其矿业权范围内开展工作不受此特别管理措施限制）
十、教育	
21	学前、普通高中和高等教育机构限于中外合作办学，须由中方主导［校长或者主要行政负责人应当具有中国国籍（且在中国境内定居），理事会、董事会或者联合管理委员会的中方组成人员不得少于1/2］。［外国教育机构、其他组织或者个人不得单独设立以中国公民为主要招生对象的学校及其他教育机构（不包括非学制类职业培训机构、学制类职业教育机构），但是外国教育机构可以同中国教育机构合作举办以中国公民为主要招生对象的教育机构］
22	禁止投资义务教育机构、宗教教育机构
十一、卫生和社会工作	
23	医疗机构限于合资
十二、文化、体育和娱乐业	
24	禁止投资新闻机构（包括但不限于通讯社）。（外国新闻机构在中国境内设立常驻新闻机构、向中国派遣常驻记者，须经中国政府批准。外国通讯社在中国境内提供新闻的服务业务须由中国政府审批。中外新闻机构业务合作，须中方主导，且须经中国政府批准）
25	禁止投资图书、报纸、期刊、音像制品和电子出版物的编辑、出版、制作业务（但经中国政府批准，在确保合作中方的经营主导权和内容终审权并遵守中国政府批复的其他条件下，中外出版单位可进行新闻出版中外合作出版项目。未经中国政府批准，禁止在中国境内提供金融信息服务）

续表

序号	特别管理措施
26	禁止投资各级广播电台（站）、电视台（站）、广播电视频道（率）、广播电视传输覆盖网（发射台、转播台、广播电视卫星、卫星上行站、卫星收转站、微波站、监测台及有线广播电视传输覆盖网等），禁止从事广播电视视频点播业务和卫星电视广播地面接收设施安装服务（对境外卫星须道落地实行审批制度）
27	禁止投资广播电视节目制作经营（含引进业务）公司〔引进境外影视剧和以卫星传送方式引进其他境外电视节目由广电总局指定的单位申报。对中外合作制作电视剧（含电视动画片）实行许可制度〕
28	禁止投资电影制作公司、发行公司、院线公司以及电影引进业务（但经批准，允许中外企业合作摄制电影）
29	禁止投资文物拍卖的拍卖公司、文物商店和国有文物博物馆。（禁止不可移动文物及国家禁止出境的文物转让、抵押、出租给外国人。禁止设立与经营非物质文化遗产调查机构；境外组织或个人在中国境内进行非物质文化遗产调查和考古调查、勘探、发掘，应采取与中国合作的形式并经专门审批许可）
30	文艺表演团体须由中方控股

三、我国外商投资安全审查制度

我国外资安全审查法律框架的特点是：聚焦外资宽口径，构建了国际上普遍采用的"法律＋行政法规"法律体系，并且采用"专门立法模式"。我国现有外资安全审查制度的主要依据是 2011 年《国务院办公厅关于建立外国投资者并购境内企业安全审查制度的通知》（以下简称《建立外资安全审查制度的通知》）和 2015 年《国务院办公厅关于印发自由贸易试验区外商投资国家安全审查试行办法的通知》（以下简称《自贸区外资安全审查通知》），对安全审查的范围、内容、机制和程序作出了基本规定。2020 年《外商投资法》第四章"投资管理"第 35 条明确规定，"国家建立外商投资安全审查制度，对影响或者可能影响国家安全的外商投资进行安全审查，依法作出的安全审查决定为最终决定。"面对欧美日益收紧外资安全审查，我国应当以此为契机，尽快出台配套法规，完善相关机制，在国内法层面对外形成潜在反制。

(一) 我国现有外资安全审查制度的不足

1. 缺乏常态化审查机构

我国外资安全审查制度在工作机制上采取以国家发改委和商务部"双牵头"的较为松散的部际联席会议形式。① 该会议遵循"个案审查原则",属非常设性审查机构,组成成员并不固定,也没有设立秘书处,而是根据案件性质临时组建。对比其他国家审查机构的设置,大多是在审查委员会中设立维护外资安全审查制度正常运行的秘书处,保证外资安全审查工作的持续性和高效性。而秘书处的欠缺将致使我国外资安全审查制度处于临时和被动状态,增加组建"部际联席会议"的沟通成本,从而降低审查效率。此外,在 2015 年《自贸区外资安全审查通知》中,对于安全审查工作机制和程序规定如下:"自贸试验区的外资安全审查工作,由外国投资者并购境内企业安全审查部际联席会议具体承担。在联席会议机制下,国家发展改革委、商务部根据外商投资涉及的领域,会同相关部门开展安全审查工作。"由此可见,部际联席会议主要由国家发展改革委和商务部牵头。但是实际情况往往是两部委分工不甚明确,部分职能重叠,极易导致审查机制运行不顺畅,甚至会出现审查漏洞。②

2. 审查机制有待细化

目前我国外资安全审查制度的具体框架内容没有欧美发达国家那样详尽。从审查主体来看,如前所述,我国尚未建立稳定的常态化审查机构,而是采取临时性的"部际联席会议"模式,且存在牵头部门和具体操作部门彼此职能相互重叠的问题。从审查范围来看,2011 年《建立外资安全审查制度的通知》将军工类企业、重要农产品、基础设施、运输服务、重大装备制造、关键技术等关系领域列入外资安全审查对象。但随着我国全面在外资准入领域实行"准入前国民待遇+负面清单"管理模式,现有审查范围难以覆盖未列明的行业领域。虽然 2020 年《外商投资法》中规定设立外资安全审查制度,但具体的操作性规定仍然语焉不详,《外商投资法实施条例》也未有回应。此外,对于如何保证外资安全审查制度的可持续性和稳定性,如何平衡全面开放和维护国家安全之间的关系,如何针对不同类型的外商投资设置不同的审查程序等问题,最新的相关法律文件都未涉及。

---

① 目前外资企业提请安全审查的一般流程为将申请提交商务部进行初审,后由"部际联席会议"进一步审查。

② 田昕清:《外资安全审查制度比较研究及对我国的借鉴意义》,外交学院 2019 级博士学位论文,第 175—176 页。

3. 监督机构暂不明确

目前，我国外资安全审查制度尚处于发展初期阶段。但是，随着我国经济发展水平和开放程度不断提高，外资企业不断增多是必然发展趋势。从其他国家外资安全审查制度的发展轨迹来看，当外资不断涌入时，国家安全隐患也会随之增大。在此情况下，政府一般会通过增加外国投资委员会关于外资安全审查的权力来维护国家安全。美国就采取了这种路径，但是该做法的后果是产生了新的国际投资壁垒，不利于投资的可持续发展。从我国目前的发展现状来看，部际联席会议机制本身缺乏稳定性和持续性，双部门牵头更是增加了制度运行成本，同时，各项法规规章也没有设立相应的监督机制，可能导致我国陷入"劣币驱逐良币"的恶性循环，亟须建立事后监督机制予以防范。

（二）完善我国外资安全审查制度的建议

1. 建立外资安全审查委员会

我国部际联席会议领导下的双部门牵头管理机制具有非持续性、职能界定不清晰等诸多弊端，因此要借鉴其他国家的成熟做法，建立常设性的外资安全审查机构——外国投资安全审查委员会（以下简称委员会）。委员会可在国家安全委员会指导下开展工作，由国家发展改革委作为牵头单位，同时设立理事单位，对涉及国家安全的外国投资（包括绿地投资和并购投资）进行审查。委员会设立秘书处，负责外资安全审查案件的统计和发布，并整理外资安全审查年度报告，对我国外资安全审查的重点领域、重点类型进行分析梳理，为外国投资者提供相应投资指导，增加投资政策的透明度。理事单位可根据审查案件的所属领域决定，由秘书处根据部际联席会议的指派具体承担组织工作，负责案件的具体审理。

2. 推动外资安全审查配套立法

据统计，仅2018年1月至9月，全国新设立外商投资企业45 922家，同比增长95.1%；实际使用外资6367亿元人民币，同比增长2.9%。2018年9月当月，全国新设立外商投资企业4591家，同比增长45.7%；实际使用外资762.7亿元人民币，同比增长8%。可以说，在全球投资增长面临诸多政策不确定性、投资保护主义盛行的不利形势下，全球外国直接投资总额大幅下滑，但中国吸引外国直接投资仍保持增长趋势。这印证了中国市场的竞争力和投资者对中国投资环境的认可。①

当前外国投资已经成为推动我国经济发展的重要动力。但是，在外资安全审

---

① 商务部：“我国吸引外国直接投资仍保持增长趋势”，载中国中央人民政府网：http://www.gov.cn/xinwen/2018-10/19/content_5332300.htm，2021年2月8日访问。

查领域，目前中国的立法仍处于碎片化阶段，我国应抓住国际经贸体系转型的重要机遇期，以国家立法的形式制定一部外资安全审查法，以维护国家安全和扩大对外开放并重作为立法的指导原则，以大力吸引"一带一路"沿线国的投资为实践导向，倡导建立一套更为公平、合理的外资安全审查制度，明确审查主体、审查标准、审查范围、审查程序以及外国投资者违反我国外资安全审查规定应当承担的法律后果等，从而进一步提升我国的对外开放水平，强化我国在外资安全审查领域的法治话语权。[①]

3. 设置外资安全审查救济渠道和监督机制

我国目前正竭力打造外资友好型国家，实行高水平投资自由化便利化措施，鼓励外国投资者依法在中国境内进行投资，并建立外商投资促进机制，营造稳定、透明、可预期的投资环境。具体来说，可在现有法律法规中加入外资安全审查的救济渠道及监督机制：一是充分发挥各级法院的作用，增设外资安全审查的听证程序，允许外国投资当事人或利益相关者发起听证申请，针对非敏感可公开的投资内容进行听证，并将其纳入外资安全审查最终裁决的考量因素，最大程度保护外国投资者应当享有的投资权利；二是充分发挥国务院在部际联席会议会议中的重要作用，将国务院作为外资安全审查的监督部门，对部际联席会议的审查决定进行监督，国务院最终向国家安全委员会负责，并向其汇报最终审查结果及裁决理由；三是发布年度审查报告，最大程度保证外资安全审查制度的透明度。年度报告应根据每年审查案件的数量，案件分布的行业领域，外国投资者应注意的审查事项等问题展开，保护外国投资者的合法投资权益。

4. 推动外资安全审查国际协调

近年来，无论 BITs 还是 FTAs 中的投资章节都大力倡导保护和促进国际投资，但其中的"国家安全例外条款"已经在条约实践兴起，也成为各国开始纷纷设立外资安全审查制度的国际法依据。然而，扩大解释"国家安全例外条款"并据此以国家安全理由增设各种投资门槛，极有可能使外资安全审查制度成为吸引投资的绊脚石，影响全球投资规则的统一化发展趋势。随着我国的经济实力不断提升，国际话语权不断加大，应大力推动并引领外资安全审查制度的国际协调，将外资安全审查制度控制在合理限度内，并将其适用原则纳入国际投资条约。[②]

[①] 王保民、袁博："美国外资安全审查的政治化趋势及我国的法律应对"，载《国际贸易》2020年第10期，第96页。

[②] 田昕清：《外资安全审查制度比较研究及对我国的借鉴意义》，外交学院2019级博士学位论文，第179—180页。

四、《外商投资法》对促进可持续发展的典型意义

近年来,国际上出现了逆全球化思潮,一些国家走向单边主义和贸易投资保护主义道路。我国高举开放的大旗,坚定地维护经济全球化和全球多边体制,积极推动国际投资发展。2016 年,我国成功举办 G20 杭州峰会,制定了《G20 全球投资指导原则》,明确反对跨境投资保护主义,倡导营建开放、非歧视、透明和可预见的投资环境,强调投资政策应加强对投资和投资者保护,确保政策制定透明度,促进可持续发展以及鼓励投资者履行社会责任,弥补了国际投资治理领域缺乏全球性政策指引的空白。

在可持续发展理念的指导下,我国在新时代的扩大开放再出发,致力于发展更高层次的开放型经济,推动投资自由化便利化,积极利用外资,形成全面开放新格局,通过提高外资质量助推中国经济高质量发展。早期制定的"外资三法"已难以适应构建开放型经济新体制的需要。为适应国内外经济形势的变化要求,在总结实践经验的基础上,我国制定了统一的外资基础性法律——《外商投资法》,把外商投资促进、外商投资合法权益的保护、规范外商投资管理结合起来,把全面实行"准入前国民待遇+负面清单"管理制度,大幅度放宽市场准入,纳入法律框架,为新形势下进一步扩大对外开放、积极有效利用外资、推动经济高质量发展提供更加有力的法治保障。

经济高质量发展是与创新、协调、绿色、开放、共享"五大发展理念"一致的经济发展。"五大发展理念"相互支持,相互促进。其中,在开放发展理念下,完善外商投资法规,打造高水平的外商投资环境,积极利用外资,发挥外商投资促进创新的功能,推动经济结构升级和协调发展,带动国民经济绿色、可持续发展,使广大社会公众分享经济发展成果。①

第二节　可持续发展与中外双边投资协定

一、中外 BITs 中可持续发展理念的普遍欠缺

为使国内法治与国际法治形成良性互动,在国内投资政策充分融合可持续发展理念的基础上,国际投资条约也不应成为实现可持续发展目标的阻碍。鉴于国际投资条约的绝大部分是 BITs,各国都很重视本国 BIT 范本的设计,我们有必要

---

① 桑百川:"外商投资法保障经济高质量发展",载求是网官网:http://www.qstheory.cn/wp/2019-03/08/c_1124210839.htm,2021 年 2 月 8 日访问。

重视 BITs 在国际投资条约可持续发展型改革中的引领作用。据 UNCTAD 统计，截至 2021 年 2 月，现行有效的中外 BITs 共有 108 个。① 而在这 108 个现行有效的 BITs 中，有 74 个 BITs 是在 2000 年（不包含 2000 年）以前签订的，普遍欠缺可持续发展理念，不能反映国际投资法的最新发展趋势，我国应当予以高度重视并且及时修订，以平衡投资者保护与东道国监管权，平衡投资者利益和东道国社会公共利益。

在实体待遇标准方面，以公平公正待遇条款为例。我国与"一带一路"沿线国家签订的 BITs②，从其中的公平公正待遇条款设置情况来看，大致可以分为以下 5 类（如表 11 所示）：

条款规定形式	与中国缔结 BITs 的国家	个数	备注
没有规定	保加利亚、斯洛伐克、白俄罗斯	3	条约中比较详细地规定了国民待遇和最惠国待遇
在序言中规定	土耳其	1	中国与土耳其 BIT： 序言 同意为了维持稳定的投资环境及最有效地利用经济资源，投资将受到公正与公平的待遇
概括性规定	新加坡、马来西亚、缅甸、印度尼西亚、文莱、希腊、塞浦路斯、俄罗斯、格鲁吉亚、塞尔维亚、马其顿、科威特、阿曼、阿联酋、以色列、沙特阿拉伯、叙利亚、也门、印度、埃及、波黑	20	1. 例如：缔约一方投资者在缔约另一方领土内的投资应始终受到公正和公平的待遇 2. 中国与文莱 BIT 已签署，但未生效

---

① UNCTAD, Investment Policy Hub, International Investment Agreements Navigator-China, available at https://investmentpolicy.unctad.org/international-investment-agreements/countries/42/china, accessed 8 Frebruary 2021.

② 截至目前（2021 年 2 月）"一带一路"沿线国家中，伊拉克、约旦、阿富汗、马尔代夫、尼泊尔、不丹、拉脱维亚、黑山尚未与我国签订 BIT。

续表

条款规定形式	与中国缔结 BITs 的国家	个数	备注
与国民待遇或最惠国待遇相联系	蒙古、泰国、菲律宾、老挝、越南、柬埔寨、孟加拉、伊朗、黎巴嫩、也门、卡塔尔、巴林、埃及、哈萨克斯坦、土库曼斯坦、塔吉克斯坦、巴基斯坦、吉尔吉斯斯坦、阿塞拜疆、波兰、立陶宛、匈牙利、乌克兰、亚美尼亚、摩尔多瓦、爱沙尼亚、捷克、斯洛文尼亚、克罗地亚、罗马尼亚	29	1. 例如：缔约一方应保证给予在其领土内的缔约另一方的投资公正与公平的待遇，该待遇依照其法律和法规不应低于给予本国投资者的投资的待遇，或不应低于最惠国的投资的待遇，如后者更优惠的话 2. 中国与也门、埃及的 BIT 中对于公平公正待遇既有概括性规定，也有要求不低于国民待遇和最惠国待遇的规定
明确列举	乌兹别克斯坦	1	中国与乌兹别克斯坦 BIT： 第五条 (1)…… (2) "公正与公平待遇"要求缔约一方不得对缔约另一方投资者粗暴地拒绝公正审理，或实行明显的歧视性或专断性措施。 (3)……

表 11　中国与"一带一路"沿线国家 BITs 中公平公正待遇条款的设置情况

由上表可以清晰地看出我国与"一带一路"沿线国家签订的 BITs 中关于公平公正待遇的规定存在以下不足：

第一，对于公平公正待遇条款的设置缺乏统一标准。有的采取概括性规定，有的将公平公正待遇与国民待遇或最惠国待遇相联系，有的进行了明确列举，有的甚至未规定公平公正待遇条款。诚然，由于不同缔约方对于公平公正待遇的认识、表述习惯以及利益诉求存在明显区别，对于公平公正待遇条款的设置有所差异实属正常，但我国对于公平公正待遇条款应当有自己的统一认识及明确定位，在实际缔约过程中根据具体情况再作灵活调整。

第二，对于公平公正待遇条款的设置缺乏定性表述。我国 BITs 中的公平公正待遇条款绝大多数是抽象的、不具体的，这使得仲裁庭仅按照条约解释方法无法释明公平公正待遇的具体内容，也无法限制仲裁庭的自由裁量权，解释权最终落入仲裁庭手中。仲裁庭很有可能会从有利于投资者利益的角度对公平公正待遇进行扩大解释，严重损害我国管理外资的主权。

第三，对于公平公正待遇条款的设置缺乏合理解释。我国 BITs 中仅有一例对公平公正待遇的内容进行描述，但是也只包括了不得拒绝公正审理、不得受到明显的歧视与专断待遇，明显不够充分。此外，我国关于公平公正待遇条款最常见的设置形式是与国民待遇或最惠国待遇相联系，即要求给予投资者的公平公正待遇不得低于国民待遇、最惠国待遇。这是有一定风险的，因为各国的法治状况良莠不齐，依赖国民待遇来设置最低标准对投资者不利。公平公正待遇是一项独立自主的待遇标准，无须参照其他待遇标准。①

鉴于此，中外 BITs 中公平公正待遇的内涵亟待澄清，防止公平公正待遇条款成为外国投资者滥用 BITs 将我国诉诸 ISDS 机制的工具，否则将很可能缩减我国制定对外投资政策、社会公共政策等决策空间，减损我国外资监管权。

在争端解决方面，绝大多数中外 BITs 都接受了 ISDS 机制在国际投资领域的适用。截至 2021 年 2 月，涉华 ISDS 案件一共 19 起。其中以中国政府作为被申请人的一共 6 起案件（如表 5 – 3 所示）。②

表 5 – 3　以中国政府作为被申请人的投资仲裁案例

序号	案件名称	案件涉及的 BIT	案件审理结果
1	Ekran Berhad 诉中国案	1988 年《中国—马来西亚 BIT》和 1995 年《中国—以色列 BIT》	和解
2	Ansung 公司诉中国案	2007 年《中国—韩国 BIT》	中国胜诉
3	Hela 公司诉中国案	2003 年《中国—德国 BIT》	仍在审理中
4	Jason Yu Song 诉中国案	1986 年《中国—英国 BIT》	仍在审理中
5	Macro Trading 公司诉中国案	1988 年《中国—日本 BIT》	仍在审理中
6	Goh Chin Soon 诉中国案	1985 年《中国—新加坡 BIT》	仍在审理中

---

① 参见林燕萍、朱玥："论国际投资协定中的公平公正待遇——以国际投资仲裁实践为视角"，载《上海对外经贸大学学报》2020 年第 3 期，第 87—88 页。

② Ekran Berhad v. People's Republic of China, ICSID Case No. ARB/11/15, Date Registered 24 May 2011. Ansung Housing Co., Ltd. v. People's Republic of China, ICSID Case No. ARB/14/25, Award, 9 March 2017. Hela Schwarz GmbH v. People's Republic of China, ICSID Case No. ARB/17/19, Notice of Arbitration 21 June 2017. Jason Yu Song (United Kingdom) v. People's Republic of China, PCA Case No. 2019 – 39, 2019. Macro Trading Co., Ltd. v. People's Republic of China, ICSID Case No. ARB/20/22, 29 June 2020. Goh Chin Soon v. People's Republic of China, ICSID Case No. ARB/20/34, 16 September 2020.

分别以"Ansung 公司诉中国案"和"Jason Yu Song 诉中国案"为例，在"Ansung 公司诉中国案"中，双方就《中国—韩国 BIT》第 3 条第 3 款规定的最惠国待遇是否适用于仲裁时效问题产生争议。仲裁庭指出，《中国—韩国 BIT》第 3 条第 3 款规定，在投资和商业行为方面，包括投资准入上，每个缔约方将在其领土上给予缔约另一方投资者、它们的投资及由缔约另一方投资者作出的投资相关的活动不低于类似条件下其给予任何第三国投资者、它们的投资及与投资相关活动的待遇，该条款的字面含义已经清晰表明最惠国待遇不能延伸至投资仲裁事项。这启示我们要精细化设置投资待遇条款，以约束仲裁庭对 BIT 的解释是胜诉关键。2007 年《中国—韩国 BIT》在一定程度上也反映了缩小东道国义务范围的可持续发展趋势。然而，对比"Jason Yu Song 诉中国案"涉及的 BIT 是 1986 年《中国—英国 BIT》。其中的争端解决条款是 20 世纪八九十年代中外 BITs 惯常采用的"第一代 ISDS 条款"，规定争端方在提出书面通知该项争议之后六个月内未能友好解决，应提交国际仲裁。仲裁庭的管辖权仅限于缔约一方的国民或公司与缔约另一方之间有关征收补偿款额的争议。缔约双方对 BIT 的解释或适用发生的争端，尽可能通过外交途径解决。这是早期社会主义国家与西方国家角力后妥协的产物，表现出对国际投资仲裁的消极态度。现有国际投资仲裁实践表明，仲裁庭对"征收补偿款额仲裁条款"的解释不尽一致，有的仲裁庭认为管辖范围仅限于征收补偿款额，有的仲裁庭认为管辖范围还应拓展至是否发生征收。①这种狭义解释和广义解释的分歧与不确定性，不利于国际投资的可持续发展，并且已经与我国当前国情不相符合，有必要予以革新，坚持实体条款和程序条款并重，以适应我国双向投资大国身份。

二、中外 BITs 融合可持续发展理念的初步尝试

2012 年 9 月 9 日，时任中国商务部部长陈德铭与加拿大国贸部长埃德·法斯特在俄罗斯符拉迪沃斯托克签署了《中国—加拿大 BIT》。这是中国最新签署的 BIT，该条约从结构到内容，涵盖了常规国际投资条约所涉及的所有重要内容和核心要素，已完全不同于早前中外 BITs，标志着中国开始接受 NAFTA 关于投资规则的美国模式，中外 BITs 的发展进入了新的历史阶段，将可持续发展理念融入了缔约实践。

第一，关于投资的定义及范围。《中国—加拿大 BIT》第 1 条采用以企业为基础的定义方式，封闭式列举出投资的内涵，即投资是指：（1）一家企业；（2）企业中的股份、股票和其他形式的参股；（3）债券、信用债券和企业的其他债

---

① 参见黄世席："投资协定'征收补偿款额仲裁条款'的解释分歧及中国应对"，载《法学》2019 年第 2 期，第 173—177 页。

务工具；(4) 对一家企业的贷款；(5) 对金融机构的贷款或金融机构发放的债务证券；(6) 在企业中的一项权益，该权益能使所有者分享该企业的收入或者利润；(7) 在企业中的一项权益，该权益能使所有者在该企业解散时获得资产分配；(8) 由于向缔约一方境内投入用于该境内经济活动的资本或其他资源而产生的权益；(9) 知识产权；(10) 其他任何出于商业目的取得或使用的有形或无形、可移动或不可移动的财产和相关财产权利。涵盖投资是指本协定生效时缔约另一方投资者在该缔约方境内已存在的投资，或投资者在此后根据其法律法规获准的投资。该投资包括资本或其他资源的投入，收益或利润的预期，或者风险的承担。可见，《中国—加拿大 BIT》区分了投资与涵盖投资，既保证了投资的广泛性，有明确了涵盖投资的基本特征，防止仲裁庭确立管辖权时滥用投资定义条款，兼顾东道国对外资监管权的关切。

第二，关于投资待遇。《中国—加拿大 BIT》第 4 条"最低待遇标准条款"规定，任一缔约方应按照国际法，赋予涵盖投资公平和公正待遇并提供全面的保护和安全。"公平公正待遇"和"全面的保护和安全"的概念并不要求给予由被接受为法律的一般国家实践所确立之国际法要求给予外国人的最低待遇标准之外或额外的待遇。一项对本协定的其他条款或其他国际协定条款的违反，不能认定对本条款的违反。《中国—加拿大 BIT》试图通过"习惯国际法"和"例外情形"限制仲裁庭对条约的解释，并且没有使用"公平公正待遇"作为条款的标题。《中国—加拿大 BIT》第 5 条"最惠国待遇条款"规定，本条提及的待遇不包括其他国际投资条约和其他贸易协定中的争端解决机制。这有利于防止投资者挑选条约，侵害东道国利益。《中国—加拿大 BIT》第 10 条"征收条款"规定，每一缔约方投资者的涵盖投资或投资收益均不得在另一缔约方的领土内被征收或国有化，亦不得被采取具有相当于征收或国有化效果的措施，基于公共目的、根据国内正当法律程序、不以歧视方式并给予补偿的情况除外。本条不适用于有关知识产权强制许可的颁发，亦不适用于与知识产权相关的其他措施，只要该措施符合缔约双方均为成员方的与知识产权有关的国际协定。这可以在一定程度上限制投资者的间接征收之诉，为东道国基于社会公共目的采取措施预留了合理空间。《中国—加拿大 BIT》第 33 条"一般例外条款"对税收和金融审慎例外问题作出了专门规定，这在目前中外 BITs 实践中尚属首次，反映了国际投资协定的新发展和新趋势。

第三，关于争端解决。《中国—加拿大 BIT》与之前的 BITs 不同，将东道国司法管辖和国际投资仲裁分开，提请仲裁的途径包括根据 ICSID、ICSID 附加便利规则或 UNCITRAL 仲裁规则进行的仲裁，而东道国行政复议和法院诉讼是必经程序，突出用尽当地救济原则，尊重东道国的立法、执法和司法主权。①《中国—加拿大 BIT》第 20 条明确规定投资者与国家之间的国际投资仲裁庭不享有裁决金融审慎措施合法性的管辖权，将是否构成金融审慎例外交由缔约双方之间的专设仲裁庭处理，要求仲裁庭的所有成员均应在金融服务法律或实践方面具有专业知识或经验。此外，《中国—加拿大 BIT》借鉴了晚近国际上关于解决 ISDS 机制合法性危机的一些主张，在投资争端解决问题上作出了一些新的规定，诸如规定了第三方参与制度和最终裁决及其执行制度等。②

总体来看，《中国—加拿大 BIT》的签署，对于进一步促进中加两国企业双向投资，深化中加经贸合作，加快推进中加战略伙伴关系建设，具有积极意义，必将对中加经贸关系发展产生深远、积极的影响。中加经济互补性很强，深化中加经贸合作，符合两国和两国人民根本利益，也是全面推进中加战略伙伴关系的必然要求。

三、中外 BITs 投资待遇条款的完善建议

（一）非歧视待遇条款

从国际形势来看，投资自由化是大势所趋。"准入前国民待遇 + 负面清单"模式不仅为外资管理方面的国际投资规则所接受并广泛应用，而且我国也开始实行高水平的贸易和投资自由化便利化政策，全面实行"准入前国民待遇 + 负面清单"管理制度，大幅度放宽市场准入，推动形成全面开放新格局的决策部署，与国际接轨。不可否认的是，此前中美 BIT 谈判中一大症结就是中美对于 BIT 负面清单的分歧。因此我国应当抓住这一历史机遇期，在中欧 CAI、RCEP 等缔约实践的基础上，积极探索和不断完善我国负面清单，并且实现全国版负面清单、自贸区版负面清单以及中外 BITs 中不符措施承诺的有效对接。此外，还应对非歧视待遇设置必要的例外规则，包括一般例外和安全例外等，以保障东道国外资监管权。我国现有中外 BITs 已有相关实践，如《中国—印度 BIT》第 14 条、《中国—东盟全面经济合作框架协议投资协议》第 16 条和第 17 条、《中日韩三边投资协定》第 18 条、《中国—加拿大 BIT》第 33 条等。

鉴于此，建议中外 BITs 非歧视待遇条款规定为："1. 在投资的设立、取得、扩大、管理、经营、运营、出售或其他处置方面，任一缔约方给予另一缔约方投资者及涵盖投资的待遇，不应低于在类似情况下，其给予本国和任何第三国投资

---

① 沈伟："投资者—东道国争端解决条款的自由化嬗变和中国的路径——以中国双边投资协定为研究对象"，载《经贸法律评论》2020 年第 3 期，第 71 页。

② 葛仲彰："中国 BIT 实践的最新发展：以'中加 BIT'为例"，载《长春理工大学学报》（社会科学版）2014 年第 7 期，第 49 页。

者及涵盖投资的待遇。2. 为进一步明确：第 1 款的规定不应解释为缔约一方有义务将由以下原因产生的待遇、优惠或特权给予缔约另一方投资者：（1）任何现存的或将来的自由贸易区、关税同盟、劳动力市场一体化以及其他区域经济安排；（2）任何全部或主要与税收有关的事宜。3. 第 1 款提及的待遇不包括其他国际投资条约和其他贸易协定中的争端解决机制。4. 第 1 款的规定不妨碍东道国缔约方根据其正常、合理和非歧视地适用的法律，采取保护其基本安全利益的措施或极端紧急状况下的措施。5. 缔约各方保留采取或维持不符合第 1 款规定义务的措施之权利。不符措施的具体内容详见附件。"

（二）公平公正待遇条款

国际投资仲裁争端经常围绕公平公正待遇条款展开。虽然目前未有中国投资者或中国作为东道国围绕公平公正待遇条款在 ICSID 或其他国际仲裁庭参与仲裁的已决案件，但在我国推动建设开放型世界经济、反对保护主义、高质量共建"一带一路"的大背景下，产生此类投资争端的概率大大增加，加之近年来不少"一带一路"沿线国家因违反公平公正待遇条款在 ICSID 被提请仲裁，宜及早完善我国 BITs 中的公平公正待遇条款，在保护投资者利益和维护东道国主权之间找到平衡点，以积极适应我国作为"资本输入国"和"资本输出国"双重身份。

为防止仲裁庭任意扩大解释公平公正待遇条款，减损东道国外资监管权，建议封闭式列举公平公正待遇的要素，并且做兜底性规定，即"1. 任一缔约方位于另一缔约方领土内的投资者的投资及与投资相关的活动应被给予公平与公正待遇。2. 为进一步明确：（1）公平与公正待遇包括：保护合理期待、不得拒绝司法、非专断与非歧视待遇、透明度要求、提供稳定和可预见的法律框架以及免受东道国的胁迫和骚扰；（2）缔约方应定期或应一缔约方请求讨论公平与公正待遇的义务内容。"

本书认为，在设置或完善公平公正待遇条款时，应当充分考虑到公平公正待遇的独立自主性，不仅要将公平公正待遇与国际最低待遇标准、国民待遇、最惠国待遇等标准系统地区别开来，而且宜根据现有国际投资仲裁实践对公平公正待遇的具体内容予以明确，在封闭式列举的同时保留条款内容调整权，既能避免因条款规定过于抽象带来的公平公正待遇适用上的不一致性和不确定性，也能更好地平衡投资者与东道国的利益，满足我国吸引外资和保护本国海外投资的现实需要。

（三）间接征收条款

关于间接征收问题，传统国际投资条约一般既不作概念界定，也不明确间接征收的认定标准，导致不少国际投资仲裁庭在裁判东道国行为是否构成间接征收时，不考虑该行为的目的，而只基于该行为造成了负面影响就判定构成间接征收,这种做法严重妨碍东道国政府行使外资监管权。

因此,对间接征收条款的修订应当聚焦以下四个方面,以化解其对东道国管制权的过度限制:(1)明确规定间接征收是指东道国措施虽已使投资者的投资处于实质上无法产生收益或回报的困境,但并未直接没收或转移所有权的情况。(2)在确定东道国措施是否对外资构成间接征收时,除考虑该措施对外资经济价值的不利影响以外,还应考虑措施的性质和目的,即有关措施是否基于公益目标而善意实施,并分析有关措施与征收目的之间是否存在必要的关联。(3)规定间接征收的例外情形,如规定东道国为了保护环境、公共健康与安全等公共利益的非歧视性措施不构成间接征收。(4)绝大多数征收条款将符合 TRIPS 的知识产权强制许可,以及知识产权的撤销、限制或创设,排除在征收的范畴之外。但是也有投资者利用该条,起诉东道国的措施不符合 TRIPS,进而违反了案涉BITs。这不仅危及东道国监管权和社会公共利益,而且可能带来投资仲裁庭管辖权与 WTO 争端解决机构管辖权的冲突或重叠。因此,应当明确如果缔约国前述行为不符合 TRIPS,也不意味着构成征收。

国际投资条约间接征收条款的"警察权例外"规则可具体规定为:"对与国家的管制权以及习惯国际法的治安权原则相一致,旨在并且适用于保护环境和公共健康,维护国家利益和公共利益的善意、非歧视、符合正当程序的国家管制措施,国家不应承担补偿责任。如果这种管制措施对投资者造成了超出必要范围的损害,国家应该承担适当的补偿责任。"

综上所述,建议中外 BITs 征收条款规定为:(1)任一缔约方投资者的涵盖投资或投资收益均不得在另一缔约方的领土内被征收或国有化,亦不得被采取具有相当于征收或国有化效果的措施,基于公共目的(包括但不限于保护环境、公共健康与国家安全等公共利益)、根据正当程序、以非歧视方式并给予补偿的情况除外。此种补偿应相当于采取征收前或征收为公众所知时(以较早者为准)被征收投资的公平市场价值,并应包括直至补偿支付之时按通常商业利率计算的利息。补偿的支付应可以有效实现、自由转移,且不得迟延。根据实施征收缔约方的法律,受影响的投资者应有权根据本款规定的原则,要求该缔约方司法机构或其他独立机构审查其案件及对其投资的估值。(2)对与国家的管制权以及习惯国际法的警察权原则相一致,以善意、非歧视、符合正当程序的方式采取的,旨在保护公共目的的国家管制措施,国家不承担前款所述的补偿责任。(3)本条不适用于有关知识产权强制许可的颁发,亦不适用于与知识产权相关的其他措施,只要该措施符合缔约双方均为成员方的与知识产权有关的国际协定。如果该措施不符合缔约双方均为成员方的与知识产权有关的国际协定,也不意味着存在征收。

四、中外 BITs 投资者责任条款的完善建议

中外 BITs 中普遍欠缺投资者责任条款,这也是 20 世纪签订的中外 BITs 缺乏可持续发展理念的主要表现之一。我国近年来签订的 FTAs 已经囊括了投资者责任条款,如环境保护条款、劳工保护条款等,但也并非出现在相关 FTAs 的投资章节之中。为顺应国际投资法"嵌入式自由主义"的范式转变,中外 BITs 应当关注投资保护与东道国社会公共利益保护的平衡问题。为投资者设置投资者责任条款,不仅有利于东道国的可持续发展,而且有利于国际投资活动的良性循环。

鉴于此,建议中外 BITs 专设"投资与可持续发展"一章,并且将投资者责任条款分别设置为:投资与环境保护条款、投资与劳工保护条款以及投资与企业社会责任条款。第一,投资与环境保护条款规定为:"缔约双方确认各自拥有的决定可持续发展政策的主权权利,以建立本国环境保护标准,或为履行国际义务制定、修改相关法律。但是不得以歧视性的方式实施本国环境法律。缔约双方鼓励和提倡在环境产品和服务、生态友好型产品和服务、可再生能源、低碳技术、节能产品和服务等方面的绿色投资"。第二,投资与劳工保护条款规定为:"缔约双方强调不欢迎低于国内法律规定的劳工保护标准的投资。与此同时,缔约双方应当尽力提升国内法律中的劳工保护标准,以非歧视的方式实施国内劳动法,尽可能使公民获得体面工作"。第三,投资与企业社会责任条款规定为:"1. 缔约双方鼓励在其领土范围内经营的企业,包括本国的与跨国投资的企业,能够自觉地将国际社会公认的、被当事国认可的企业社会责任标准,引入企业的日常营业和内部规章。2. 为进一步明确:这种企业社会责任标准应当涵盖劳工、环境、人权、社团关系和反腐败等方面。"

五、中外 BITs 争端解决机制的完善建议

如上文所述,国际投资条约中解决投资者与国家间投资争端的 ISDS 机制正在经历"正当性危机"。虽然国际社会为改革 ISDS 机制提出了"渐进式改革""系统改革""范式转换"三种方案,也有国家主导建立 ISDS 上诉机制,但是目前仍未达成广泛的一致意见。从我国目前投资条约缔约实践看,我国目前对传统 ISDS 机制持保留态度,主要寻求在原有 ISDS 基础上,针对其不足之处予以完善,如忽视东道国公共利益、仲裁程序缺乏透明度、仲裁庭对条约解释不一致等。鉴于此,中外 BITs 争端解决机制可以将"投资与可持续发展"章节下产生的投资争端与其他投资争端区分开来,以保障我国社会公共利益。

一方面,关于"投资与可持续发展"章节下产生的投资争端,建议采取替代性纠纷解决方式,规定:"1. 争端方应当采用磋商、调解或缔约双方同意的其他方式,解决相关投资争议。2. 如果缔约双方在前述替代性纠纷解决方式下仍

然无法解决争议,任一争端方有权请求组建专家组。3. 为进一步明确：前款所述专家组的人选从缔约方提交的专家组名单中产生,一共3名。这些专家必须具有国际劳动法律、国际环境法律和国际贸易、投资法律的专业知识。专家组必须依据《维也纳条约法公约》中有关条约解释的习惯国际法规则,解释案涉条款,充分考虑条约所追求的可持续发展目标。4. 专家组应当自组建之日起150天内出具专家组中期报告,争端方有权在收到报告后的10天内发表意见,专家组应当自组建之日起180天内,发布最终裁定。5. 在审理过程中,专家组的工作应当具有透明度。非争端方缔约方有权参加根据本条进行的任何庭审。书面通知争端各方后,非争端方缔约方可向专家组提交有关'投资与可持续发展'章节解释问题的陈述意见。非争端方缔约方的参与不得干涉争端方的正当程序权利,并且应当尽量减少对专家组审理程序正常进行的妨碍。"

另一方面,明确其他投资争端适用ISDS机制。建议ISDS争端解决条款规定为："1. 本条适用于任一缔约方与另一缔约方投资者之间产生的与投资有关的任何争议,但涉及'投资与可持续发展'章节的争议除外。2. 在争端投资者将诉请提请仲裁之前,争端各方应首先进行磋商,以求友好解决诉请。3. 如争议自争端任何一方提出之日起6个月内未能解决,则应将争议提交给（1）作为争议一方的缔约国国内有管辖权的法院；或（2）根据《华盛顿公约》设立的ICSID仲裁庭；或（3）根据UNCITRAL仲裁规则设立的仲裁庭。4. 为进一步明确：第3款所述仲裁庭的成员必须遵守UNCITRAL《投资者与国家间基于条约仲裁透明度规则》,必须依据《维也纳条约法公约》中有关条约解释的习惯国际法规则,解释案涉条款,必须具备国际贸易法律、国际投资法律等专业知识。5. 非争端方缔约方有权参加根据本条进行的任何庭审。书面通知争端各方后,非争端方缔约方可向仲裁庭提交有关本条约解释问题的陈述意见。非争端方缔约方的参与不得干涉争端方的正当程序权利,并且应当尽量减少对仲裁程序正常进行的妨碍。"

第三节 落实联合国《2030年可持续发展议程》的中国方案①

一、中国方案的指导思想及总体原则

（一）指导思想

统筹国内国际两个大局，坚持全面建成小康社会、全面深化改革、全面依法治国、全面从严治党的战略布局，以创新、协调、绿色、开放、共享的发展理念为指导，统筹推进经济建设、政治建设、文化建设、社会建设、生态文明建设和党的建设。通过落实2030年可持续发展议程，为如期全面建成小康社会、实现"两个一百年"奋斗目标和中华民族伟大复兴的中国梦提供坚实保障，为推进国际发展合作、提升全球整体发展水平注入强劲动力。

坚持创新发展。实施创新驱动发展战略，不断推进理论创新、制度创新、科技创新、文化创新等各方面创新，着力提高发展的质量和效益。坚持协调发展。推进区域协同、城乡一体、物质文明精神文明并重、经济建设国防建设融合，新型工业化、信息化、城镇化、农业现代化同步发展，着力形成平衡发展结构，不断增强发展整体性。坚持绿色发展。坚持节约资源和保护环境的基本国策，坚定走生产发展、生活富裕、生态良好的文明发展道路，推动形成绿色低碳发展方式和生活方式，积极应对气候变化，着力改善生态环境。坚持开放发展。奉行互利共赢的开放战略，努力提高对外开放水平，发展更高层次的开放型经济，协同推进战略互信、经贸合作、人文交流，着力实现合作共赢。

中国政府提出的创新、协调、绿色、开放、共享五大发展理念，顺应了可持续发展的时代潮流，与《2030年可持续发展议程》提出的人类、地球、繁荣、和平、伙伴的五大理念相融相通。这是中国立足本国国情和发展经验，对经济社会发展普遍规律的进一步拓展和深化，将有力指导中国落实《2030年可持续发展议程》的整体进程。

（二）总体原则

中国落实《2030年可持续发展议程》将坚持以下原则：

第一，和平发展原则。秉持联合国宪章的宗旨和原则，坚持和平共处，共同

---

① "中国落实联合国2030年可持续发展议程国别方案"，载外交部官网：https://www.fmprc.gov.cn/web/ziliao_674904/zt_674979/dnzt_674981/qtzt/2030kcxfzyc_686343/P020170414688733850276.pdf，2021年2月7日访问。

构建以合作共赢为核心的新型国际关系，努力为全球的发展事业和可持续发展议程的落实营造和平、稳定、和谐的地区和国际环境。

第二，合作共赢原则。牢固树立利益共同体意识，建立全方位的伙伴关系，支持各国政府、私营部门、民间社会和国际组织广泛参与全球发展合作，实现协同增效。坚持各国平等参与全球发展，共商发展规则，共享发展成果。

第三，全面协调原则。坚持发展为民和以人为本，优先消除贫困、保障民生，维护社会公平正义。牢固树立和贯彻可持续发展理念，协调推进经济、社会、环境三大领域发展，实现人与社会、人与自然和谐相处。

第四，包容开放原则。致力于实现包容性经济增长，构建包容性社会，推动人人共享发展成果，不让任何一个人掉队。共同构建开放型世界经济，推动国际经济治理体系改革完善，提高发展中国家的代表性和话语权，促进国际经济秩序朝着平等、公平、合作共赢的方向发展。

第五，自主自愿原则。重申各国对本国发展和落实《2030年可持续发展议程》享有充分主权。支持各国根据自身特点和本国国情制定发展战略，采取落实《2030年可持续发展议程》的措施。尊重彼此的发展选择，相互借鉴发展经验。

第六，"共同但有区别的责任"原则。鼓励各国以落实《2030年可持续发展议程》为共同目标，根据"共同但有区别的责任"原则、各自国情和各自能力开展落实工作，为全球落实进程作出各自贡献。

二、中国实现可持续发展目标的总体路径

中国政府将从战略对接、制度保障、社会动员、资源投入、风险防控、国际合作、监督评估七个方面入手，分步骤、分阶段推进落实《2030年可持续发展议程》。

（一）战略对接

战略对接旨在将《2030年可持续发展议程》与中国国内中长期发展规划有机结合，在落实国际议程和国内战略进程中相互促进，形成合力。战略对接的重点包括以下三个方面：

一是将17项可持续发展目标和169个具体目标纳入国家发展总体规划，并在专项规划中予以细化、统筹和衔接。"十三五"规划纲要提出积极落实《2030年可持续发展议程》，实现了可持续发展议程与国家中长期发展规划的有效对接。各政府部门围绕"十三五"规划重要内容，将可持续发展目标转化为经济、社会、环境等领域的具体任务。比如经济领域制定了《国家创新驱动发展战略纲要》《全国农业可持续发展规划（2015—2030年）》《国家信息化发展战略纲要》。社会领域出台了《中共中央国务院关于打赢脱贫攻坚战的决定》《"健康中

国 2030"规划纲要》。环境领域编制了《中国生物多样性保护战略与行动计划（2011—2030年)》《国家应对气候变化规划（2014—2020年)》等。

二是推动省市地区做好发展战略目标与国家落实《2030年可持续发展议程》整体规划的衔接。按照国家"十三五"规划纲要的总体要求，中国大陆地区31个省、自治区和直辖市已完成制定各自的"十三五"规划，各市、县等制定实施行动路线图和年度计划，落实各项具体工作。各地区通过制定并落实本地区"十三五"规划，切实贯彻国家可持续发展统一部署，实现了中央与地方在落实《2030年可持续发展议程》行动上的有效对接。

三是推动多边机制制定落实《2030年可持续发展议程》的行动计划，提升国际协同效应。中国积极推动G20制定落实可持续发展议程的行动计划，推动"一带一路"建设与沿线国家落实可持续发展议程紧密对接、相互促进，支持联合国各区域经济委员会和各专门机构为落实各自区域、各自领域的相关目标制定规划。

（二）制度保障

制度保障旨在为落实《2030年可持续发展议程》提供机制体制和方针政策等方面的支撑，重点包括以下四个方面：

一是推进相关改革，建立完善落实《2030年可持续发展议程》的体制保障。中国政府将按照完善和发展中国特色社会主义制度、推进国家治理体系和治理能力现代化的总目标，健全使市场在资源配置中起决定性作用和更好发挥政府作用的制度体系，加快完善各方面体制机制，破除一切不利于科学发展的制度障碍，为落实可持续发展议程提供持续的制度动力。推动建立落实可持续发展议程创新示范区，为落实工作积累经验。

二是完善法制建设，为落实《2030年可持续发展议程》提供有力法律保障。中国政府将加快推进完善社会主义市场经济体制，发展社会主义民主政治，建设社会主义先进文化，创新社会治理，保障公民权利和改善民生，维护国家安全，保护生态环境和加强政府自身建设等领域的政府立法，着力构建系统完备、科学规范、运行有效的依法行政制度体系。

三是科学制定政策，为落实《2030年可持续发展议程》提供政策保障。中国政府将根据可持续发展议程的具体目标，着力在消除贫困和饥饿、保持经济增长、推动工业化进程、完善社会保障和服务、维护公平正义、加强环境保护、积极应对气候变化、有效利用能源资源、改进国家治理、促进国际合作十大方面，形成以国家总体政策为统领，专项政策和地方政策为支撑的政策保障体系。

四是明确政府职责，要求各级政府承担起主体责任。既要加强横向的跨领域、跨部门协调，又要确保政策纵向落地，形成"中央—地方—基层"的有效落实机制。中国政府根据《2030年可持续发展议程》的任务要求，已经建立了落实可持续发展议程部际协调机制，43家政府部门将各司其职，保障各项工作顺利推进。地方政府也将建立相应工作机制，推进开展落实工作。

（三）社会动员

公众对《2030年可持续发展议程》的理解、认同和参与，是持续、有效推进落实工作的关键。社会动员的重点包括以下三个方面：

一是提高公众参与落实的责任意识。中国将坚持以人为本原则，按照人人参与、人人尽力、人人享有的要求推动落实工作，帮助公众更好地认同《2030年可持续发展议程》，认识落实工作同个人和社会利益密切相关，提高自身参与落实工作的主动性和责任感。

二是广泛使用传媒进行社会动员。依托报刊、广播、电视以及互联网等多种传播媒介，通过制作《2030年可持续发展议程》专题片，开展可持续发展宣传周，组织新闻采访、专家解读、学习竞赛等多种形式，对可持续发展议程和具体目标进行全方位解读，为落实可持续发展议程营造良好社会环境。

三是积极推进参与性社会动员。发挥民间团体、私营部门、个人尤其是青少年的作用，通过各行为体亲身参与落实可持续发展目标的培训、社交、管理等活动，帮助其认识到经济、社会、环境综合协调发展的重要性，进而就落实《2030年可持续发展议程》形成广泛共识。各级政府将充分发挥统筹、协调、动员、实施、监督等职能，形成全社会共同推进落实工作的合力。

（四）资源投入

资源投入旨在充分利用国内外两个市场、两种资源并发挥体制、市场等方面的优势，为落实《2030年可持续发展议程》提供资源保障。资源投入的重点包括以下三个方面：

一是聚焦财税体制改革、金融体制改革等，合理安排和保障落实发展议程的财政投入。健全商业性金融、开发性金融、政策性金融、合作性金融，形成分工合理、相互补充的金融机构体系，引导金融行业服务向可持续发展领域倾斜，发展普惠金融。

二是创新合作模式，积极推动政府和社会资本合作，通过完善法律法规、实施政策优惠、优化政府服务、加强宣传指导等方式，动员和引导全社会资源投向可持续发展领域。

三是加强与国际社会的交流合作，秉持开放、包容的态度，积极引入国际先进理念、技术经验和优质发展资源，服务国内可持续发展事业。

（五）风险防控

中国已经成为全球第二大经济体，但人均国民收入水平仍不高，区域、城乡发展很不平衡，仍然面临繁重的发展任务。落实《2030年可持续发展议程》将是一项长期、艰巨的任务，需要不断完善风险应对机制，加强风险防控能力建设，重点要做好以下四个方面工作：

一是保持经济增长。坚持稳中求进工作总基调，全面深化改革和扩大开放，坚定不移推进供给侧结构性改革，深入实施创新驱动发展战略，大力推动大众创业、万众创新，积极培育新动能，推动经济持续、健康、稳定增长，为落实《2030 年可持续发展议程》提供强大的经济支撑。

二是全面提高人民生活水平和质量。推进精准扶贫、精准脱贫，支持贫困地区加快发展。推动实现更高质量的就业、提高公共就业创业服务能力。有效增加公共产品和服务供给，健全就业、教育、社保、医疗等公共服务体系。完善收入分配制度，让可持续发展议程成果公平惠及全体人民。

三是着力解决好经济增长、社会进步、环境保护等三大领域平衡发展的问题。树立尊重自然、顺应自然、保护自然的生态文明理念，加大环境治理力度，以提高环境质量为核心，实施最严格的环境保护制度，深入实施大气、水、土壤污染防治行动计划，形成政府、企业、公众共治的环境治理体系，实现环境质量总体改善。推进自然生态系统保护与修复，筑牢生态安全屏障。

四是加强国家治理体系和治理能力现代化建设，努力形成各领域基础性制度体系，人民民主更加健全，法治政府基本建成，司法公信力明显提高。人权得到切实保障，产权得到有效保护。开放型经济新体制基本形成。中国特色现代军事体系更加完善。党的建设制度化水平显著提高。

（六）国际合作

2030 年可持续发展议程最大程度兼顾了国际社会的共同利益，适用于所有国家。中国将与国际社会一道，不断深化国际发展合作，为落实可持续发展议程提供保障。重点包括以下四个方面：

一是承认自然、文化、国情多样性，尊重各国走独立的发展道路的权利，推动各国政府、社会组织以及各利益攸关方在落实《2030 年可持续发展议程》中加强交流互鉴，取长补短，根据"共同但有区别的责任"原则推动可持续发展目标的落实。

二是推动建立更加平等均衡的全球发展伙伴关系。坚持南北合作主渠道，推动发达国家及时、足额履行官方发展援助承诺，加大对发展中国家的支持力度。充分发挥技术促进机制的作用，包括采取建立技术银行等方式，帮助发展中国家科技开发以及向其转让、传播和推广环境友好型的技术。

三是进一步积极参与南南合作。积极履行国际责任，为全球发展贡献更多公共产品，推动南南合作援助基金、中国—联合国和平与发展基金、应对气候变化南南合作基金、亚洲基础设施投资银行、金砖国家新开发银行等为帮助其他发展中国家落实《2030年可持续发展议程》发挥更大作用。继续推进"一带一路"建设和国际产能合作，实现优势互补。

四是稳妥开展三方合作。在尊重受援国意愿的前提下，与其他多双边援助方一道稳妥推进优势互补的三方合作，丰富援助方式，提升援助效果。鼓励私营部门、民间社会、慈善团体等利益攸关方发挥更大作用。

（七）监督评估

监督评估旨在推进落实《2030年可持续发展议程》中，准确定位各项工作的成绩、挑战和不足，优化政策选择，形成最佳实践。重点工作包括以下三个方面：

一是结合对落实"十三五"规划纲要及各专门领域的工作规划开展的年度评估，同步开展可持续发展议程落实评估工作。跨部门协调机制对可持续发展议程的169项具体目标进行了具体分工部署，确保各项评估工作落实到人。

二是积极参与国际和区域层面的后续评估工作。支持联合国可持续发展高级别政治论坛发挥核心作用，配合其定期开展全球落实进程评估工作，借助这一平台与各国加强经验交流，听取意见和建议。鼓励加强区域合作，欢迎联合国区域经济委员会和专门机构发挥积极作用。

三是加强与联合国驻华系统等国际组织和机构的合作，通过举办研讨会、定期编写并发布中国落实《2030年可持续发展议程》报告等方式，全面评估国内各项可持续发展目标的落实进展。

三、与国际投资相关的重要举措

为落实联合国17项可持续发展目标，中国一一对应地列明了具体落实举措（如表5-4所示），其中不乏与投资相关的内容：

表5-4 中国为落实可持续发展目标而采取的与国际投资相关的重要举措

目标	中方落实举措
目标1：在全世界消除一切形式的贫困	
1.b 根据惠及贫困人口和顾及性别平等问题的发展战略，在国家、区域和国际层面制定合理的政策框架，支持加快对消贫行动的投资	利用"减贫与发展高层论坛""中国—东盟社会发展与减贫论坛""中非合作论坛—减贫与发展分论坛"等平台，分享中国减贫的理念、经验和做法，探讨将更多投资引入减贫领域
目标2：消除饥饿，实现粮食安全，改善营养状况和促进可持续农业	

续表

目标	中方落实举措
2.a 通过加强国际合作等方式,增加对农村基础设施、农业研究和推广服务、技术开发、植物和牲畜基因库的投资,以增强发展中国家,特别是最不发达国家的农业生产能力	计划到2022年与联合国粮农组织合作执行10个左右南南合作国别项目,在"一带一路"建设农业合作框架下,与沿线国家和区域在农作物育种、畜牧、渔业、农产品加工与贸易等领域开展合作
目标7:确保人人获得负担得起、可靠和可持续的现代能源	
7.a 到2030年,加强国际合作,促进获取清洁能源的研究和技术,包括可再生能源、能效,以及先进和更清洁的化石燃料技术,并促进对能源基础设施和清洁能源技术的投资	更加全面、深入参与可持续能源领域的双、多边合作,积极参与联合国、国际能源论坛、国际能源署、国际可再生能源署等多边机构和组织的工作,促进获取清洁能源的技术,并促进对能源基础设施和清洁能源技术的投资
目标10:减少国家内部和国家之间的不平等	
10.b 鼓励根据最需要帮助的国家,特别是最不发达国家、非洲国家、小岛屿发展中国家和内陆发展中国家的国家计划和方案,向其提供官方发展援助和资金,包括外国直接投资	敦促发达国家履行官方发展援助承诺,向发展中国家提供更多的资金、技术和能力建设等方面的支持。丰富对外援助模式,为其他发展中国家提供更多人力资源、发展规划、经济政策等方面咨询培训
目标17:加强执行手段,重振可持续发展全球伙伴关系	
17.5 采用和实施对最不发达国家的投资促进制度	健全对外投资促进政策和服务体系,提高便利化水平。支持中国企业加大对最不发达国家的投资
17.10 通过完成多哈发展回合谈判等方式,推动在世界贸易组织下建立一个普遍、以规则为基础、开放、非歧视和公平的多边贸易体系	推动二十国集团贸易部长会议机制化和贸易与投资工作组成立,推动世界贸易组织多哈回合剩余议题谈判,优先解决发展中国家关切。积极参与全球化背景下新的经贸议题讨论和规则制定

综上所述，本书认为，国际投资法的范式正发生从"新自由主义"转向"嵌入式自由主义"的新发展，而可持续发展理念正在融入这一变革历程。无论是国内投资政策，还是国际投资规则，都倡导以"可持续"和"平衡"的观念协调南北矛盾、明晰投资者权利与东道国监管权之间的界限、兼顾投资者权益与东道国社会公共利益。随着更高层次对外开放的深入发展，我国作为双向投资大国，应当积极顺应国际投资法的可持续发展趋势，在"可持续发展理念"和"人类命运共同体理念"的指导下，制定符合我国国情的国内投资政策，并且完善中外 BITs 及 FTAs 相关实体性条款和程序性条款，做到统筹推进国内法治与国际法治。站在这一新的历史起点，我国不仅有信心实现自身经济转型升级、持续健康发展，为稳定世界经济提供正能量，也将与其他国家一道共商共建贸易投资机制、优化全球投资规则、改革和创新全球经济治理体系，为构建开放型世界经济贡献中国智慧。